1er cycle du secondaire ▪ Manuel de l'élève
Volume 1

Perspective
MATHÉMATIQUE

Sylvio Guay
Jean-Claude Hamel
Steeve Lemay

Éditions Grand Duc
Groupe Éducalivres inc.
955, rue Bergar, Laval (Québec) H7L 4Z6
Téléphone: 514 334-8466 ▪ Télécopie: 514 334-8387
InfoService: 1 800 567-3671

REMERCIEMENTS

Pour son travail de vérification scientifique de la didactique et du contenu mathématique, l'Éditeur témoigne sa gratitude à M. Richard Pallascio, Ph. D., professeur au Département de mathématiques de l'Université du Québec à Montréal. Pour son travail de vérification scientifique du contenu historique, l'Éditeur souligne la collaboration de M. Louis Charbonneau, Ph. D., professeur au Département de mathématiques de l'Université du Québec à Montréal. Pour sa participation et son soutien de tous les instants, l'Éditeur tient à remercier M. Pierre Mathieu, conseiller pédagogique en mathématiques. Pour leur précieuse collaboration, l'Éditeur tient à remercier Mme Guylaine Brault et M. Martin Ducharme.

Pour les suggestions et les judicieux commentaires qu'ils ont apportés en expérimentant le matériel en cours de production, l'Éditeur tient à remercier les enseignantes et les enseignants suivants ainsi que leurs élèves:
de la Polyvalente Robert-Ouimet, C. s. de Saint-Hyacinthe, M. Philippe Picard;
de l'École secondaire L'Assomption, C. s. Chemin-du-Roy, Mmes Lise Gagné et Julie Rompré, M. Trevor Bridgeman.

L'Éditeur tient aussi à remercier les consultantes et les consultants suivants:
de la C. s. Chemin-du-Roy, M. Guy Gervais, conseiller pédagogique;
de l'École Roger-Comtois, C. s. de la Capitale, Mmes Marie-Claude Joly et Nathalie Bertrand;
de l'École Vanier, C. s. de la Capitale, M. Érik Viens;
de l'École secondaire Monique-Proulx, C. s. des Bois-Francs, M. Stéphane Laroche Desharnais;
de l'Académie Saint-Louis, M. Michel Désilets;
de l'École secondaire de l'Aubier, C. s. des Navigateurs, Mme Marie-Josée Roy;
de l'École Edgar-Hébert, C. s. Vallée-des-Tisserands, Mme Marie-Josée Poirier;
du Collège Saint-Sacrement de Terrebonne, Jean-Frédéric Lacroix;
de la Polyvalente Robert-Ouimet, C. s. de Saint-Hyacinthe, Mme Nicole Roby.

1er cycle du secondaire • Manuel de l'élève
Volume 1 B

Perspective
MATHÉMATIQUE

© 2006, Éditions Grand Duc, une division du Groupe Éducalivres inc.

955, rue Bergar, Laval (Québec) H7L 4Z6
Téléphone : 514 334-8466 ■ Télécopie : 514 334-8387
www.grandduc.com

Tous droits réservés

CONCEPTION GRAPHIQUE : Marc-André Girard
ILLUSTRATIONS : Guy Badeau, Michel Breton, Bertrand Lachance, Vincent Régimbald, Pierre Rousseau, Serge Rousseau, Alain Salesse

Nous reconnaissons l'aide financière du gouvernement du Canada par l'entremise du Programme d'aide au développement de l'industrie de l'édition (PADIÉ) pour nos activités d'édition.

CODE PRODUIT 3456
ISBN 978-0-03-928824-2

Dépôt légal
Bibliothèque et Archives nationales du Québec, 2006
Bibliothèque nationale du Canada, 2006

Imprimé au Canada
2 3 4 5 6 7 8 9 0 F 5 4 3 2 1 0 9 8 7

TABLE DES MATIÈRES

AVANT-PROPOS

En entreprenant cette année la seconde moitié du 1er cycle du secondaire, tu poursuis ton cheminement dans ton milieu de vie qu'est l'école. Pour toi, les mathématiques sont sans doute liées à une discipline scolaire, mais, sans t'en rendre compte, elles s'intègrent aussi à ta vie quotidienne. En fait, explorer le domaine des mathématiques, c'est aussi comprendre un peu mieux le monde qui nous entoure. Ce monde est fascinant, car il t'offre un nombre inestimable de chemins à parcourir… Feuillette les pages de ton manuel et jette un coup d'œil sur les illustrations. Celles-ci retiendront sans doute ton attention, car elles portent sur les arts, les sports et loisirs, les sciences, l'histoire, l'environnement, et la découverte des autres et de soi. Tous ces sujets t'inciteront cette année à développer ta créativité, ton imagination, tes connaissances, ta culture, tes champs d'intérêt, etc.

Perspective mathématique t'offre ainsi des sujets exaltants et diversifiés. Non seulement découvriras-tu des situations-problèmes riches et intéressantes, mais tu trouveras aussi les outils nécessaires pour les résoudre. En effet, si tu t'appropries les situations présentées, tu pourras développer des stratégies, que tu amélioreras régulièrement, pour surmonter les difficultés qu'elles soulèvent. La communication occupera alors une place importante dans le perfectionnement de tes stratégies, car tu devras expliquer clairement tes idées, interpréter le mieux possible celles de tes camarades, tenter de convaincre les autres et demeurer critique.

Perspective mathématique t'ouvre les portes sur un univers où le plaisir et la satisfaction de soi sont au rendez-vous. Alors, profites-en bien et amuse-toi.

Les auteurs

À LA DÉCOUVERTE DE *PERSPECTIVE MATHÉMATIQUE*

Ton Manuel de l'élève B comprend deux volumes. Le volume 1 contient les parties 5 et 6.

Chaque partie est composée des éléments suivants :
- trois situations d'apprentissage types (portant le titre Dossier) ;
- une situation particulière (portant le titre Rond-point).

Toutes les sections de ton manuel favorisent le développement de tes compétences transversales et disciplinaires en mathématiques.

À la fin de ton manuel se trouvent le corrigé des rubriques Je vérifie mes connaissances, un glossaire reprenant les définitions des termes mathématiques du manuel et un index.

UNE SITUATION D'APPRENTISSAGE TYPE

C'est autour des dossiers que s'articulent les situations d'apprentissage proposées dans *Perspective mathématique.* Chaque situation d'apprentissage type comprend un dossier, réparti sur 11 pages, 2 ou 3 séquences d'activités des sections Zoom sur... d'environ 6 pages chacune, une section Eurêka ! de 4 pages et une page Je fais le point. Une situation d'apprentissage complète s'étale sur sept à neuf périodes de mathématiques.

Voici en détail les trois temps d'une situation d'apprentissage type.

1er temps : la préparation des apprentissages

LA PAGE TITRE DU DOSSIER

La première page de chaque dossier présente la thématique qui servira de ligne directrice pour l'ensemble du dossier et qui te permettra d'établir des liens entre tes apprentissages scolaires, des situations de la vie quotidienne et des phénomènes sociaux actuels.

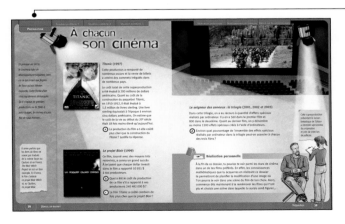

LA SITUATION PRÉPARATION

Vient ensuite la situation Préparation, présentée sur deux pages en regard. Cette situation te prépare aux nouvelles notions à explorer dans le dossier. C'est aussi dans ces pages qu'on te présente le but ultime du dossier, soit la réalisation personnelle, une tâche que tu devras accomplir à la fin du dossier. Tous les apprentissages que tu réaliseras au cours du dossier t'aideront à planifier et à préparer graduellement ce travail.

2e temps : la réalisation des apprentissages

LES SITUATIONS-PROBLÈMES 1, 2 ET 3

Les situations-problèmes constituent le cœur de ton travail. Chaque dossier t'en propose trois à résoudre. Il s'agit de situations plus ou moins complexes, liées au dossier en cours et qui présentent un obstacle que tu pourras ou non franchir. Pour trouver la ou les solutions, tu devras tenter différentes stratégies et faire de nouveaux apprentissages. C'est dans les séquences d'activités des sections Zoom sur... que tu approfondiras les notions visées par les situations-problèmes.

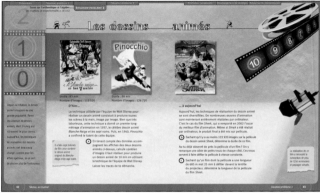

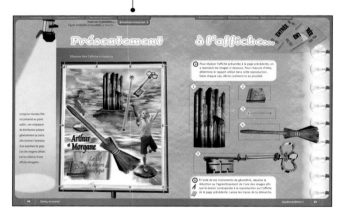

ZOOM SUR... UNE PAGE D'HISTOIRE

Certaines sections Zoom sur... débutent par un volet historique. En lien direct avec le contenu de la section Zoom sur... qu'elle présente, la page d'histoire te fera prendre conscience de l'évolution de divers concepts mathématiques à travers le temps et te procurera l'occasion de connaître des personnages ayant marqué l'histoire des mathématiques.

Les séquences d'activités des sections Zoom sur...,
dans lesquelles on conseille la manipulation et
différents modes de travail (individuel, en dyade
ou en équipe), te feront découvrir les concepts
et les processus liés aux situations-problèmes
du dossier.

La rubrique Je vérifie mes connaissances,
au bas de chaque page d'activités, te permettra
d'appliquer immédiatement tes nouvelles
connaissances. Après avoir répondu
individuellement aux questions, tu pourras
consulter le corrigé à la fin de ton manuel.
En procédant ainsi à une autoévaluation,
tu seras en mesure de vérifier si tu as bien
compris. Si ta réponse ne correspond pas
à celle donnée dans le corrigé, tu devras
réviser ta démarche.

MES OUTILS, EXERCICES D'APPLICATION ET SITUATIONS D'APPLICATION

La rubrique Mes outils résume le contenu mathématique abordé dans les pages
précédentes. Le vocabulaire mathématique employé est précis et conforme
au programme. Les exercices d'application te permettront de t'exercer à nouveau
si tu as éprouvé des difficultés dans les rubriques Je vérifie mes connaissances.

Des situations d'application te sont ensuite proposées afin que tu puisses raffiner
ta compréhension des contenus mathématiques et consolider tes nouveaux
apprentissages. Les numéros obligatoires sont essentiels à l'atteinte des objectifs
de fin de cycle du programme de formation. Quand tu auras terminé les activités
et les situations d'application, tu devras revenir aux situations-problèmes du dossier
pour les résoudre.

 Numéros obligatoires (de la couleur associée au dossier)

 Numéros facultatifs

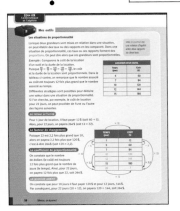

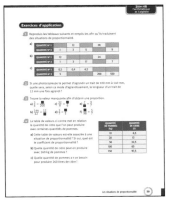

3e temps : l'intégration et le réinvestissement des apprentissages

RÉALISATION PERSONNELLE

Au cours de la réalisation personnelle, tu devras réinvestir les apprentissages réalisés dans les différentes situations-problèmes d'un dossier donné. Tu devras aussi faire preuve de créativité et de débrouillardise. Ce sera le moment de faire appel à toutes tes compétences. Puis, dans la rubrique Pour aller plus loin..., tu découvriras de nouvelles pistes à explorer.

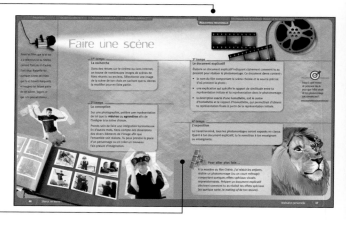

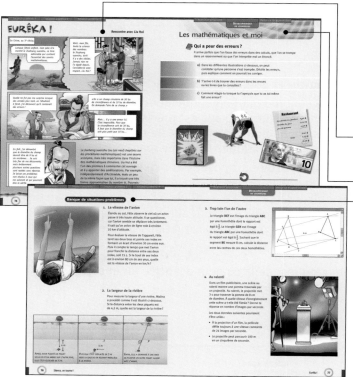

EURÊKA ! OU LE DÉVELOPPEMENT DE STRATÉGIES

La section Eurêka ! a pour principal objectif de développer la première compétence disciplinaire, soit celle de résoudre une situation-problème. Elle débute par une bande dessinée intitulée Rencontre avec..., qui présente des personnages historiques s'étant démarqués par leur habileté à résoudre des situations-problèmes. Vient ensuite la page Les mathématiques et moi, qui t'amènera à prendre conscience des habiletés que tu devrais acquérir pour développer ta propre compétence à résoudre des situations-problèmes. Finalement, tu trouveras une banque de situations-problèmes composée de quatre situations à résoudre, qui t'offriront l'occasion d'élaborer des stratégies et de réinvestir tes nouvelles connaissances.

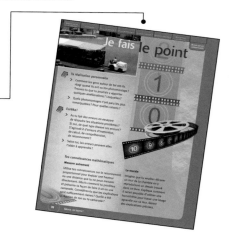

JE FAIS LE POINT

À la fin de chaque dossier, la section Je fais le point te propose un temps de réflexion sur l'ensemble des apprentissages que tu auras réalisés au cours du dossier. Ce sera le moment de revoir tes objectifs, d'évaluer tes forces et tes faiblesses, et de réviser tes nouvelles connaissances.

UNE SITUATION PARTICULIÈRE

Rond-point

Les pages Rond-point comprennent une série de tâches intégratrices à caractère authentique et signifiant, qui permettent de développer davantage diverses compétences tant transversales que disciplinaires. Chaque partie contient une situation particulière.

LES ENCADRÉS

Repères culturels

Il a fallu sept bobines de film pour contenir le dessin animé original de *Blanche-Neige et les sept nains*.

Ces encadrés présentent de l'information qui enrichit ta culture personnelle ou qui précise le sens de la situation.

Contenu mathématique

Pour définir précisément une homothétie, tu dois indiquer le centre d'homothétie et le rapport d'homothétie.

Tu trouveras dans ces encadrés un contenu mathématique ou un conseil lié à l'activité ou à la tâche proposée.

Métacognition de type retour

Ces encadrés te procureront l'occasion de te questionner sur ta façon d'apprendre.

Devant la multitude de renseignements présentés ici, quelles stratégies emploies-tu pour bien saisir l'information ?

Métacognition de type cible

Les conseils donnés dans ces encadrés t'aideront à te fixer des objectifs réalistes avant d'élaborer un projet ou d'entreprendre une tâche.

Quelle importance accordes-tu à l'aspect visuel de l'information à communiquer ? Saurais-tu répondre aux différentes questions qui pourraient t'être posées sur le sujet ? Quels objectifs veux-tu te fixer par rapport à ces deux questions ?

LES PICTOGRAMMES

 Utilise l'ordinateur.

 Utilise la feuille reproductible qui t'est offerte.

 Écris dans ton journal de bord.

 Utilise ta calculatrice.

 Utilise tes instruments de géométrie.

LA PROGRESSION DES APPRENTISSAGES

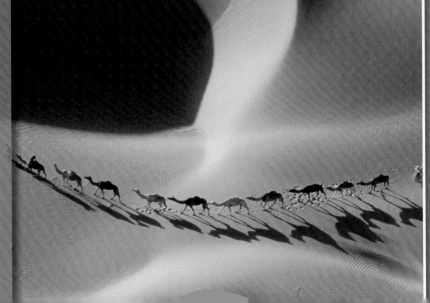

Notre école,

DOSSIER

un milieu de vie

Dans une société, pour bien connaître la population et répondre à ses besoins, des recensements sont faits régulièrement. Pour connaître l'opinion de la population sur un sujet donné, les sondages sont plutôt de mise. Mais quand on souhaite que la population prenne position sur un sujet controversé, on a parfois recours à un mode d'expression démocratique : le référendum.

Ton école est une microsociété, avec ses règles et ses grands enjeux. Certaines règles imposées à l'école ne font peut-être pas toujours l'una-nimité. Quelle grande question référendaire te vient à l'esprit en rapport avec ton école ?

Le portrait

En ce début d'année scolaire, il serait pertinent que vous appreniez à vous connaître les uns les autres. Pour connaître davantage les élèves de ta classe, il suffit de les questionner sur différents sujets.

Pour obtenir un portrait exact et précis d'une population, il faut recueillir de l'information sur chaque élément ou chaque individu de cette population. C'est ce qui s'appelle faire un recensement.

Dresse un portrait de ta classe.

a Sur les feuilles qu'on te remet, réponds aux questions posées. Réponds franchement, car il n'y a ni bonnes ni mauvaises réponses.

b Observe les types de données qu'il est possible de recueillir à partir de la première question de chacun des questionnaires que tu as reçus. En quoi ces données sont-elles différentes ?

La population, c'est l'ensemble des personnes ou des objets sur lesquels porte une étude statistique. Faire un recensement, c'est procéder à une étude sur **tous** les éléments d'une population.

Une étude statistique porte sur un ou plusieurs caractères statistiques d'une population.
Exemple : On collecte des données sur la couleur des yeux et la taille des élèves d'une classe. La couleur des yeux et la taille des élèves sont les caractères statistiques étudiés.

Un caractère statistique est quantitatif si la donnée qui y correspond est un nombre.
Exemple : la taille des élèves.

Autrement, le caractère statistique est qualitatif.
Exemple : la couleur des yeux.

TOI, FACE À LA SOCIÉTÉ

COMBIEN D'ENFANTS AIMERAIS-TU AVOIR PLUS TARD ?

☐ AUCUN. ☐ UN.
☐ DEUX.   ☐ TROIS.
☐ PLUS DE TROIS.

TON MILIEU, L'ÉCOLE

TU AIMERAIS QUE L'ÉCOLE CONSACRE À L'ACTIVITÉ PHYSIQUE

☐ MOINS DE DEUX HEURES PAR SEMAINE ;
☐ DE DEUX À QUATRE HEURES PAR SEMAINE ;
☐ PLUS DE QUATRE HEURES PAR SEMAINE.

APPRENDS À TE CONNAÎTRE

AIMES-TU DIRIGER UN GROUPE ?

☐ OUI. ☐ NON.

TES OPINIONS PAR RAPPORT À L'ACTUALITÉ

LA SEMAINE PASSÉE, L'ÉVÉNEMENT D'ACTUALITÉ QUI A ATTIRÉ TON ATTENTION ÉTAIT LIÉ

☐ AUX SPORTS ;
☐ À LA POLITIQUE ;
☐ À LA SANTÉ ;
☐ À L'ÉDUCATION ;
☐ AUX ARTS ET SPECTACLES ;
☐ À UN FAIT DIVERS ;
☐ À UN AUTRE DOMAINE.

de ma classe

Lorsqu'on effectue un recensement au Canada, on dresse un portrait statistique de la population et des collectivités canadiennes. Les données recueillies peuvent être utiles à quantité d'organismes, de groupes communautaires, d'entreprises, etc. Les gouvernements utilisent également ces données pour élaborer des plans et prendre des décisions importantes, en éducation ou en santé, par exemple.

c) Fais équipe avec un ou une camarade. Ensemble, effectuez la tâche ci-dessous.

- Choisir l'une des questions des quatre questionnaires remplis en **a)**.

- Compiler dans un tableau les résultats obtenus pour l'ensemble du groupe.

- Trouver un moyen de représenter ou de décrire l'ensemble de ces résultats.

Communiquez ensuite les résultats aux autres élèves du groupe pour que vous puissiez mieux vous connaître.

Dans une compilation, quand on établit le nombre de fois qu'une donnée a été choisie, ce nombre correspond à l'effectif de cette donnée.

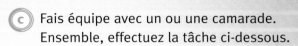

Réalisation personnelle

Lorsqu'on désire étudier une ou des caractéristiques d'une population, mais qu'il est difficile de recenser tous les éléments ou les individus qui la composent, on peut alors recourir au sondage. Et si tes camarades et toi réalisiez un sondage auprès des autres élèves de l'école sur un enjeu qui vous tient à cœur ? Le présent dossier vous donnera l'occasion de réfléchir à différents sujets qui pourraient intéresser votre maison de sondage. Qui sait ? Votre sondage aura peut-être un impact positif dans votre école !

Zoom sur la probabilité et la statistique
Les questions dans les sondages, p. 14 à 22

DE GRANDS ENJEUX

Comme dans la société en général, de grandes questions sont soulevées dans le milieu scolaire. Un diplôme d'études devrait-il être remis après la troisième année du secondaire ? Est-ce que les élèves devraient participer à l'élaboration du code de vie ? Les écoles de filles seulement ou de garçons seulement devraient-elles être instaurées de nouveau ? De telles questions peuvent susciter de longs débats et entraîner des prises de décision parfois déchirantes.

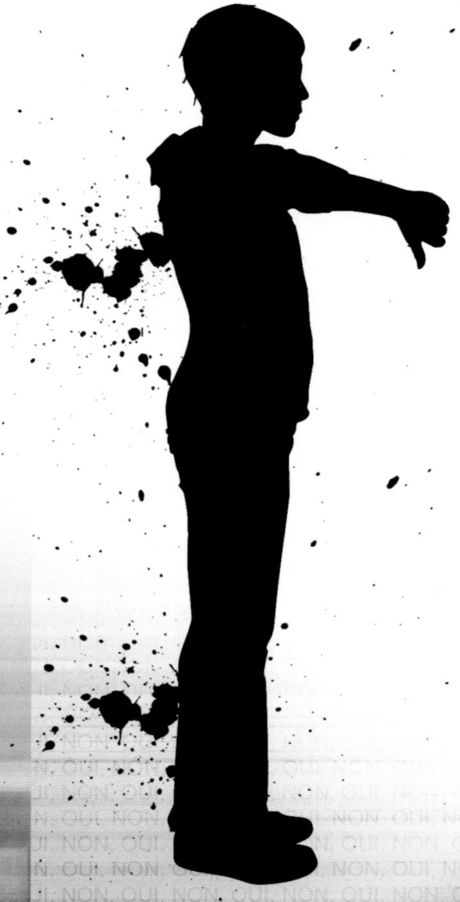

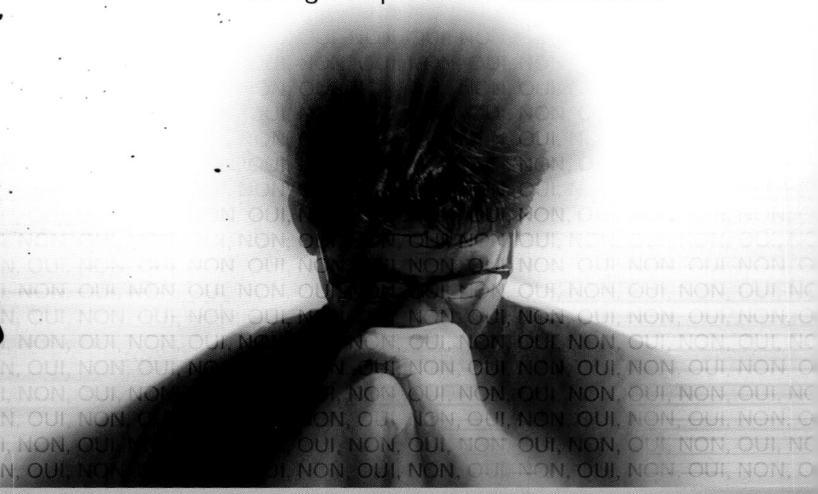

Un sondage est une recherche d'information portant sur une partie de la population.

À ton école, il existe sûrement des sujets controversés qui obtiennent l'appui d'un certain nombre de personnes et l'opposition des autres. La réalisation d'un sondage permettrait de connaître l'opinion de la population d'élèves.

a Selon toi, les sujets ci-dessous sont-ils controversés à ton école ? Estime à l'aide de pourcentages la répartition des élèves pour et contre ces différents enjeux dans ton école.

- La règle qui concerne la tenue vestimentaire.
- La présence de boissons gazeuses dans les machines distributrices.
- L'interdiction de fumer.
- La règle concernant l'utilisation de cellulaires, de téléavertisseurs, de baladeurs, etc.
- La règle imposant le vouvoiement.

À L'ÉCOLE

Bien sûr, les sujets énumérés à la page précédente ne sont pas les seuls à susciter des débats houleux dans les écoles.

À ton école, quel sujet aimerais-tu débattre?

b Dans la classe, désignez une question de sondage en procédant de la façon décrite ci-dessous.

1er temps

Choisir le sujet

En groupe classe, faites une liste de cinq sujets qui vous tiennent à cœur et qui touchent directement ou indirectement votre vie à l'école. Choisissez ensuite le sujet à retenir.

2e temps

Rédiger des questions sur le sujet choisi

Écrivez chacun et chacune une question sur le sujet choisi. Puis, en équipe de quatre, formulez une seule question liée à ce sujet, que vous présenterez ensuite au reste du groupe.

3e temps

Choisir la question du groupe

Collectivement, procédez à un vote secret afin de désigner la question qui suscite le plus d'intérêt dans votre groupe par rapport au sujet choisi. Attention! cette question pourrait bien être retenue pour la réalisation personnelle (p. 12 et 13).

Parfois, pour trancher des questions qui provoquent des divergences d'opinions, on a recours à un processus démocratique permettant de retenir la position du plus grand nombre de personnes dans la population: le **référendum.** Les membres d'une société peuvent ainsi exprimer leur point de vue par un vote.

On dira qu'un sujet a obtenu une **majorité absolue** s'il a été choisi par plus de la moitié des personnes de la population.

On dira qu'un sujet a obtenu une **majorité relative** ou **simple** s'il a été choisi par le plus grand nombre de personnes.

Comment réagis-tu si ton choix ne correspond pas à celui d'une décision démocratique?

LES 12-17 ANS

Une récente enquête démontre qu'au Québec 99% des jeunes de 12 à 17 ans ont utilisé Internet au cours des six mois précédents. Évidemment, tous les adolescents et adolescentes du Québec n'ont pas été sondés! Alors, comment ce résultat a-t-il pu être obtenu?

Observe bien le diagramme et le tableau ci-dessous tirés de cette enquête.

a) Selon toi, combien de personnes a-t-on interrogées pour obtenir ces résultats? des dizaines? des centaines? des milliers? des centaines de milliers? Explique ta réponse.

b) Pour réaliser ce sondage, est-ce que cela aurait été une bonne idée d'interroger les adolescents et adolescentes du Québec par Internet? Explique ta réponse.

c) Te considères-tu comme une personne représentative de l'ensemble des jeunes Québécois et Québécoises sur les points suivants?

- Le temps que tu consacres aux différents médias d'information.
- Les activités que tu privilégies dans Internet.

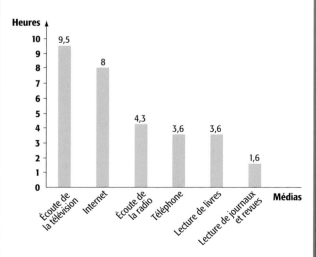

Moyenne d'heures par semaine consacrées à Internet et aux autres médias par les jeunes de 12 à 17 ans au Québec

Heures
- Écoute de la télévision : 9,5
- Internet : 8
- Écoute de la radio : 4,3
- Téléphone : 3,6
- Lecture de livres : 3,6
- Lecture de journaux et revues : 1,6

Médias

Source : Site Internet de NETAdos, 2004.

ACTIVITÉS PRIVILÉGIÉES PAR LES JEUNES INTERNAUTES DE 12 À 17 ANS	
ACTIVITÉ	POURCENTAGE
Utiliser des outils de recherche	92,0%
Communiquer par courrier électronique	79,0%
Discuter en direct (clavardage)	71,8%
Visiter des sites liés à des films	65,2%
Participer à des jeux	60,7%
Visiter des sites liés aux loisirs	60,7%
Télécharger de la musique	50,0%
Échanger de l'information pour les devoirs	38,1%
Visiter des sites pour donner son opinion	24,2%
Télécharger des films	17,6%
Acheter des produits	7,3%

Source : Site Internet de NETAdos, 2004.

ET INTERNET

Observe maintenant les sondages ci-dessous.

d Dans lequel de ces trois sondages mets-tu davantage en doute les résultats présentés ? Explique pourquoi et indique les modifications que tu apporterais.

LES JEUNES QUÉBÉCOIS TÉLÉCHARGENT DE LA MUSIQUE SANS SCRUPULES

La Presse, septembre 2004

À 18 ans, on écoute beaucoup de rock, de l'alternatif, du rap, du hip-hop. Un peu de *dance* et de pop. Et pas beaucoup de musique québécoise. Un sondage *La Presse*-MusiquePlus réalisé auprès des jeunes Québécois nous apprend aussi que 85 % des jeunes de 18 ans téléchargent de la musique et que très peu d'entre eux ont des scrupules à le faire.

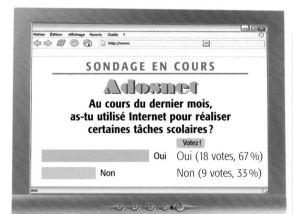

SONDAGE EN COURS

Adosnet

Au cours du dernier mois, as-tu utilisé Internet pour réaliser certaines tâches scolaires ?

Votez !

Oui — Oui (18 votes, 67 %)

Non — Non (9 votes, 33 %)

Sondage à la revue

Filles ados

Résultat du sondage de la semaine dernière

Au cours du dernier mois, as-tu discuté en direct (clavardage) dans le réseau Internet ?

Oui : 90 %   Non : 10 %

Sondage Ados-vision !

0,50 $ par appel

Au cours de la dernière année, as-tu téléchargé de la musique à l'aide d'Internet ?

Oui (246 votes, 24 %)
Non (762 votes, 76 %)

Quand une image

Pour capter l'attention des gens, les médias se servent souvent de représentations visuelles pour transmettre l'information. Même si ces représentations sont attirantes, en tant que citoyennes et citoyens avertis, il faut demeurer critique.

Dans les journaux et les revues qu'il a lus au cours de la semaine, Xavier a vu, entre autres, les représentations ci-dessous et ci-contre.

Dans le cas de chacune des représentations, précise ce qui pourrait créer un problème dans l'interprétation de l'information donnée.

Espérance de vie de 60 ans et plus

Nombre de pays

120
110
100
90
80

1980   1990   1995   Années

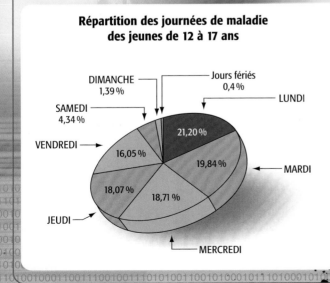

Répartition des journées de maladie des jeunes de 12 à 17 ans

DIMANCHE 1,39 %   Jours fériés 0,4 %

SAMEDI 4,34 %   LUNDI

VENDREDI

21,20 %

16,05 %

19,84 %   MARDI

18,07 %   18,71 %

JEUDI

MERCREDI

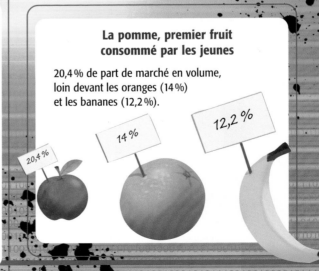

La pomme, premier fruit consommé par les jeunes

20,4 % de part de marché en volume, loin devant les oranges (14 %) et les bananes (12,2 %).

20,4 %   14 %   12,2 %

vaut mille maux !

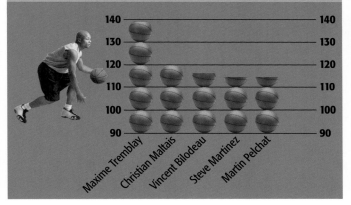

Maxime Tremblay est le premier de la ligue pour le nombre de points

Télé +

Quel est votre groupe d'âge ?

3 %	moins de 12 ans
4 %	13-14 ans
5 %	15-17 ans
3 %	18 ans
1 %	19 ans
4 %	20-21 ans
6 %	22-24 ans
12 %	25-29 ans
9 %	30-34 ans
7 %	35-39 ans
10 %	40-44 ans
10 %	45-49 ans
9 %	50-54 ans
7 %	55-59 ans
5 %	60-64 ans
2 %	65-69 ans
1 %	plus de 70 ans

Fermer la fenêtre

Au Canada, il existe plusieurs maisons de sondage, qui se sont donné le mandat de sonder des citoyens et des citoyennes afin de connaître leur opinion sur différentes questions, sur différents enjeux.

Votre maison de sndage

Et pourquoi ne pas créer en classe quatre maisons de sondage, qui réaliseront un sondage auprès des élèves de l'école sur la question retenue à la situation-problème 1 (p. 6 et 7)? Formez des équipes, puis suivez les consignes ci-dessous.

La maison de sondage

- Donnez un nom à votre maison de sondage.

- Attribuez un ou des rôles à chaque membre du personnel de votre maison de sondage afin de réaliser la tâche décrite à la page suivante.

Tous les membres de votre maison de sondage doivent réaliser une tâche commune. Comment pouvez-vous vous assurer que votre travail sera un succès?

Le 30 octobre 1995 avait lieu un référendum sur la souveraineté du Québec. Au cours des semaines précédant le référendum, des sondages ont été réalisés sur les intentions de vote des citoyens et citoyennes. Voici les résultats de trois d'entre eux.

- SOM/*Le Soleil*/Radio-Québec, du 8 au 12 septembre 1995.

  Oui : 45 %   Non : 55 %
- CROP/*La Presse*/*Toronto Star*, du 13 au 16 octobre 1995.

  Oui : 51 %   Non : 49 %
- Groupe Angus Reid, du 23 au 25 octobre 1995.

  Oui : 52 %   Non : 48 %

Quant au résultat du référendum, il a été le suivant.

Oui : 49,4 %   Non : 50,6 %

La tâche

- Sonder l'opinion des élèves de l'école sur la question retenue.

- Compiler les résultats et les représenter à l'aide d'un tableau ou d'un diagramme.

- Produire un rapport décrivant
  - le procédé de collecte de données utilisé ;
  - la taille de l'échantillon choisi ;
  - la méthode d'échantillonnage choisie.

- Écrire un texte de style journalistique qui présente les résultats du sondage et une conclusion.

Pour aller plus loin...

Pourquoi ne pas réaliser un référendum à l'école ayant pour sujet la question de votre sondage ? Il faut promouvoir le référendum auprès des élèves, fixer une date, prévoir les installations nécessaires, puis procéder au vote. Le résultat du référendum correspondra-t-il à ce que prévoyaient les résultats des sondages effectués pour la réalisation personnelle ? À vous de jouer !

Une page d'histoire

Au début du 20e siècle, c'étaient les journalistes qui analysaient l'opinion publique en consultant les personnes influentes des comtés...

Croyez-vous que vos paroissiens éliront un nouveau maire aux prochaines élections ?

Mais en 1936, un certain George Horace Gallup donna un côté plus scientifique aux sondages d'opinion.

Si nos calculs sont bons, Franklin Roosevelt devrait être réélu président des États-Unis aux prochaines élections.

Plus tard, dans la même année...

George Horace Gallup (1901-1984)

George Horace Gallup et Elmo Roper ont réussi à prévoir la victoire de Franklin Roosevelt aux élections présidentielles américaines de 1936 au moyen d'un échantillonnage scientifique de grandeur modeste représentant toutes les couches de la population américaine.

Quel avantage vois-tu à utiliser un échantillon représentatif de toutes les couches de la société pour faire un sondage sur les intentions de vote d'une population ?

Les questions dans les sondages

Activité 1 **La formulation de la question**

Voici quatre questions rédigées par des élèves. Lis-les attentivement.

1 Quelle est la principale cause du terrorisme ?

   A) La pauvreté.
   B) L'écart entre les riches et les pauvres.
   C) La religion.

2 Des spécialistes suggèrent de revoir toutes les règles imposées à l'école. Es-tu d'accord avec le fait de revoir ces règles même si cela pouvait réduire de façon significative la qualité de vie des élèves à l'école ?

   A) Évidemment.
   B) Ce serait bien.
   C) Oui, en présence des spécialistes seulement.
   D) Non.

3 Dans une année, combien de fois vas-tu au cinéma ?

   A) Jamais.
   B) Une fois de temps en temps.
   C) Souvent.
   D) Très souvent.

4 Comment réagis-tu lorsque ton téléphone cellulaire sonne dans un lieu public ?

   A) Je suis mal à l'aise et je l'éteins.
   B) Ça me donne beaucoup d'importance.
   C) Je réponds tout en quittant les lieux.
   D) Je le laisse sonner.

a) Ces questions et leur choix de réponses te paraissent-elles adéquates ? Sinon, précise pour chacune d'elles ce qui ne convient pas.

b) Formez des équipes et partagez-vous les questions pour les reformuler. Chaque question devra être reformulée par au moins deux équipes.

c) En groupe classe, analysez les nouvelles formulations. Ensemble, choisissez une formulation qui vous semble correcte. Au besoin, reformulez à nouveau les questions jusqu'à ce qu'elles conviennent à tous les élèves.

Je vérifie mes connaissances

Voici des questions de sondage. Critique-les et modifie-les de manière à obtenir une meilleure qualité de l'information.

1. Parmi les sports suivants, lequel pratiquez-vous régulièrement ?

   a) Le ski alpin.   **b)** Le tennis.   **c)** Le hockey.   **d)** La natation.

2. Votre revenu familial est-il supérieur ou inférieur à 50 000 $?

   ■ Supérieur à 50 000 $.   ■ Inférieur à 50 000 $.

❯ Corrigé, p. 255

Activité 2 Des sources de biais

Observe bien chacune des illustrations de ces deux pages et repère les sources de biais possible.

Une question est dite biaisée si l'information qui en découle ne reflète pas l'opinion de la population visée par le sondage. On dit alors que cette question comporte des sources de biais. La population est l'ensemble des personnes ou des objets sur lesquels porte une étude statistique.

b)

Tout comme le Dr Lai, croyez-vous que l'exposition aux micro-ondes provoque des problèmes de comportement liés à l'apprentissage et à la mémoire ?

a)

*Êtes-vous **POUR** ou contre la loi anti-tabac du Québec ?*

c)

Répondez à ma question et obtenez un certificat-cadeau du cinéma du quartier. Parmi les quatre derniers films que vous avez vus à notre cinéma, combien en avez-vous aimé ? Aucun, un, deux, trois ou quatre ?

d)

> Après une activité physique à l'école, prends-tu une douche avant de retourner en classe ?

e)

> Plus tard, quel métier veux-tu exercer ?
>
> **a)** Avocat.
> **b)** Biologiste.
> **c)** Garagiste.
> **d)** Athlète olympique.
> **e)** Autre.

f)

En 1994, pour la première fois, de nombreux pays ont décidé de célébrer le travail des enseignants et enseignantes. Lancée à l'initiative de l'Unesco (Organisation des nations unies pour l'éducation, la science et la culture), cette journée est aujourd'hui célébrée dans une dizaine de pays, chaque 5 octobre. De {blablabla}.

Deux minutes plus tard...

Dans cette optique, considérez-vous qu'il serait préférable que A. les enseignants et les enseignantes soient davantage considérés pour le travail {blablabla}.

Deux minutes plus tard...

A... ?

Je vérifie mes connaissances

Tu es responsable de la réalisation d'un sondage sur l'intégration des Jeux paralympiques aux Jeux olympiques. Quelles recommandations ferais-tu aux sondeurs et sondeuses pour éviter au maximum les sources de biais ?

❯ Corrigé, p. 255

Mes outils

Les questions dans les sondages

Un sondage est une recherche d'information portant sur une partie de la population.

Pour minimiser les sources de biais dans la recherche d'information, il faut porter une attention particulière à la question posée.

- Cette question doit être comprise de la même façon par tout le monde.
- On doit toujours pouvoir y répondre.
- Elle ne doit en aucun temps influencer la personne interrogée.
- Les réponses obtenues doivent être faciles à traiter.

La population est l'ensemble des personnes ou des objets sur lesquels porte une étude statistique. *Exemples :*

- L'ensemble des Québécois et Québécoises de 18 ans ou plus constitue la population d'une étude visant à connaître leur intention de vote aux prochaines élections.
- L'ensemble des skis produits par une compagnie constitue la population d'une étude consistant à effectuer un contrôle de qualité du produit.

Une question est dite biaisée si l'information qui en découle ne reflète pas l'opinion de la population visée par le sondage.

Exercices d'application

1 Il existe différentes façons de collecter les données d'un sondage.

Par entrevues téléphoniques.

Par entrevues individuelles dans la rue.

À l'aide de questionnaires écrits.

Pour chacune de ces méthodes, décris un problème possible dans la façon de procéder qui peut influencer les résultats du sondage.

2 Dans chacune des situations suivantes, indique

a) quelle est la population visée ;

b) s'il est préférable d'effectuer un recensement ou un sondage.

1) Le propriétaire d'une épicerie désire connaître le nombre de bouteilles de jus présentement en vente dans son magasin.

2) Une enseignante veut connaître le temps moyen que les élèves de l'école consacrent à leurs loisirs, le soir.

3) La présidente d'une usine de fabrication d'ampoules veut estimer le nombre d'ampoules défectueuses.

4) Une directrice d'école désire connaître le nombre d'élèves qui occupent un emploi durant la période scolaire.

5) Le propriétaire d'une animalerie veut savoir combien de poissons il y a dans les aquariums de son magasin.

3 **a)** Associe chacune des questions au biais qu'elle contient.

QUESTION	BIAIS POSSIBLE
A. Quelle matière préfères-tu à l'école : mathématique, anglais, français ou science ?	1. La formulation de la question peut influencer la personne interrogée.
B. Combien de temps passes-tu à écouter la radio ?	2. Il n'est pas toujours possible de répondre à la question.
C. Es-tu raciste ?	3. La question est ambiguë ; elle peut être comprise de plusieurs façons.
D. Même si, de nos jours, comme tout le monde le sait, on ne peut se fier à personne, fais-tu confiance aux gens de ton entourage ?	4. Certaines personnes pourraient ne pas répondre honnêtement à cette question.

b) Dans chaque cas, explique comment on pourrait améliorer la question pour obtenir une meilleure qualité de l'information.

Situations d'application

De nos jours, les chasseurs et chasseuses professionnels abattent uniquement des phoques adultes, car la chasse aux blanchons est interdite depuis longtemps.

d)

> La fin de semaine dernière, parmi les 10 victimes d'accidents de la route, 6 étaient des motocyclistes.
>
> ### Question du jour
>
> Trouvez-vous que les motocyclistes font preuve d'imprudence sur les routes ?
>
> ■ Oui.   ■ Non.

4 Voici des questions de sondage. Critique-les et modifie-les de manière à obtenir une meilleure qualité de l'information.

a) Considérant le nombre de phoques vivant autour de Terre-Neuve et des îles de la Madeleine, trouvez-vous adéquat que le quota de chasse soit établi à 350 000 têtes ?

■ Oui.   ■ Non.

b) En répondant à la question suivante, vous courez la chance de gagner un voyage pour deux dans les Caraïbes. Au cours de la dernière année, avez-vous utilisé la ligne aérienne Air Sud ?

c) À prix équivalents, préférez-vous acheter le nouveau téléphone cellulaire Réseau X3, comprenant un écran, l'accès à Internet, l'option photo-vidéo et l'option *walkie-talkie,* ou le modèle précédent, le Réseau X2 ?

5 Le 3 mai 2005, on a découvert à l'aéroport Montréal-Trudeau une poudre mystérieuse qui a incommodé 11 personnes. Au lendemain de cet événement, un site Internet proposait la question du jour ci-dessous.

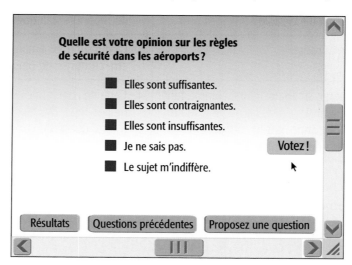

Selon toi, devrait-on se fier aux résultats obtenus par ce sondage pour évaluer le degré de satisfaction des gens en ce qui concerne les règles de sécurité dans les aéroports ? Explique ta réponse.

6 Voici les résultats d'un sondage auquel les gens pouvaient participer sur un site Internet.

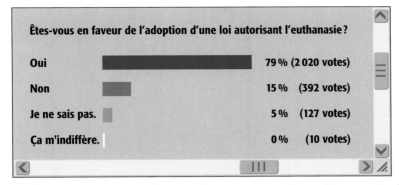

Êtes-vous en faveur de l'adoption d'une loi autorisant l'euthanasie ?

Oui	79 %	(2 020 votes)
Non	15 %	(392 votes)
Je ne sais pas.	5 %	(127 votes)
Ça m'indiffère.	0 %	(10 votes)

a) Formule une nouvelle question qui permettrait d'en savoir davantage sur l'opinion des gens ayant répondu « non » à la question posée.

b) Échange ta question contre celle d'une autre personne. Si la question formulée ne t'apparaît pas adéquate, apporte les correctifs nécessaires, puis discutes-en avec ton ou ta camarade.

7 Lis bien le texte suivant écrit par un jeune.

Je trouve que l'image des jeunes véhiculée par les médias est déplorable : enfants rebelles, idiots, délinquants, drogués... On ne cesse de faire l'étalage des problèmes des minorités. Dans les émissions et dans les interviews ne sont montrés à l'écran que les jeunes les plus complexés et les plus atypiques. [...] En tant que jeune, je suis humilié de cette vision de la jeunesse.

La voix des jeunes, forum de l'UNICEF sur les jeunes et les médias

a) Formule une question qui pourrait être publiée dans un journal de ta région et qui permettrait de connaître l'opinion des gens sur les adolescents et adolescentes. Écris ta question sur une feuille, puis affiche-la en classe.

b) Choisis l'une des questions affichées. Précise en quoi la question est intéressante. S'il y a lieu, précise aussi comment la formulation de la question pourrait être améliorée.

8 Choisis l'un des sujets suivants et formule une question de sondage liée à ce sujet.

Le dopage sportif

Le problème le plus urgent en environnement

Le racisme

9 Pour chacune des questions suivantes, explique ce qui pourrait causer un problème au cours de la réalisation d'un sondage.

a) Il m'arrive d'entrer en conflit avec les membres de ma famille

■ rarement ; ■ parfois ; ■ souvent ; ■ très souvent.

b) Si tu gagnais un voyage, n'importe où dans le monde, où choisirais-tu d'aller ?

c) « Les décrocheurs et décrocheuses scolaires sont voués au salaire minimum, au chômage, à la pauvreté, à l'assistance sociale et à la solitude. » Es-tu d'accord avec cette affirmation ?

d) Quel règlement te convient le moins à l'école ?

■ Celui concernant la tenue vestimentaire.

■ Celui concernant l'interdiction de fumer.

■ Celui concernant les retards.

Es-tu maintenant capable de résoudre entièrement la situation-problème De grands enjeux à l'école, aux p. 6 et 7 ?

L'échantillonnage

Activité 1 **Un échantillon suffit**

Lorsqu'on veut mieux connaître une population sur un sujet donné, il n'est pas toujours possible d'effectuer un recensement. C'est pourquoi on réalise alors un sondage en utilisant un échantillon de la population.

Fais-en l'expérience. Avec trois camarades, cherche à déterminer, en pourcentage, l'utilisation que l'on fait de la lettre *e* dans un dictionnaire.

a) D'après vous, quel pourcentage de l'ensemble des lettres du dictionnaire la lettre *e* représente-t-elle ? L'estimation doit faire l'objet d'un consensus au sein de votre équipe.

b) Ensuite, individuellement, choisissez au hasard 10 lettres dans le dictionnaire. Compilez les résultats obtenus dans le tableau qui vous sera remis.

    1) Selon les résultats de votre équipe, quelle est la fréquence de la lettre *e* ?

    2) Quelle est la fréquence de la lettre *e* selon les résultats compilés dans la classe ?

c) Comment réagissez-vous aux résultats obtenus en **b)** ? Peut-on s'y fier ?

d) Selon toi, aurait-il valu la peine de tirer plus de lettres au hasard dans le dictionnaire pour obtenir une meilleure estimation ?

> Un échantillon est un petit groupe d'individus ou d'éléments choisis de manière à représenter le plus fidèlement possible la population visée par l'étude.

> Lorsqu'on compare un effectif au nombre total de données, on obtient sa fréquence. Une fréquence est généralement exprimée sous la forme d'un pourcentage.

Je vérifie mes connaissances

Quel pourcentage des lettres de ton manuel de mathématiques sont des voyelles ? Explique la démarche que tu as suivie pour le déterminer.

> Corrigé, p. 255

Activité 2 La représentativité de l'échantillon

Un échantillon est dit représentatif d'une population dans la mesure où il reflète le plus fidèlement possible les caractéristiques de la population visée selon l'objet de l'étude.

1er temps

Imagine que l'on s'intéresse aux moyens de communication préférés des élèves de ta classe.

Si l'on interroge les cinq premières personnes entrant dans la classe, est-ce que ces élèves formeront nécessairement un échantillon représentatif de l'ensemble des élèves de la classe?

2e temps

Un magasin a en stock les téléphones cellulaires illustrés ci-contre.

 Choisis un échantillon de 18 téléphones cellulaires qui représentent fidèlement le stock du magasin si l'on considère

a) la couleur du téléphone;

b) la grosseur du téléphone.

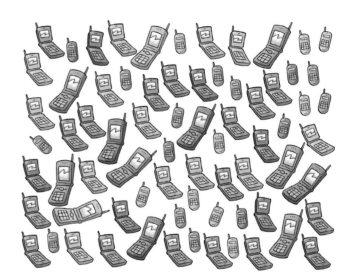

Je vérifie mes connaissances

Dans chacun des cas ci-dessous, l'échantillon choisi est-il représentatif de la population visée par l'objet d'étude? Explique ta réponse.

a) Pour mesurer les capacités en mathématiques des jeunes de 13-14 ans au Québec, on demande cinq volontaires dans chaque école pour passer un test.

b) Pour connaître la réaction du public à un nouveau film, on demande l'opinion d'une personne sur dix à la sortie de la salle de cinéma.

c) Un journaliste veut connaître le genre de musique que les jeunes apprécient. Il se rend à un concert rock et questionne des spectatrices et spectateurs choisis au hasard.

❯ Corrigé, p. 255

Activité 3   Les méthodes d'échantillonnage

La direction de l'école secondaire Maurice-Richard s'intéresse à l'absentéisme des élèves. Pour en connaître davantage sur ce problème, on décide de sonder 300 des 1024 élèves de l'école. Voici la liste des élèves de l'école. Fais équipe avec un ou une camarade et, ensemble, répondez aux questions suivantes.

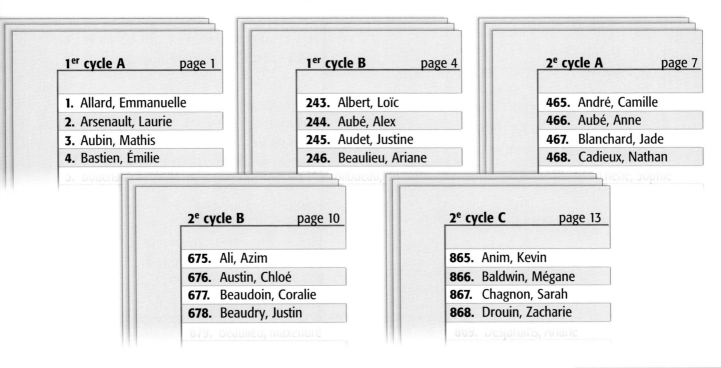

1er cycle A   page 1

1. Allard, Emmanuelle
2. Arsenault, Laurie
3. Aubin, Mathis
4. Bastien, Émilie

1er cycle B   page 4

243. Albert, Loïc
244. Aubé, Alex
245. Audet, Justine
246. Beaulieu, Ariane

2e cycle A   page 7

465. André, Camille
466. Aubé, Anne
467. Blanchard, Jade
468. Cadieux, Nathan

2e cycle B   page 10

675. Ali, Azim
676. Austin, Chloé
677. Beaudoin, Coralie
678. Beaudry, Justin

2e cycle C   page 13

865. Anim, Kevin
866. Baldwin, Mégane
867. Chagnon, Sarah
868. Drouin, Zacharie

a) En utilisant la liste des 1024 élèves de l'école, comment pourrait-on choisir un échantillon représentatif de 300 élèves ?

b) Sans utiliser cette liste, comment pourrait-on choisir un échantillon représentatif de 300 élèves ?

c) Avec une autre équipe, comparez les façons de faire que vous avez trouvées en **a)** et **b)**.

> Une méthode d'échantillonnage est la façon dont les éléments ou les individus de l'échantillon sont choisis parmi la population visée.

Je vérifie mes connaissances

Décris deux méthodes d'échantillonnage qui te permettrait de choisir un échantillon de 1000 personnes à l'aide d'un annuaire téléphonique.

> Corrigé, p. 255

Mes outils

L'échantillonnage

Un échantillon est un petit groupe d'individus ou d'éléments choisis de manière à représenter le plus fidèlement possible la population visée par l'étude.

Un échantillon est dit représentatif d'une population dans la mesure où il reflète le plus fidèlement possible les caractéristiques de la population visée selon l'objet de l'étude. Un échantillon peut ne pas être représentatif si

- sa taille est trop petite ;
- la méthode d'échantillonnage n'est pas appropriée.

Méthode d'échantillonnage

Voici deux méthodes d'échantillonnage.

- La méthode aléatoire : Chaque élément de l'échantillon a la même probabilité d'être choisi que les autres éléments de la population visée.

  Exemple : On utilise un ordinateur pour produire des nombres aléatoires de 1 à 1250. Les nombres obtenus désignent, dans la liste des 1250 élèves d'une école, les élèves qui feront partie de l'échantillon.

- La méthode systématique : On dresse d'abord la liste de tous les éléments ou individus de la population visée. Selon la taille de l'échantillon désirée, on choisit à intervalle régulier les éléments de la liste qui composeront l'échantillon.

  Exemple : En utilisant la liste des 1250 élèves d'une école, on peut obtenir un échantillon de 250 élèves en sélectionnant un ou une élève par tranche de 5 noms.

Exercices d'application

1 Dans les situations ci-dessous, précise la population visée par le sondage ou le recensement. S'il s'agit d'un sondage, donne également l'échantillon.

a) Pour connaître le nombre d'heures par semaine que les élèves d'une école consacrent à leurs devoirs et leçons, on interroge une cinquantaine d'entre eux et elles.

b) Pour faciliter le repérage des livres, un ou une bibliothécaire doit mettre sur fiches informatiques les données pertinentes sur tous les livres de la bibliothèque.

c) Pour connaître les habitudes de consommation des adolescentes du Québec, on interroge 1000 filles de 12 à 17 ans.

2 Dans chacune des situations ci-dessous, indique

a) quelle est la population ; **c)** quel est l'échantillon.

b) quel est le caractère étudié ;

  1) Pour connaître les habitudes alimentaires des jeunes d'une école, Francis s'installe près de la caisse enregistreuse de la cafétéria et note le type de repas choisi par les 50 premières personnes qui viennent payer.

  2) Élizabeth aimerait connaître la répartition des origines ethniques de la population de sa ville. Elle effectue un sondage par téléphone en appelant 100 personnes choisies au hasard dans le bottin téléphonique.

  3) Nathalie doit effectuer un sondage sur le genre de publicités que les gens de son village préfèrent. Elle interroge 10 personnes parmi les personnes qu'elle connaît.

3 Au numéro précédent, pour chaque situation décrite, indique quelle partie de la population n'est pas représentée par l'échantillon. Dans chaque cas, explique en quoi cette omission peut fausser les résultats du sondage.

4 On a choisi au hasard un échantillon de 40 filles de 15 ans et on leur a posé la question suivante : combien de fois pratiques-tu une activité physique durant une semaine n'incluant pas le cours d'éducation physique ? Les réponses sont données ci-contre.

8	7	3	0	2	1	2	5	12	3
10	1	0	4	9	10	14	10	3	6
9	5	4	14	3	16	6	4	3	0
1	10	5	6	8	0	2	8	14	4

  a) Reproduis et complète le tableau à partir de ces réponses.

  b) Si tu devais faire le même sondage auprès des filles ou des garçons de ton école, comment procèderais-tu pour choisir un échantillon représentatif ?

NOMBRE DE SÉANCES D'ACTIVITÉ PHYSIQUE	EFFECTIF	FRÉQUENCE (%)
De 0 à 2		
De 3 à 5		
De 6 à 8		
De 9 à 11		
12 et plus		

5 Une entreprise produit 18 000 verres de plastique par jour. On veut tester la résistance de ces verres à l'aide d'un échantillon prélevé par une méthode d'échantillonnage systématique. Explique comment on doit procéder si l'on décide de tester

  a) 100 verres ; **b)** 1 % des verres produits.

Situations d'application

6 Dans chacune des situations suivantes, donne une raison pour laquelle l'échantillon choisi n'est pas représentatif.

a) On veut connaître les intentions de vote des électeurs et électrices aux prochaines élections provinciales. Échantillon : 20 personnes choisies au hasard dans la liste électorale.

b) On veut calculer le pourcentage de joueurs et joueuses de jeux vidéo parmi les jeunes âgés de 15 à 20 ans. Échantillon : 1000 jeunes interrogés à la sortie d'une salle d'arcade.

c) On veut savoir quel pourcentage du revenu annuel des ménages canadiens est consacré à l'alimentation. Échantillon : 1000 personnes choisies au hasard à la sortie d'un magasin d'alimentation à grande surface près de Montréal.

d) On veut connaître les activités préférées des élèves de l'école mixte Jacques-Rousseau. Échantillon : 200 filles de l'école choisies au hasard.

e) On veut évaluer le degré d'appréciation du tout dernier film de Francis Leclerc. Échantillon : les 100 premières personnes à quitter la salle de cinéma.

7 Pour chacune des situations suivantes, décris une méthode aléatoire et une méthode systématique pour déterminer l'échantillon nécessaire à la réalisation du sondage.

a) À l'école secondaire Boisvert, composée de 1344 élèves, on souhaite faire un sondage auprès de 250 élèves au sujet de leurs préférences pour la journée blanche du mois de février prochain.

b) La maison de sondage Saucier, Tremblay et Bigras inc. désire connaître la popularité relative de certains métiers aux yeux de 1003 Québécois et Québécoises.

c) Une compagnie fabriquant des téléphones cellulaires veut valider la qualité de son dernier produit en testant 1500 des 10 000 nouveaux téléphones Lunex prêts pour le marché.

8 Le tableau ci-contre peut servir de guide dans le choix de la taille d'un échantillon selon la taille de la population visée.

TAILLE DE LA POPULATION	TAILLE DE L'ÉCHANTILLON*
25 000 000	1536
1 000 000	1535
100 000	1514
10 000	1332
1000	606
100	94

* Avec cette taille de l'échantillon, on peut s'attendre à ce que les résultats soient fiables la plupart du temps avec une marge d'erreur de 2,5 %.

Source : Claude ANGERS, *Les statistiques, oui mais...*, Montréal, Éditions Agence D'Arc, 1991, p. 110.

a) Lorsque la taille de la population double ou triple, est-ce que celle de l'échantillon double ou triple également ? Explique ta réponse.

b) Complète la phrase suivante : Plus la taille de la population augmente...

c) Une compagnie ayant produit 1 000 000 de baladeurs s'apprête à soumettre son produit à un test de qualité. Que penses-tu de sa décision d'effectuer le test sur 500 baladeurs ? Explique ta réponse.

d) On souhaite connaître l'opinion des 100 citoyens et citoyennes d'un village à propos de la qualité de l'eau potable. Explique pourquoi il serait préférable de procéder à un recensement plutôt qu'à un sondage.

9 Pour chacun des cas suivants,

1) explique pourquoi l'échantillon choisi n'est pas approprié ;

2) propose une méthode d'échantillonnage plus satisfaisante.

a) Dans une ville de 1 000 000 d'habitants, pour savoir si les électeurs et électrices sont satisfaits de l'administration municipale, on interroge 400 personnes choisies au hasard dans le quartier des affaires.

b) Pour connaître l'opinion des 1000 élèves d'une école sur les règlements en vigueur, on interroge 10 élèves choisis au hasard parmi les élèves du 1er cycle.

c) Pour vérifier la qualité des croustilles préparées en usine, on examine les 100 premier sacs qui sortent de la chaîne de production.

Au besoin, réfère-toi au tableau de la situation d'application **8.**

10 Un système informatisé placé à l'entrée d'un magasin de décorations de Noël permet de dénombrer les clients et clientes tous les jours de l'année.

Te rappelles-tu comment déterminer une moyenne? Sinon, as-tu pensé à te donner des exemples simples ou encore à consulter le glossaire de ton manuel?

a) Si le gérant du magasin souhaitait estimer le nombre moyen de clients et clientes par jour en se servant d'un échantillon de 50 jours de l'année, quelle méthode d'échantillonnage lui suggérerais-tu? Explique ta façon de procéder.

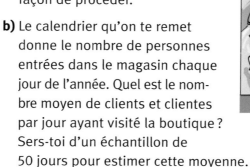

b) Le calendrier qu'on te remet donne le nombre de personnes entrées dans le magasin chaque jour de l'année. Quel est le nombre moyen de clients et clientes par jour ayant visité la boutique? Sers-toi d'un échantillon de 50 jours pour estimer cette moyenne.

George Horace Gallup (1901-1984)

11 En 1936, pendant que George Horace Gallup prédisait la victoire du président Roosevelt à l'élection présidentielle des États-Unis, la revue *Literary Digest,* de son côté, échouait lamentablement en prédisant la victoire de l'autre candidat. Les responsables de cette revue avaient pourtant expédié 10 millions de bulletins de vote à des personnes choisies parmi ses propres abonnés et abonnées, les personnes abonnées au téléphone et les propriétaires d'automobiles. Au total, 23,8 % des bulletins de vote furent retournés.

Qu'est-ce qui expliquerait selon toi l'échec du sondage effectué par cette revue?

12 Dans un site Internet, on a sondé le degré de satisfaction des cinéphiles à propos d'un film. Il en résulte le tableau suivant :

★ ★ ★ ★ ★ ★ ★ ★ ★ ☆ **8,2**/10

CLASSEMENT DES VOTES PAR ÂGE ET PAR SEXE							
ÂGE	**1-12**	**13-17**	**18-25**	**26-35**	**36-49**	**50+**	**TOTAL**
Filles	5,7	9,6	8,1	7,6	7,7	7,5	7,8
Votes	4	12	21	22	46	41	146
Garçons	9,7	9,1	8,2	7,2	8,2	8,4	8,4
Votes	15	52	34	31	37	51	220
Total	8,8	9,2	8,2	7,4	7,8	8	8,2
Votes	19	64	55	53	83	92	366

a) Dans la colonne associée aux 13-17 ans, que représentent

   1) les nombres décimaux ?

   2) les nombres naturels ?

b) Tant pour les garçons que pour les filles, détermine la fréquence associée à chaque groupe d'âge du tableau. L'échantillon lié à ce sondage est-il représentatif de la population du Québec ?

c) Tiendrais-tu compte des résultats de ce sondage pour décider d'aller voir ou non ce film ? Explique ta réponse.

d) Trouves-tu que recueillir l'opinion des gens dans Internet constitue une bonne façon de procéder pour obtenir de l'information sur un tel sujet ? Explique ta réponse.

13 En cherchant dans Internet, on peut trouver de nombreuses décimales du nombre π. Certains sites fournissent même les 100 000 premières décimales de ce nombre. Imagine une liste de 100 000 chiffres de 0 à 9.

   a) Comment pourrais-tu procéder pour obtenir un échantillon de 250 chiffres tirés de cette partie décimale ?

   b) En te servant de la méthode d'échantillonnage que tu as choisie en **a)**, évalue la fréquence du zéro dans les 100 000 premières décimales de π.

Es-tu maintenant capable de résoudre entièrement la situation-problème Les 12-17 ans et Internet, aux p. 8 et 9?

EURÊKA !

Rencontre avec Archimède, Ératosthène, Diophante et Hypatie

Au 3e siècle av. J.-C., Archimède découvre une façon de calculer le volume d'un objet.

Vers 225 av. J.-C., Ératosthène utilise pour la première fois des parallèles et des méridiens pour situer des éléments sur une carte du monde.

Au 3e siècle de notre ère, Diophante rédige les *Arithmétiques,* un ouvrage qui présentait environ 130 problèmes portant sur des nombres naturels et des fractions.

En 415, Hypatie s'efforce de comprendre et d'expliquer l'Univers...

Comme tu le sais peut-être, les mathématiciens et mathématiciennes de la Grèce antique nous ont légué beaucoup de connaissances.

Selon toi, la civilisation grecque est-elle la seule à nous avoir laissé d'importantes découvertes mathématiques ? Sinon, d'après toi, quelles autres grandes civilisations l'ont également fait ?

Les mathématiques et moi

Mon patrimoine mathématique

Différentes civilisations nous ont laissé des écrits sur leurs connaissances mathématiques. Les scientifiques travaillaient principalement sur ce qui les intéressait, tout en répondant à des besoins de l'époque. Si les civilisations anciennes n'avaient pas laissé de telles traces de leurs connaissances, l'évolution des mathématiques aurait été difficile et beaucoup plus lente.

Et toi, as-tu l'impression d'avoir un intérêt plus grand pour un thème mathématique plutôt qu'un autre ?

a) Si tu devais laisser à un ou une élève un problème portant sur ton thème mathématique préféré, quel serait ce problème ? Au besoin, consulte ton manuel A ou ton portfolio de l'an passé.

b) Si tu devais lui laisser une interrogation que tu as par rapport à ce thème mathématique, ou la description d'une difficulté que tu as éprouvée, qu'est-ce que ce serait ?

En essayant de résoudre les situations-problèmes des deux pages suivantes, conserve tes écrits (que tu arrives ou non à résoudre les problèmes proposés), pour pouvoir les consulter au besoin plus tard ou pour que d'autres élèves puissent les consulter.

Banque de situations-problèmes

1. Les poissons du lac

Pour estimer le nombre de poissons qu'il y a dans un lac, des écologistes en attrapent d'abord 100, les étiquettent et les remettent à l'eau. Le lendemain, ils prennent un échantillon de 80 poissons pour les examiner. Parmi ces 80 poissons, 8 portent une étiquette.

En supposant que l'échantillon est représentatif de la population, combien de poissons y a-t-il dans le lac ?

2. La population de l'école

Une école qui accueille les nouveaux immigrants et immigrantes compte 1260 élèves. Parmi cette population, 630 sont d'origine québécoise ; 315, d'origine latino-américaine ; 189, d'origine asiatique ; et 126, d'origine africaine. Les responsables de la radio étudiante veulent effectuer un sondage pour connaître le genre de musique préféré des élèves.

Comment leur faudrait-il procéder pour choisir un échantillon représentatif de 200 élèves ?

3. Une représentation étonnante

Un site Internet utilise la représentation ci-contre pour illustrer la quantité de mercure libérée dans l'atmosphère par les activités humaines.

Le gros bébé représente la quantité produite dans le monde entier, soit 4 000 000 kg, tandis que le petit bébé représente celle que produisent les États-Unis, soit 144 000 kg.

Selon toi, cette représentation reflète-t-elle bien les données fournies ? Sinon, explique précisément les changements qu'un ou une graphiste devrait apporter.

4. L'élection du comité étudiant

Une semaine avant l'élection du comité étudiant de la polyvalente Pierre-Ferland, on a procédé à un sondage préélectoral. L'illustration ci-contre représente les résultats du sondage sur les intentions de vote des élèves de l'école en faveur des différentes équipes.

Malgré ces résultats, le président de l'équipe À l'écoute se dit confiant. Selon lui, quand les personnes indécises auront fait leur choix, son équipe devrait récolter environ 18 % des votes, soit environ 1 vote sur 5. Es-tu d'accord avec ses propos ?

Les Verts : 30 %
L'équipe Bon choix : 12 %
L'équipe Vers l'avenir : 10 %
L'équipe À l'écoute : 8 %
Aucune préférence exprimée : 40 %

Je fais le point

Ta réalisation personnelle

> Considères-tu que tous les membres de ta maison de sondage ont contribué positivement à la réalisation de la tâche à effectuer ?

> Quelle est ta principale force quand tu travailles à la réalisation d'une tâche commune ? Quel aspect pourrais-tu améliorer ?

Eurêka !

> Ressentirais-tu de la fierté à laisser tes écrits mathématiques pour consultation ?

> La résolution des situations-problèmes a-t-elle suscité des interrogations en lien avec les difficultés que tu as éprouvées ? Explique ta réponse.

Tes connaissances mathématiques

Les sondages dans les médias

Consulte des journaux de quartier, les grands quotidiens, ta revue préférée ou des sites Internet et note au moins trois questions de sondage. Ces questions sont-elles correctement formulées, à ton avis ? Sinon, précise en quoi elles peuvent poser problème.

Une question de méthodologie

Observe attentivement les résultats de sondage présentés dans différents médias. Précise-t-on généralement la taille de l'échantillonnage ? Indique-t-on la méthode d'échantillonnage utilisée ? Donne un exemple pour illustrer tes réponses.

Silence,
DOSSIER
on tourne !

Peu de temps après la venue de la photographie, le cinéma a fait son apparition. Dès lors, ce moyen de communication s'est développé un peu partout dans le monde, reflétant le style de vie de différentes sociétés.

Qu'est-ce qui t'attire dans un film ?

Connais-tu des films provenant d'autres pays que les États-Unis ?

Comment crois-tu que les films peuvent nous influencer ?

À chacun son cinéma

En presque un siècle, le cinéma a subi un développement fulgurant, tant en ce qui a trait aux façons de faire qu'aux thèmes exploités. Cette forme d'art s'est rapidement démarquée. Qu'il s'agisse de grandes productions ou de films à petit budget, le cinéma n'a pas fini de nous étonner...

Titanic (1997)

Cette production a remporté de nombreux oscars et la vente de billets a atteint des sommets inégalés dans de nombreux pays.

Le coût total de cette superproduction a été évalué à 200 millions de dollars américains. Quant au coût de la construction du paquebot *Titanic*, en 1910-1912, il était évalué à 1,5 million de livres sterling. Une livre sterling équivalait à l'époque à environ cinq dollars américains. On estime que le coût de la vie au début du 20ᵉ siècle était 18 fois moins élevé qu'aujourd'hui.

a) La production du film a-t-elle coûté plus cher que la construction du *Titanic*? Justifie ta réponse.

Il arrive parfois que les titres de films ne soient pas traduits de la même façon au Québec et en France. *The Blair Witch Project* en est un bon exemple. En France, le film s'intitule *Le projet Blair Witch* et, au Québec, *Le projet Blair*.

Le projet Blair (1999)

Ce film, tourné avec des moyens très restreints, a connu un grand succès. À tel point que chaque dollar investi dans le film a rapporté 10 931 $ à ses producteurs.

b) Quel a été le coût de production de ce film s'il a rapporté à ses producteurs 240 482 000 $?

c) Le film *Titanic* a coûté combien de fois plus cher que *Le projet Blair*?

Le seigneur des anneaux : *la trilogie* (2001, 2002 et 2003)

Dans cette trilogie, on a eu recours à quantité d'effets spéciaux réalisés par ordinateur. Il y en a 560 dans le premier film et 800 dans le deuxième. Quant au dernier film, on y dénombre au moins 1500 effets spéciaux créés à l'aide d'ordinateurs.

d) Environ quel pourcentage de l'ensemble des effets spéciaux réalisés par ordinateur dans la trilogie peut-on associer à chacun des trois films ?

> Cette superproduction présentant le roman fantastique de Tolkien a nécessité sept années de préparation et près de 2000 km de pellicule.

Réalisation personnelle

À la fin de ce dossier, tu pourras te voir parmi les stars de cinéma dans un de tes films préférés. En effet, les connaissances mathématiques que tu acquerras en réalisant ce dossier te permettront de planifier la modification d'une image où l'on pourra te voir dans une scène du film de ton choix. Alors, commence dès maintenant à te remémorer les films qui t'ont plu et choisis une scène dans laquelle tu aurais aimé figurer...

SITUATION-PROBLÈME 1 → **Zoom sur l'arithmétique et l'algèbre**
Les rapports, p. 48 à 55

Les premiers

Le film Le monde perdu, *réalisé en 1925 par Willis O'Brien, est considéré comme une œuvre pionnière dans le domaine des effets spéciaux au cinéma. Ce film présentait des dinosaures avec un réalisme jusqu'alors inégalé.*

Une technique ingénieuse

Pour réaliser les effets spéciaux, Willis O'Brien a conçu des modèles réduits de dinosaures, filmant ensuite leurs mouvements image par image. Un problème survenait, cependant, lorsque des êtres humains rencontraient des dinosaures. Pour régler ce problème, le réalisateur filmait d'abord les dinosaures en cachant une partie de la pellicule. Puis il rembobinait et filmait les êtres humains en cachant la partie déjà exposée de la pellicule.

Dans l'illustration ci-contre, représentant une scène du film *Le monde perdu* de O'Brien, on voit à la fois un dinosaure et des êtres humains. En réalité, le dinosaure représenté atteint cinq mètres de haut.

a) D'après toi, les effets spéciaux de ce film respectaient-ils le rapport entre la grandeur des êtres humains et celle des dinosaures ? Justifie ta réponse.

effets spéciaux

King Kong :
le chef d'œuvre de O'Brien

Le film à effets spéciaux le plus connu de Willis O'Brien est sans conteste *King Kong*. Réalisé en 1933, ce film légendaire raconte les péripéties d'un gorille gigantesque découvert dans une forêt tropicale mystérieuse et ramené à New York pour y être exposé.

L'image ci-dessous montre une scène célèbre de ce film où King Kong, perché au sommet de l'Empire State Building de New York, se défend contre les avions qui l'attaquent.

La compagnie Softimage, fondée à Montréal en 1986, est aujourd'hui un chef de file dans le domaine des effets spéciaux créés par ordinateur. Son travail dans le film *Le parc Jurassique* (1993) l'a placée parmi les plus grandes entreprises d'effets spéciaux du monde.

b À l'aide de cette image, estime la taille de King Kong, en sachant que chacun des avions mesure en réalité 7 m de longueur. Décris le raisonnement que tu as utilisé pour faire cette estimation.

c Un grand gorille adulte peut atteindre en moyenne une taille de 1,75 m. Combien de fois la taille de King Kong est-elle plus grande que celle d'un grand gorille adulte ? Quel pourcentage de la taille d'un grand gorille adulte la taille de King Kong représente-t-elle ?

Zoom sur l'arithmétique et l'algèbre
Les situations de proportionnalité, p. 56 à 63

SITUATION-PROBLÈME 2

Les dessins

Durée : 83 min
Nombre d'images : 119 520

Durée : 88 min
Nombre d'images : 126 720

Depuis sa création, le dessin animé a toujours eu une grande popularité. Parmi les créateurs de dessins animés, Walt Disney est sûrement le plus connu. Aujourd'hui, les techniques de réalisation des dessins animés ont beaucoup changé : comme pour les effets spéciaux, on se sert de plus en plus de l'ordinateur.

D'hier...

La technique utilisée par l'équipe de Walt Disney pour réaliser un dessin animé consistait à produire toutes les scènes à la main, image par image. Bien que très laborieuse, cette technique a donné un premier long-métrage d'animation en 1937, le célèbre dessin animé *Blanche-Neige et les sept nains*. Puis, en 1940, *Pinocchio* a confirmé le talent de cette équipe.

Il a fallu sept bobines de film pour contenir le dessin animé original de *Blanche-Neige et les sept nains*.

a En tenant compte des données accompagnant les affiches des deux dessins animés ci-dessus, calcule combien d'images il faut réaliser pour produire un dessin animé de 10 min en utilisant la technique de l'équipe de Walt Disney. Laisse les traces de ta démarche.

animés

... à aujourd'hui

Aujourd'hui, les techniques de réalisation du dessin animé se sont diversifiées. De nombreuses œuvres d'animation sont maintenant entièrement réalisées par ordinateur. C'est le cas du film *Shrek,* qui a remporté en 2002 l'oscar du meilleur film d'animation. Même si *Shrek* a été réalisé par ordinateur, le produit final a été mis sur pellicule.

b Sachant qu'il y a au moins 133 920 images sur la pellicule du dessin animé *Shrek,* détermine la durée de ce film.

As-tu déjà observé de près la pellicule d'un film ? On y remarque une série de petits trous de chaque côté. Ces trous servent à faire défiler la pellicule à vitesse constante.

c Sachant qu'un film dont la pellicule a une longueur de 685 m met 25 min à défiler devant la lentille du projecteur, détermine la longueur de la pellicule du film *Shrek*.

La réalisation de ce film a nécessité la conception de plus de 1250 accessoires et paysages virtuels.

Zoom sur la géométrie
Figures semblables et homothétie, p. 64 à 73

Présentement

Observe bien l'affiche ci-dessous.

Lorsqu'un nouveau film est présenté au grand public, une compagnie de distribution prépare généralement sa sortie afin d'attirer l'attention d'un maximum de gens. L'un des moyens utilisés est la création d'une affiche attrayante.

à l'affiche...

a Pour réaliser l'affiche présentée à la page précédente, on a reproduit les images ci-dessous. Pour chacune d'elles, détermine le rapport utilisé dans cette reproduction. Dans chaque cas, décris comment tu as procédé.

1

2

3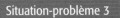

4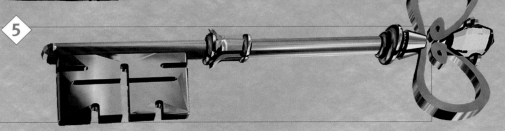

5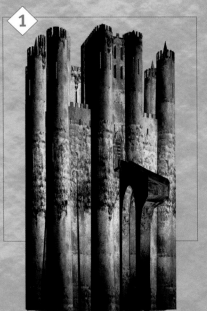

b À l'aide de tes instruments de géométrie, dessine la réduction ou l'agrandissement de l'une des images afin que le dessin corresponde à la reproduction sur l'affiche de la page précédente. Laisse les traces de ta démarche.

Faire une scène

Parmi les films que tu as vus à la télévision ou au cinéma, certains t'ont plu et d'autres t'ont déçu. Rappelle-toi quelques scènes des films que tu as trouvés marquants et imagine-toi faisant partie de ces scènes. Voyons ce que cela pourrait donner...

1er temps
La recherche

Dans des revues sur le cinéma ou dans Internet, on trouve de nombreuses images de scènes de films récents ou anciens. Sélectionne une image de la scène de ton choix en sachant que tu devras la modifier pour en faire partie.

2e temps
La conception

Sur une photographie, prélève une représentation de toi que tu **réduiras** ou **agrandiras** afin de l'intégrer à la scène choisie.

Prends soin de faire une intégration harmonieuse. En d'autres mots, tiens compte des dimensions des divers éléments de l'image afin que l'ensemble soit réaliste. Tu peux prendre la place d'un personnage ou en créer un nouveau. Fais preuve d'imagination.

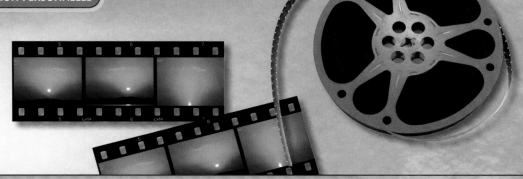

3e temps

Le document explicatif

Élabore un document explicatif indiquant clairement comment tu as procédé pour réaliser le photomontage. Ce document devra contenir :

- le nom du film comprenant la scène choisie et la source précise d'où provient la photo ;

- une explication qui spécifie le rapport de similitude entre ta représentation initiale et ta représentation dans le photomontage ;

- la description exacte d'une homothétie, soit le centre d'homothétie et le rapport d'homothétie, qui permettrait d'obtenir ta représentation finale à partir de la représentation initiale.

Jusqu'à quel niveau de précision iras-tu pour que l'effet visuel de ton photomontage soit convaincant ?

4e temps

L'exposition

Le travail terminé, tous les photomontages seront exposés en classe. Quant à ton document explicatif, tu le remettras à ton enseignant ou enseignante.

Pour aller plus loin...

À la manière du film *Chérie, j'ai réduit les enfants,* réalise un photomontage (ou un court-métrage) comportant quelques effets spéciaux visuels impressionnants. Prépare un document explicatif décrivant comment tu as réalisé tes effets spéciaux (en quelque sorte, le *making-of* de ton œuvre).

Une page d'histoire

Au 6ᵉ siècle av. J.-C., dans l'école de Pythagore, à Samos.

Écoutez, mes chers disciples, le son qu'émet la corde lorsque le chevalet est tout près de l'extrémité.

Écoutez maintenant le son émis par la corde dont j'ai réduit la longueur de moitié. Ne trouvez-vous pas que ce son s'harmonise parfaitement avec le premier son entendu?

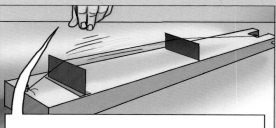

Le rapport des longueurs était de 1 à 2. Maintenant, il est de 2 à 3 et le son s'harmonise encore bien avec les deux autres.

Les sons s'harmonisent bien entre eux seulement à des endroits précis de la corde, lorsque les rapports des longueurs sont simples.

Voilà une preuve de plus que tout ce qui existe dans ce monde est régi par les nombres.

Pythagore (vers 569 av. J.-C. - vers 475 av. J.-C.)

Avec quelques-uns de ses disciples, le grand mathématicien grec Pythagore a cherché à établir un lien entre la longueur de deux cordes émettant chacune un son et l'harmonie pour l'oreille des sons qu'elles produisent. Il a constaté que l'on obtient deux sons harmonieux lorsque les rapports des longueurs sont des rapports simples (comme 1 à 2, 2 à 3, 3 à 4 ou 4 à 5). Pourrais-tu reproduire son expérience? Y a-t-il d'autres façons de produire des sons harmonieux? Et si tu essayais avec un verre contenant des quantités d'eau variables?

Les rapports

Observe bien ces photographies.
La taille réelle de Charlie Chaplin était
de 1,72 m (chapeau inclus) et sa largeur
au niveau des épaules était de 39 cm.

a) Quelle photographie correspond
réellement à Charlie Chaplin ?
Justifie ton choix.

b) Quelle est la grandeur réelle de sa
canne sur la photographie que tu as
choisie en **a)** ? Explique ta réponse.

À l'aide d'un logiciel, il est possible de
« transformer » une photographie. Imagine
que tu voudrais représenter Charlie Chaplin
pour qu'il semble avoir une taille de 2 m
(chapeau inclus) et une largeur de 30 cm
au niveau des épaules.

c) Quels pourcentages devras-tu inscrire
dans les champs de la fenêtre ci-contre ?
Explique ta réponse à l'aide de calculs.

Format de l'image

Hauteur 100 % Largeur 100 %

Je vérifie mes connaissances

Un rectangle mesure 6 cm de longueur sur 4 cm de largeur.

a) Combien de fois la longueur est-elle plus grande que la largeur ?

b) Quelle est la longueur d'un rectangle ayant la même forme, mais dont
la largeur est de 5 cm ?

c) Un autre rectangle mesure 64,5 cm de longueur sur 43 cm de largeur.
Ce rectangle a-t-il la même forme que celui décrit ci-dessus ?
Explique ta réponse à l'aide de calculs.

❯ Corrigé, p. 255

Activité 2 Des gars et des filles

Michaëlle, Ali, Grégoire et Rose donnent chacun et chacune une description du nombre de filles et de garçons dans leur classe respective.

> Le nombre de garçons correspond aux $\frac{2}{3}$ de celui des filles.

> Le nombre de garçons dans ma classe correspond à 80 % du nombre de filles.

> Dans ma classe, il y a 2 filles pour 5 garçons.

> Le *rapport* du nombre de filles au nombre de garçons dans ma classe est de 3 : 4.

Michaëlle **Ali** **Grégoire** **Rose**

Un rapport est une comparaison entre deux quantités de même nature.

a) Fais équipe avec un ou une camarade. La feuille qu'on vous remet contient 20 descriptions. Chacune décrit différemment le nombre de filles et de garçons de l'une des classes des quatre élèves ci-dessus. Associez chacune des descriptions à la classe à laquelle elle correspond.

b) Comparez vos associations avec celles d'une autre dyade, puis celles du reste de la classe.

Je vérifie mes connaissances

Le prix payé par Loïc pour ses chaussures correspond aux $\frac{3}{5}$ du prix payé par Mathilde pour le même modèle de chaussures.

a) Exprime de trois façons le rapport entre la somme payée par Loïc et celle payée par Mathilde.

b) Donne deux exemples de prix réalistes qu'il et elle ont pu payer pour leurs souliers.

❯ Corrigé, p. 255

Mes outils

Les rapports

Un rapport est une comparaison entre deux quantités de même nature. Le rapport d'une quantité A à une quantité B indique le nombre de fois que la quantité B est contenue dans la quantité A.

Exemple : Si Laure mesure 180 cm et que son frère mesure 80 cm, on peut écrire le rapport entre ces longueurs de différentes façons :

À L'AIDE D'UN NOMBRE FRACTIONNAIRE OU DÉCIMAL	À L'AIDE D'UN POURCENTAGE	AVEC DEUX NOMBRES
La taille de Laure est deux fois et un quart plus grande que celle de son frère, car $180 \div 80 = 2\frac{20}{80}$ ou $2\frac{1}{4}$. La taille de Laure est 2,25 fois celle de son frère, car $180 \div 80 = 2{,}25$.	La taille de Laure correspond à 225 % de celle de son frère, car $180 \div 80 = 2{,}25$ ou $2\frac{25}{100}$ ou $\frac{225}{100}$.	Le rapport de la taille de Laure à celle de son frère est de $180:80$ ou $\frac{180}{80}$. On peut exprimer un rapport écrit à l'aide de deux nombres sous la forme d'un rapport réduit. $180:80$ se réduit à $9:4$ ou $\frac{180}{80}$ se réduit à $\frac{9}{4}$.

Les rapports équivalents

On peut établir des rapports équivalents en multipliant ou divisant par un même nombre chacun des termes du rapport.

Exemple :
$$\frac{9}{4} = \frac{45}{20} = \frac{180}{80} = \frac{360}{160} = \frac{900}{400}$$

$\div 20$ $\times 5$
$\div 4$ $\times 2$
$\div 4$ $\times 2$
$\div 20$ $\times 5$

> Un rapport est réduit s'il est formé de nombres naturels qui n'ont aucun diviseur commun, sauf 1.

8970 Rue Othello
Brossard (Québec)
J4Y 3A7

CHAN-CHIANG

Exercices d'application

1 Un groupe de personnes se rend dans un parc pour faire un pique-nique. Il y a quatre adultes, trois jeunes enfants et deux adolescents. Parmi ces personnes, cinq sont de sexe féminin. Exprime de deux façons chacun des rapports suivants.

a) Le nombre d'adultes par rapport au nombre de jeunes enfants.

b) Le nombre de jeunes enfants par rapport au nombre d'adolescents.

c) Le nombre d'adultes par rapport au nombre de non adultes.

d) Le nombre de personnes de sexe masculin par rapport au nombre de personnes de sexe féminin.

Lorsque l'on écrit un rapport en utilisant deux nombres, ce rapport est réduit s'il est formé de nombres naturels qui n'ont aucun diviseur commun sauf 1.

2 Exprime chacun des rapports suivants sous la forme d'un rapport réduit, puis à l'aide d'un pourcentage.

a) 20 : 200   **c)** 100 : 200   **e)** 40 : 25

b) 10 : 200   **d)** 150 : 200   **f)** 1000 : 200

3 Détermine le terme manquant dans chacun des rapports ci-dessous.

a) 40 % est équivalent à ■ : 5.   **c)** 125 % est équivalent à ■ : 4.

b) 15 % est équivalent à 3 : ■.   **d)** 200 % est équivalent à 2 : ■.

4 Complète les phrases suivantes, sachant que le segment **AB** mesure 8 cm et le segment **CD**, 2cm.

a) Le segment **AB** mesure ■ fois plus que le segment **CD**.

b) Le rapport de la mesure du segment **CD** à celle du segment **AB** est de ■ : ■.

c) La mesure du segment **CD** est le ■ de celle de segment **AB**.

d) La mesure su segment **AB** correspond à ■ % de celle du segment **CD**.

e) La mesure du segment **CD** correspond à ■ % de celle du segment **AB**.

5 Certains panneaux de signalisation routière indiquent le degré de difficulté des pentes à l'aide d'un rapport. Un panneau indiquant une pente de 8 % signifie, par exemple, que, pour une distance horizontale de 100 unités, la distance verticale est 8 unités.

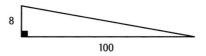

a) Exprime ce rapport de 8 % à l'aide d'un rapport réduit. Décris dans tes mots à quoi correspond alors chacun des termes du rapport.

b) Si un panneau indique une pente de 7 %, à quelle distance verticale correspond une distance horizontale de 850 mètres ?

c) Arrivé au bas d'une colline de 100 m de haut, quel est l'équivalent de la distance horizontale parcourue si le panneau de signalisation indiquait une pente de 5 % ?

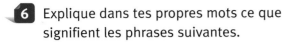

Situations d'application

6 Explique dans tes propres mots ce que signifient les phrases suivantes.

a) Ce soir, c'est la soirée 2 pour 1 dans tous les ciné-parcs participants.

b) L'échelle de cette carte routière est de 1 : 400 000.

c) À l'école La Verdure, le rapport entre le nombre de filles et le nombre de garçons est égal à 1.

d) Hier, en fin d'après-midi, la salle des urgences de l'hôpital Notre-Dame était occupée à 150 %.

7 Traduis chacune des situations suivantes par un rapport réduit écrit sous la forme $a : b$ et sous la forme fractionnaire. Décris à quoi correspond chacun des termes de ton rapport.

a) Une compagnie aérienne offre 20 fois plus de sièges en classe économique que de sièges en classe affaires.

b) Trois fois moins de filles que de garçons se sont inscrites aux activités sportives de la journée verte.

c) Pour 100 journaux achetés, seulement 25 seront recyclés ou réutilisés.

d) Une distance de 10,5 cm sur la carte correspond à une distance réelle de 26,25 km.

e) Dans une région, 12,5 % des élèves n'ont pas accès à Internet à la maison.

8 Édouard est un cinéphile. Il a dénombré les films qu'il a vus l'an dernier au cinéma, selon leur catégorie.

a) Exprime par un rapport réduit le nombre de films de science-fiction par rapport au nombre de drames.

b) Quel pourcentage du nombre de comédies le nombre de films historiques représente-t-il ?

c) À quelle fraction du nombre total de films le nombre de drames correspond-il ?

d) En te référant à cette situation, décris les termes d'un rapport correspondant à 2 : 3.

CATÉGORIE	NOMBRE DE FILMS
Drame	12
Comédie	5
Dessin animé	4
Film historique	6
Science-fiction	9

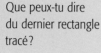

9 Pour chacune des descriptions ci-dessous, trace un rectangle qui y correspond, en donnant la mesure des dimensions.

a) La longueur est le double de la largeur.

b) La longueur correspond à 175 % de la largeur.

c) La largeur représente 0,8 fois la longueur.

d) La longueur équivaut à une fois et un tiers la largeur.

e) Le rapport entre la longueur et la largeur est de 1 : 1.

> Que peux-tu dire du dernier rectangle tracé ?

10 Voici les renseignements nutritionnels se trouvant sur trois contenants de lait pour une portion recommandée d'environ 260 g.

Lait 1 %
Énergie : 458 kJ
Protéines : 8,5 g
Matières grasses : 2,6 g
Glucides : 12 g

Lait 2 %
Énergie : 555 kJ
Protéines : 8,5 g
Matières grasses : 5,2 g
Glucides : 12 g

Lait 3,25 %
Énergie : 669 kJ
Protéines : 9 g
Matières grasses : 8,5 g
Glucides : 12 g

a) Compare les quantités de matières grasses associées aux différents types de lait. Écris le rapport sous la forme $a : b$, en comparant d'abord le lait 2 % au lait 1 %, puis le lait 3,25 % au lait 1 %.

b) Calcule les rapports réduits entre la quantité en grammes de matières grasses et la portion recommandée pour chacun de ces produits. Puis explique dans tes mots le lien entre ces rapports et l'appellation 1 %, 2 % et 3,25 % de ces produits.

11 Trace un ensemble de figures géométriques qui respectent les contraintes suivantes.

- Le nombre de carrés correspond à 40 % du nombre de cercles.
- Le rapport du nombre de triangles au nombre de cercles est de 3 : 5.
- Pour trois figures ombrées, il y a deux figures non ombrées.

a) Décris le rapport du nombre de carrés au nombre de triangles.

b) À quel pourcentage du nombre de figures correspond le nombre de cercles ?

> Selon toi, comment pourrait-on expliquer que le rapport des naissances masculines aux naissances féminines en Inde et en Chine soit supérieur au rapport mondial ?

12 Dans le monde, le rapport entre le nombre de naissances masculines et le nombre de naissances féminines enregistrées est d'environ 21 : 20. Cependant, en Chine, le nombre de naissances masculines enregistrées est 1,17 fois celui des naissances féminines. De plus, en Inde, le nombre de naissances masculines enregistrées correspond à 108 % du nombre de naissances féminines.

Exprime ces trois rapports sous la même forme d'écriture.

13 Sur une mappemonde, une mesure de 4 cm correspond en réalité à une distance de 1300 km.

a) Exprime l'échelle de cette carte, à l'aide d'un rapport réduit.

b) Sur cette carte, ce qui mesure une unité est combien de fois plus grand dans la réalité ?

14 En randonnée, il n'est pas toujours facile de trouver de l'eau potable. C'est pourquoi on recommande de se munir d'un système de purification d'eau. Voici le mode d'emploi accompagnant l'un de ces systèmes.

- Dans le bouchon mélangeur, verser 5 ml du contenant **A** et 8 ml du contenant **B** ;
- ajouter le mélange à 1 L d'eau non potable.

À l'aide d'un rapport réduit, exprime

a) les quantités du contenant **A** et d'eau utilisées dans ce mélange ;

b) les quantités du contenant **B** et d'eau utilisées ;

c) les quantités du contenant **A** et du contenant **B** utilisées.

15 Si 20 % des jetons dans un sac sont bleus et les autres, rouges, quel est le rapport réduit des jetons rouges aux jetons bleus ? Donne trois quantités de jetons bleus et rouges que peut contenir le sac.

16 Lis chacune des situations ci-dessous et réponds à la question qui l'accompagne.

a) Un commerçant offre $33\frac{1}{3}$ % de rabais sur le prix marqué de la marchandise étiquetée. À quelle fraction du prix marqué ce rabais correspond-il ?

b) En 2005, la taxe de vente du Québec (TVQ) correspondait à 7,5 %. À quelle fraction du coût applicable cette taxe correspond-elle ?

c) Dans une ville, $\frac{1}{2}$ % de la population a contracté une maladie causée par une mystérieuse bactérie. Quel est le rapport réduit du nombre de personnes atteintes au nombre de personnes habitant cette ville ?

Es-tu maintenant capable de résoudre entièrement la situation-problème Les premiers effets spéciaux, aux p. 40 et 41 ?

Les situations de proportionnalité

Matériel nécessaire :
Ficelle, poids
(pince-notes,
clé, etc.), règle graduée
et chronomètre.

Souviens-toi, un taux
est une comparaison
de deux quantités de
nature différente.
Par exemple, la
vitesse en km/h
est un taux.

Activité 1 Les pendules

Fais équipe avec un ou une camarade. Ensemble, effectuez l'une des deux expériences ci-dessous. Assurez-vous de bien comprendre l'expérience à réaliser et respectez les consignes suivantes.

- Sur la feuille qu'on vous remet, il manque des données dans la table de valeurs. Déterminez-en deux en réalisant l'expérience.
- Pour chacune des autres données manquantes, faites d'abord une prédiction, puis validez-la en réalisant l'expérience.

Expérience 1

Prévoir le nombre de battements d'un pendule dont la corde a une longueur de 30 cm selon différents temps.

Expérience 2

Prévoir le temps que met un pendule pour effectuer 20 battements selon différentes longueurs de corde.

Votre expérience correspond-elle à une situation de proportionnalité ?
Si oui, répondez aux deux questions ci-dessous. Sinon, expliquez pourquoi.

a) Exprimez par un taux le lien entre les deux quantités mises en relation.

b) Par quel facteur faut-il multiplier le nombre d'unités de l'une des quantités pour obtenir le nombre d'unités de la quantité correspondante ?

Je vérifie mes connaissances

Parmi les tables de valeurs ci-dessous, laquelle ou lesquelles sont associées à des situations de proportionnalité ? Dans chaque cas, explique ta réponse.

TEMPS (h)	SALAIRE ($)	NOMBRE DE COULEURS	NOMBRE D'AGENCEMENTS	TEMPS (jours)	TAILLE (cm)
5	57,50	2	2	8	2
10	115,00	3	6	12	3
15	172,50	4	24	20	5
30	345,00	5	120	32	7
40	460,00	6	720	40	8

> Corrigé, p. 255

Activité 2 **La réception de Pedro et de Maria**

Maria et Pedro ont chacun reçu une recette de leur grand-mère. Cependant, les deux recettes ne sont pas formulées pour le même nombre de personnes.

Recette de Maria
Gaspacho pour 4 personnes

200 ml	de concombre pelé et haché	400 ml	de chapelure fraîche
450 ml	de tomate hachée	400 ml	d'eau
50 ml	d'oignon émincé	30 ml	de vinaigre de vin
5 ml	d'ail émincé	10 ml	de sel
20 ml	d'huile d'olive		

Passer le tout au mélangeur et placer au réfrigérateur pendant au moins deux heures avant de servir.

Recette de Pedro
Gaspacho pour 6 personnes

300 ml	de concombre pelé et haché	600 ml	de chapelure fraîche
675 ml	de tomate hachée	600 ml	d'eau
75 ml	d'oignon émincé	45 ml	de vinaigre de vin
7,5 ml	d'ail émincé	15 ml	de sel
30 ml	d'huile d'olive		

Passer le tout au mélangeur et placer au réfrigérateur pendant au moins deux heures avant de servir.

1er temps

a) Si l'on prépare les deux recettes en suivant les instructions, les préparations auront-elles le même goût? Explique ton raisonnement.

b) Réponds aux deux questions sur la feuille qu'on te remet.

2e temps

c) Fais équipe avec trois camarades qui n'ont pas reçu la même feuille que toi. Ensemble, partagez vos réponses et vos façons de procéder au 1er temps.

d) Écrivez les quantités nécessaires pour servir 26 personnes tout en vous assurant que la préparation aura le même goût qu'avec la recette originale.

Je vérifie mes connaissances

TEMPS	DISTANCE PARCOURUE (km)
20 min	10 000
4 h	120 000
20 h	600 000
48 h	1 440 000
120 h	3 600 000

La table de valeurs ci-contre met en relation des distances parcourues par une navette spatiale en orbite et le temps.

a) Détermine le temps que met la navette pour parcourir 1 000 000 km.

b) Détermine la distance parcourue en une semaine.

c) Quelle est la vitesse en km/h de la navette spatiale?

❯ Corrigé, p. 255

Mes outils

Les situations de proportionnalité

Lorsque deux grandeurs sont mises en relation dans une situation, on peut établir des taux ou des rapports en les comparant. Dans une situation de proportionnalité, ces taux ou ces rapports forment des proportions. On peut dire alors que ces grandeurs sont proportionnelles.

> Une proportion est une relation d'égalité entre deux rapports ou deux taux.

Exemple : Comparons le coût de la location d'un outil et la durée de la location.

Puisque $\frac{60}{5} = \frac{84}{7} = \frac{120}{10} = \frac{144}{12} = \frac{180}{15}$, le coût et la durée de la location sont proportionnels. Dans le tableau ci-contre, on remarque que le nombre associé au coût est toujours 12 fois plus grand que le nombre associé au temps.

LOCATION D'UN OUTIL	
TEMPS **(jour)**	**COÛT** **($)**
5	60
7	84
10	120
12	144
15	180

Différentes stratégies sont possibles pour déduire une valeur dans une situation de proportionnalité. Si l'on cherche, par exemple, le coût de location pour 22 jours, on peut procéder de l'une ou l'autre des façons suivantes.

Le retour à l'unité

Pour 1 jour de location, il faut payer 12 $ (soit 60 ÷ 5). Alors, pour 22 jours, on payera 264 $ (soit 12 × 22).

Le facteur de changement

Puisque 22 est 2,2 fois plus grand que 10, alors on payera 2,2 fois plus que 120 $, c'est-à-dire 264 $ (soit 120 × 2,2).

Le coefficient de proportionnalité

On constate que le nombre de dollars (le coût) est toujours 12 fois plus grand que le nombre de jours (le temps). Ainsi, pour 22 jours, on payera 12 fois plus que 22, soit 264 $.

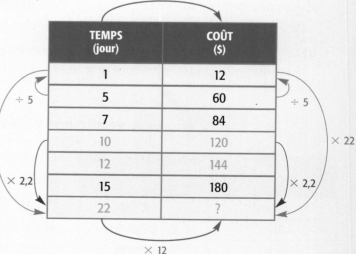

TEMPS (jour)	COÛT ($)
1	12
5	60
7	84
10	120
12	144
15	180
22	?

Le procédé additif

On constate que pour 10 jours il faut payer 120 $ et pour 12 jours, 144 $. Par conséquent, pour 22 jours (10 + 12), on payera 120 + 144, soit 264 $.

Exercices d'application

1 Reproduis les tableaux suivants et remplis-les afin qu'ils traduisent des situations de proportionnalité.

a)

QUANTITÉ N° 1		12			28	
QUANTITÉ N° 2	1	3	5			9

b)

QUANTITÉ N° 1	12			24	
QUANTITÉ N° 2	1	3	11		7

c)

QUANTITÉ N° 1	0,2	0,4	4,2		
QUANTITÉ N° 2	5			200	550

2 Si une photocopieuse te permet d'agrandir un trait de 100 mm à 140 mm, quelle sera, selon ce mode d'agrandissement, la longueur d'un trait de 12 mm une fois agrandi ?

3 Trouve la valeur manquante afin d'obtenir une proportion.

a) $\dfrac{3}{4} = \dfrac{\blacksquare}{200}$ **c)** $\dfrac{32}{8} = \dfrac{\blacksquare}{6}$ **e)** $\dfrac{7}{\blacksquare} = \dfrac{9}{7}$

b) $\dfrac{144}{42} = \dfrac{12}{\blacksquare}$ **d)** $\dfrac{3}{7} = \dfrac{\blacksquare}{5}$ **f)** $\dfrac{\blacksquare}{98} = \dfrac{5}{7}$

4 La table de valeurs ci-contre met en relation la quantité de cidre que l'on peut produire avec certaines quantités de pommes.

a) Cette table de valeurs est-elle associée à une situation de proportionnalité ? Si oui, quel est le coefficient de proportionnalité ?

b) Quelle quantité de cidre peut-on produire avec 260 kg de pommes ?

c) Quelle quantité de pommes a-t-on besoin pour produire 260 litres de cidre ?

QUANTITÉ DE POMMES (kg)	QUANTITÉ DE CIDRE (L)
10	6,5
20	13
50	32,5
100	65
150	97,5

Situations d'application

DISTANCE PARCOURUE (km)	COÛT ($)
0	2,50
1	4,00
2	5,50
3	7,00
4	8,50

DURÉE DE L'APPEL (min)	COÛT ($)
0	0
5	0,50
10	1,00
15	1,50
20	2,00

5 Dans un taxi, Myriam parle à une amie en utilisant son téléphone cellulaire. Après coup, elle se dit que cette balade lui coûtera quelques dollars.

Laquelle des situations présentées dans les tableaux ci-contre est une situation de proportionnalité ? Explique ta réponse tout en précisant pourquoi l'autre n'en est pas une.

6 Kevin rapporte régulièrement des canettes d'aluminium vides au super-marché. Le tableau ci-contre montre les remboursements qu'il a reçus pour différents nombres de canettes.

a) Le remboursement est-il proportionnel au nombre de canettes ? Justifie ta réponse.

b) Si tu as répondu oui en **a)**, quel est alors le coefficient de proportionnalité ?

c) Si Kevin rapportait 48 canettes, combien recevrait-il en dollars ?

d) Pour recevoir 3,50 $ de remboursement, combien de canettes doit-il rapporter ?

NOMBRE DE CANETTES	ARGENT REMIS (¢)
8	40
15	75
22	110
24	120
30	150

7 Quatre voitures roulent sur l'autoroute entre Montréal et Québec. Voici les distances parcourues par chacune après différentes périodes de temps.

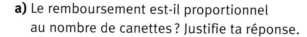

TEMPS (min)	10	20	30	40
DISTANCE PARCOURUE PAR LA VOITURE **A** (km)	12	28	44	60
DISTANCE PARCOURUE PAR LA VOITURE **B** (km)	14	30	48	68
DISTANCE PARCOURUE PAR LA VOITURE **C** (km)	15	35	55	75
DISTANCE PARCOURUE PAR LA VOITURE **D** (km)	16	32	48	64

a) Pour quelle voiture la distance parcourue est-elle proportionnelle au temps ? Quel est le coefficient de proportionnalité ? À quoi correspond-il dans la situation ?

b) Deux autres automobiles ont parcouru, l'une par rapport à l'autre, des distances proportionnelles. Quelles sont ces automobiles ? Explique ta réponse à l'aide de calculs.

8 Matisse a calculé la circonférence de différents cercles à l'aide de sa calculatrice.

DIAMÈTRE DU CERCLE (cm)	3	5	8	12	25
CIRCONFÉRENCE DU CERCLE (cm)	9,4	15,7	25,1	37,7	78,5

Matisse affirme que la circonférence d'un cercle n'est pas proportionnelle à la mesure du diamètre. Que penses-tu de son affirmation ? Explique ta réponse.

9 Renseigne-toi sur les taux de change en vigueur et trouve l'équivalent de 520 $ canadiens

a) en dollars américains ;

b) en euros.

10 Les appareils électroniques sont souvent fabriqués par une chaîne de montage. Dans ce cas, il est possible de déterminer assez précisément le nombre d'appareils fabriqués selon le temps.

TEMPS DE FABRICATION (h)	6	8	12	15	36
NOMBRE D'APPAREILS FABRIQUÉS	936	1248	1872	2340	5616

a) Le nombre d'appareils fabriqués est-il proportionnel au temps de fabrication ? Explique ta réponse.

b) Exprime par un taux le nombre d'appareils fabriqués par heure.

c) Combien d'appareils fabrique-t-on en une semaine de travail de 60 heures ?

d) Combien de semaines de travail faut-il pour fabriquer 140 400 appareils ?

11 Sabrina mélange 20 ml de coulis de fraises à 250 ml de lait. C'est de cette façon qu'elle préfère son lait fouetté. Ce matin, sa mère a entamé un litre de lait en prenant 200 ml pour ses céréales. Elle demande à sa fille de préparer un lait fouetté « à la Sabrina » avec le reste du lait. Quelle quantité de coulis de fraises Sabrina devra-t-elle utiliser pour respecter le goût de son lait fouetté ?

12 Grâce au régulateur de vitesse de sa voiture, Maude vient de parcourir 275 kilomètres en deux heures et demie. Elle estime qu'il lui reste encore 165 km à parcourir. En combien de temps les parcourra-t-elle si elle maintient la même vitesse ?

13 Trois personnes investissent respectivement 12 000 $, 16 000 $ et 20 000 $ pour lancer une entreprise. Après un an, l'entreprise a fait 52 134 $ de bénéfices. Les membres fondateurs décident de se répartir les bénéfices proportionnellement à leur investissement de départ. Combien chaque personne recevra-t-elle ?

14 Tu sais que l'ombre peut servir à mesurer des grandeurs inaccessibles. Par exemple, si tu projettes une ombre de 195 cm, quelle sera la grandeur d'un édifice près de toi qui projette une ombre de 39,5 m ?

15 Dans une municipalité, il y a 5970 femmes et 4975 hommes. Le rapport du nombre de filles au nombre de garçons dans une classe respecte exactement celui de la municipalité. Donne un nombre de filles et un nombre de garçons que l'on pourrait trouver dans cette classe.

16 Dans une recette de gâteau aux pommes, on utilise 25 fois moins de cannelle que de farine. Lorsque cette recette est écrite pour 5 personnes, il faut utiliser 250 ml de farine ; pour 3 personnes, il faut 150 ml de farine. Quelle quantité de farine et de cannelle faut-il utiliser pour préparer un gâteau pour

a) 13 personnes ?

b) 2 personnes ?

c) 23 personnes ?

17 Au recensement du Canada de 1991, le taux de natalité était évalué à 1,5 naissance pour 100 habitants ou habitantes, et l'on enregistrait 405 006 naissances pour cette année. Quelle était la population du Canada en 1991 ?

18 En mélangeant 50 ml d'une teinte de bleu à 375 ml d'une teinte de jaune, Jeanne a créé un vert qu'elle apprécie beaucoup. Elle décide de préparer 4,25 L de ce vert pour recouvrir les murs de sa chambre. Quelle quantité de bleu et de jaune devra-t-elle mélanger ?

19 Une librairie hors taxes consent 20 % de réduction. Brigitte fait des achats à cette librairie. Est-ce plus avantageux pour elle de calculer la réduction sur chaque article acheté ou sur le total de ses achats ? Explique ta réponse.

20 À l'aide d'une photocopieuse, Anouk a reproduit une illustration. Une longueur de 12,5 cm sur l'illustration originale mesure 17,5 cm sur la reproduction. Pour faire cet agrandissement, Anouk a précisé un pourcentage sur la photocopieuse.

   a) Quel est ce pourcentage ?

   b) Une longueur de 25,2 cm sur l'agrandissement correspond à quelle grandeur sur l'original ?

   c) Une longueur de 16 cm sur l'original a maintenant quelle longueur sur l'agrandissement ?

Es-tu maintenant capable de résoudre entièrement la situation-problème Les dessins animés, aux p. 42 et 43 ?

Une page d'histoire

En Égypte, 1650 ans av. J.-C.

Maître Ahmes, quel est ce papyrus sur lequel vous travaillez ?

J'ai entrepris de transcrire des textes anciens qui datent de plus de 400 ans : ce sont des solutions à des problèmes...

J'en suis rendu au 53e problème et je m'émerveille encore.

Regarde. Tu vois ces triangles ?
Ils sont différents et semblables en même temps. Si l'on connaît les dimensions de l'un et la mesure d'un seul côté des autres, on peut trouver la mesure de tous les segments dans cette figure.

Et pourquoi faites-vous cela ?

Pourquoi ! ?... Pour tes enfants, tiens ! Je ne veux pas que ces savoirs se perdent.

Trois mille cinq cents ans plus tard, en 1858...

Venez voir ce que j'ai trouvé !

Un papyrus, monsieur Rhind ?

Oui... On dirait de la géométrie !

Ahmes et le papyrus Rhind

Dans l'Égypte ancienne, les scribes étaient des personnes savantes qui savaient écrire et compter. L'un de ces scribes, Ahmes, a écrit un long texte dont le titre est *Méthode correcte d'investigation dans la nature pour connaître tout ce qui existe, chaque mystère, tous les secrets.* Mais ce papyrus est mieux connu aujourd'hui sous le nom de « papyrus Rhind ». Il s'agit là de l'un des plus anciens documents connus de l'histoire traitant de mathématique.

Regarde la figure qu'a tracée Ahmes. À quel concept mathématique te fait-elle penser ?

Figures semblables et homothétie

Activité 1 — Trouver l'intrus

1er temps

La feuille qu'on te remet comprend un trio de figures géométriques.

a) Parmi ces trois figures, lesquelles sont les deux figures semblables ?

b) Compare les éléments homologues (angles et segments) de ces figures semblables. Note tes observations.

2e temps

Formez des quatuors de manière à ce que chaque membre ait un trio de figures différent des autres.

c) Partagez vos façons de procéder pour déterminer les figures semblables.

d) Dans l'analyse des éléments homologues, quelles sont les observations communes que vous avez relevées ?

e) Énoncez quelques propriétés de figures semblables. Comparez ensuite vos découvertes avec celles des autres quatuors.

> Lorsqu'une figure est un agrandissement, une réduction ou une reproduction d'une autre, on dit que ces figures sont semblables.
>
> Les éléments homologues de deux figures semblables sont les éléments qui correspondent d'une figure à l'autre.

Je vérifie mes connaissances

Parmi les figures ci-dessous, lesquelles sont semblables ?

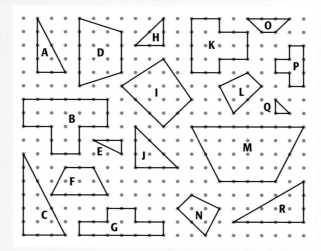

❯ Corrigé, p. 255

Activité 2 Le casse-tête

Les quatre polygones représentés sur cette page sont les morceaux d'un casse-tête ayant la forme d'un rectangle lorsqu'il est reconstitué.

Fais équipe avec trois camarades. Partagez-vous les morceaux du casse-tête, puis suivez les consignes ci-dessous.

a) Individuellement, faites un agrandissement du morceau dont vous êtes responsables, de telle sorte que ce qui mesure 4 cm sur cette page mesure 10 cm dans la figure agrandie.

b) Découpez les morceaux que vous avez construits, puis reconstituez ensemble le rectangle afin de vérifier si les agrandissements ont été bien faits.

Attention ! Conserve pour l'activité suivante la pièce du casse-tête que tu as réalisée.

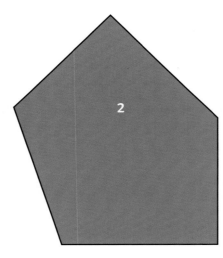

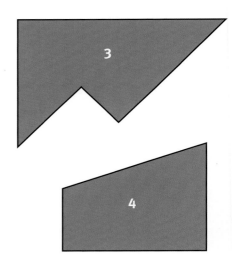

Je vérifie mes connaissances

Agrandis le carré et le triangle rectangle ci-contre. Ce qui mesure 4 cm sur cette page devra mesurer 6 cm dans ton agrandissement.

Reproduis le triangle agrandi en quatre copies. Découpe ensuite les quatre triangles et le carré.

Utilise-les pour former un carré de 7,5 cm de côté.

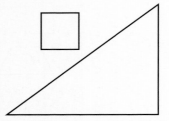

❯ Corrigé, p. 255

Activité 3 Les homothéties

 On te remet une feuille associée à la pièce que tu as construite à l'Activité **2** (p. 66). À l'aide de ce document et de la pièce, réponds aux questions ci-dessous.

a) Place ta pièce sur la feuille de manière que chaque paire de sommets homologues soit sur une même ligne. Sur ces lignes, indique l'emplacement des sommets de ta pièce. Identifie par **A'** le sommet homologue au sommet **A,** par **B'** le sommet homologue au sommet **B,** etc. Enfin, relie ces points pour reconstituer le polygone qui représente ta pièce.

> La barre au-dessus des lettres indique qu'il s'agit d'un segment. Par exemple, m $\overline{\textbf{OA'}}$ signifie «la mesure du segment **OA'**».

b) Observe les deux polygones sur ta feuille. Que peux-tu dire de la position de chaque paire de côtés homologues?

Une homothétie est une transformation géométrique définie par un centre d'homothétie et un rapport d'homothétie.

Exemple: Une homothétie de centre **O** et de rapport $\frac{3}{2}$.

Dans cette figure,

$$\frac{m\ \overline{\textbf{OA'}}}{m\ \overline{\textbf{OA}}} = \frac{4,5\ \text{cm}}{3\ \text{cm}} = \frac{3}{2}$$

Figure initiale   Figure image

c) Détermine la valeur des rapports suivants:

$$\frac{m\ \overline{\textbf{OA'}}}{m\ \overline{\textbf{OA}}},\ \frac{m\ \overline{\textbf{OB'}}}{m\ \overline{\textbf{OB}}},\ \frac{m\ \overline{\textbf{OC'}}}{m\ \overline{\textbf{OC}}},\ \text{etc.}$$

Que remarques-tu?

d) La figure que tu as construite en **a)** est une image par une homothétie de centre **O** de la figure initiale qui se trouvait sur la feuille. Quel est le rapport de cette homothétie?

e) Sur la même feuille, construis l'image de cette même figure initiale par une homothétie de centre **O** et de rapport d'homothétie de $\frac{1}{2}$. Explique comment tu as procédé.

Je vérifie mes connaissances

 Sur la feuille qu'on te remet, il y a deux polygones. En utilisant des homothéties, agrandis ou réduis ces polygones selon ce qui est demandé. Tu peux choisir l'emplacement du centre de chacune des homothéties.

> Corrigé, p. 255

Mes outils

Figures semblables et homothétie

Lorsqu'une figure est un agrandissement, une réduction ou une reproduction d'une autre, ces figures sont dites semblables. Des figures semblables ont des mesures de côtés homologues proportionnelles et des angles homologues isométriques.

Exemple : Le triangle **ABC** est semblable au triangle **DEF,** car

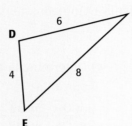

$$\frac{4}{6} = \frac{6}{9} = \frac{8}{12},$$

$$m \angle A = m \angle F,$$

$$m \angle B = m \angle D \text{ et}$$

$$m \angle C = m \angle E.$$

$$\triangle ABC \sim \triangle DEF$$

Ce symbole signifie «est semblable à».

Lorsqu'on compare les mesures de deux segments homologues de figures semblables, on obtient un rapport de similitude. Dans l'exemple ci-dessus, le rapport de similitude du triangle **DEF** au triangle **ABC** est de 2 : 3.

Une homothétie est une transformation géométrique définie par un centre d'homothétie et un rapport d'homothétie. L'image obtenue à la suite d'une homothétie est semblable à la figure initiale. De plus, l'image et la figure initiale ont leurs côtés homologues parallèles.

Exemple : Le triangle **A'B'C'** est l'image du triangle **ABC** par une homothétie de centre **O** et de rapport d'homothétie de $\frac{2}{3}$.

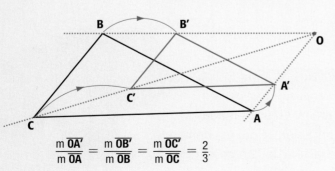

$$\frac{m \overline{OA'}}{m \overline{OA}} = \frac{m \overline{OB'}}{m \overline{OB}} = \frac{m \overline{OC'}}{m \overline{OC}} = \frac{2}{3}.$$

Le $\triangle$ **ABC** est semblable au $\triangle$ **A'B'C'** ($\triangle$ **ABC** ~ $\triangle$ **A'B'C'**) et le rapport de similitude du $\triangle$ **A'B'C'** au $\triangle$ **ABC** est également de $\frac{2}{3}$.

Si le rapport d'homothétie est plus grand que 1, alors il s'agit d'un agrandissement. S'il est compris entre 0 et 1, il s'agit d'une réduction.

Exercices d'application

1 Les paires de figures ci-dessous sont semblables. Calcule les mesures manquantes des côtés.

a)

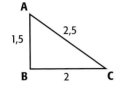

b)

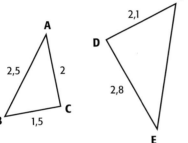

c)

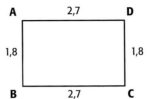

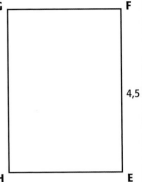

d)

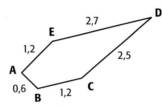

2 Sur la feuille qu'on te remet, trace les images des figures par les homothéties dont le centre et le rapport d'homothétie sont donnés.

a) Centre : le point **D**
Rapport : $\frac{3}{2}$

b) Centre : le point **O**
Rapport : 2

c) Centre : le point **O**
Rapport : $\frac{3}{4}$

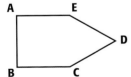

3 Esther a fabriqué un cerf-volant qu'elle veut maintenant décorer. Elle décide de tracer sur la toile des images réduites du contour du cerf-volant. Elle veut utiliser trois homothéties dont les rapports sont respectivement $\frac{1}{4}$, $\frac{1}{2}$ et $\frac{3}{4}$. Le centre des homothéties sera le point de rencontre des deux baguettes qui se croisent à l'intérieur du cerf-volant. Reproduis ce cerf-volant, puis dessine le motif imaginé par Esther.

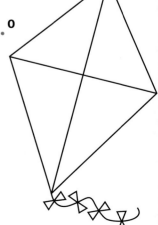

Situations d'application

4 En juxtaposant des dominos, Luis s'amuse à construire des rectangles.

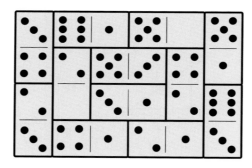

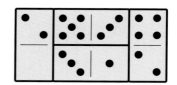

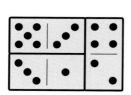

a) Parmi les rectangles construits, lequel est semblable au rectangle représenté par un seul domino ? Explique ta réponse.

b) Parmi les rectangles construits, deux sont semblables entre eux. Lesquels ? Explique ta réponse.

5 Dans le cas de chaque affirmation ci-dessous, détermine si elle est vraie ou fausse. Si elle est vraie, explique ton raisonnement. Si elle est fausse, donne un contre-exemple qui le démontre.

a) Tous les losanges sont semblables.

b) Tous les carrés sont semblables.

c) Tous les triangles rectangles sont semblables.

d) Tous les triangles isocèles sont semblables.

e) Tous les triangles rectangles isocèles sont semblables.

f) Tous les triangles équilatéraux sont semblables.

6 Les côtés du triangle **ABC** mesurent respectivement 2 cm, 3 cm et 4 cm.

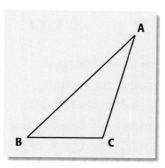

a) Fais un agrandissement du triangle **ABC** de telle sorte que le plus petit côté mesure 3,6 cm.

b) Fais une réduction du triangle **ABC** de telle sorte que le plus grand côté mesure 3,6 cm.

c) Les triangles construits en **a)** et en **b)** sont-ils semblables ? Si oui, quel est le rapport de similitude entre ces deux triangles ?

7 Pour chacune des situations décrites ci-dessous, définis précisément
l'homothétie qui applique la figure initiale sur la figure image.

> Pour définir précisément une homothétie, tu dois indiquer le centre d'homothétie et le rapport d'homothétie.

a) Figure initiale : le carré **ABCD.**
Figure image : le carré **EFCG.**

b) Figure initiale : le triangle **ABC.**
Figure image : le triangle **ADE.**

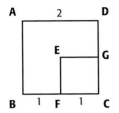

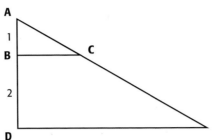

8 Pour réduire le triangle **ABC,** Loïc a décidé d'utiliser une homothétie.
Voici ce qu'il a réalisé.

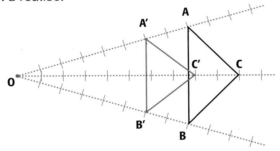

A-t-il bien effectué son travail ? Explique ta réponse.

9 Dans le dessin ci-dessous, les deux lampadaires sont des figures semblables.
De plus, ils peuvent être associés à l'aide d'une homothétie.

 a) Sur la feuille qu'on te remet, situe le centre de cette homothétie.

b) Quel est le rapport d'homothétie
qui permet d'appliquer le
lampadaire le plus proche sur
le lampadaire le plus éloigné ?

c) Ajoute un troisième lampadaire
aligné avec les deux autres
et qui devrait paraître encore
plus proche de toi. Quel rapport
d'homothétie as-tu utilisé ?

10 Trace un quadrilatère quelconque **ABCD.**

a) Construis les images de ce quadrilatère par

1) une homothétie de centre **A** dont le rapport d'homothétie est de $\frac{2}{3}$;

2) une homothétie de centre **B** dont le rapport d'homothétie est de $\frac{5}{3}$.

b) Les deux figures que tu as construites en **a)** sont-elles semblables ? Justifie ta réponse.

c) Est-il possible d'appliquer la plus petite figure sur la plus grande à l'aide d'une homothétie ? Si oui, définis précisément cette homothétie.

11 Tu sais que plus un objet est près de nous, plus il nous apparaît grand.

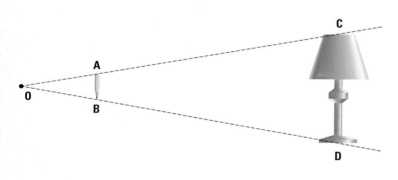

Observe l'illustration ci-contre. Même si le crayon est plus petit que la lampe, il apparaît de la même grandeur qu'elle pour la personne qui les regarde du point **O.**

a) Sachant que **AB** est parallèle à **CD**, explique pourquoi on peut affirmer que $\triangle$ **ABO** ~ $\triangle$ **CDO.**

b) Le crayon mesure 15 cm et la lampe, 60 cm. Si le crayon se trouve à 24 cm du point **O,** à quelle distance la lampe se trouve-t-elle de ce point ? Justifie ta réponse à l'aide de propriétés géométriques.

12 Chaque étage d'un immeuble a une forme rectangulaire dont les longueurs et largeurs ont chacune 6 m de moins que celles de l'étage précédent.

La vue du dessus de cet immeuble est composée de trois rectangles. Ces trois rectangles sont-ils semblables ? Justifie ta réponse.

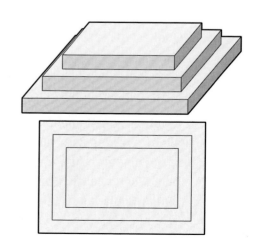

13 Rodrigue a découpé trois cartons de forme triangulaire : un rouge, un vert et un jaune. Ce sont trois triangles rectangles et ils sont tous semblables. De plus, ils peuvent se juxtaposer comme l'indique l'illustration ci-contre. Les trois côtés du triangle rouge mesurent respectivement 3 cm, 4 cm et 5 cm.

a) Quel est le rapport de similitude du triangle vert au triangle rouge ?

b) Quel est le rapport de similitude du triangle jaune au triangle rouge ?

c) Quel est le périmètre de chacun des triangles ?

d) Quel type de figure est formé par les trois triangles juxtaposés ? Justifie ta réponse.

e) Calcule le périmètre et l'aire de cette figure.

14 À l'aide d'un logiciel, Marianne a reproduit une photo, puis l'a réduite.

a) La transformation qui permet de passer de la photo initiale à la photo réduite est-elle une homothétie ? Si oui, définis précisément cette homothétie. Sinon, explique pourquoi ce n'en est pas une.

b) Quel est le rapport du périmètre de la petite photo à celui de la grande ?

c) Quel est le rapport de l'aire de la petite photo à celle de la grande ?

> Es-tu maintenant capable de résoudre entièrement la situation-problème Présentement à l'affiche…, aux p. 44 et 45 ?

EURÊKA !

Rencontre avec Liu Hui

En Chine, au 3e siècle.

Lorsque j'étais enfant, mon père m'a montré le Jiuzhang suanshu, *ce livre admirable qui contient l'essentiel des savoirs mathématiques.*

Voici, mon fils, toute la science des nombres : le Jiuzhang suanshu, écrit il y a des siècles. Jamais rien ne l'a égalé depuis. Considère-le avec respect, Liu Hui !

Quelle ne fut pas ma surprise lorsque des années plus tard, en l'étudiant à fond, j'ai découvert qu'il contenait des erreurs !

« On a un champ circulaire de 30 bu de circonférence et de 10 bu de diamètre. On demande l'aire de ce champ. »

Mais... il y a une erreur ici. C'est impossible. Pour que la circonférence soit de 30 bu, il faut que le diamètre du champ soit plus petit que 10 bu...

En fait, j'ai démontré que le diamètre du champ devrait être de 9 bu et six onzièmes... Je suis très fier de ma découverte, mais évidemment plusieurs autres questions sont restées sans réponse. Je laisse ces problèmes non résolus à ceux qui me suivront et qui pourront dire la vérité.

Le *Jiuzhang suanshu* (ou *Les neuf chapitres sur les procédures mathématiques*) est une œuvre anonyme, mais très importante dans l'histoire des mathématiques chinoises. Liu Hui a été l'un des premiers à commenter cet ouvrage et à y apporter des améliorations. Par exemple, indépendamment d'Archimède, mais un peu de la même façon que lui, il a trouvé une très bonne approximation du nombre π. Pourrais-tu trouver laquelle ?

Les mathématiques et moi

Qui a peur des erreurs ?

Il arrive parfois que l'on fasse des erreurs dans des calculs, que l'on se trompe dans un raisonnement ou que l'on interprète mal un énoncé.

a) Dans les différentes illustrations ci-dessous, on peut constater qu'une personne s'est trompée. Décèle les erreurs, puis explique comment on pourrait les corriger.

b) T'arrive-t-il de trouver des erreurs dans les revues ou les livres que tu consultes ?

c) Comment réagis-tu lorsque tu t'aperçois que tu as toi-même fait une erreur ?

Si tu as de la difficulté à t'engager dans les problèmes des pages suivantes, demande-toi si ce n'est pas la peur de l'erreur qui te paralyse ainsi. Si jamais c'est le cas, aie un peu de courage et fonce ! Dans les solutions, même partielles, que tu écriras, note les endroits où tu penses qu'il peut y avoir une erreur.

Banque de situations-problèmes

1. La vitesse de l'avion

Étendu au sol, Félix observe le ciel où un avion passe à très haute altitude. Il se questionne, car l'avion semble se déplacer très lentement. Il sait qu'un avion de ligne vole à environ 10 km d'altitude.

Pour évaluer la vitesse de l'appareil, Félix tend ses deux bras et pointe ses index en formant un écart d'environ 30 cm entre eux. Puis il compte le temps que met l'avion pour franchir la distance entre ses deux index, soit 15 s. Si le bout de ses index est à environ 80 cm de ses yeux, quelle est la vitesse de l'avion en km/h ?

2. La largeur de la rivière

Pour mesurer la largeur d'une rivière, Malina a procédé comme il est illustré ci-dessous. Si la distance entre les deux piquets est de 4,2 m, quelle est la largeur de la rivière ?

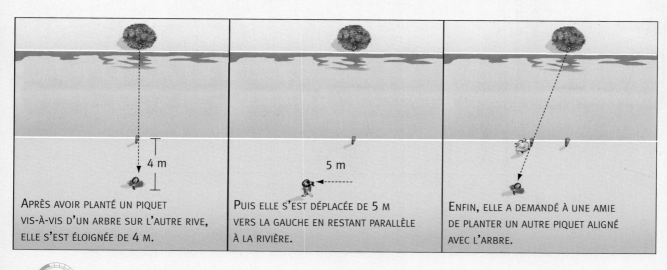

APRÈS AVOIR PLANTÉ UN PIQUET VIS-À-VIS D'UN ARBRE SUR L'AUTRE RIVE, ELLE S'EST ÉLOIGNÉE DE 4 M.

PUIS ELLE S'EST DÉPLACÉE DE 5 M VERS LA GAUCHE EN RESTANT PARALLÈLE À LA RIVIÈRE.

ENFIN, ELLE A DEMANDÉ À UNE AMIE DE PLANTER UN AUTRE PIQUET ALIGNÉ AVEC L'ARBRE.

3. Trop loin l'un de l'autre

Le triangle **DEF** est l'image du triangle **ABC** par une homothétie dont le rapport est égal à $\frac{3}{2}$. Le triangle **GEH** est l'image du triangle **ABC** par une homothétie dont le rapport est égal à $\frac{3}{4}$. Sachant que le segment **BE** mesure 8 cm, calcule la distance entre les centres de ces deux homothéties.

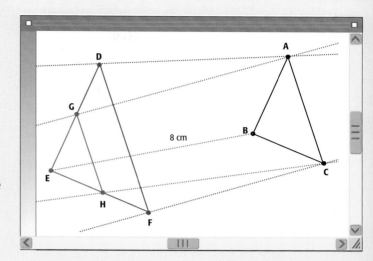

4. Au ralenti

Dans un film publicitaire, une scène au ralenti montre une pomme traversée par un projectile. Au ralenti, le projectile met 3 s pour traverser la pomme de 8 cm de diamètre. À quelle vitesse d'enregistrement cette scène a-t-elle été filmée ? Donne ta réponse en nombre d'images par seconde.

Les deux données suivantes pourraient t'être utiles :

- À la projection d'un film, la pellicule défile toujours à une vitesse constante de 24 images par seconde.

- Le projectile peut parcourir 100 m en un cinquième de seconde.

Je fais le point

Ta réalisation personnelle

> Comment les gens autour de toi ont-ils réagi quand ils ont vu ton photomontage ? Trouves-tu que tu pourrais y apporter quelques améliorations ? Lesquelles ?

> Quels photomontages t'ont paru les plus remarquables ? Pour quelles raisons ?

Eurêka !

> As-tu fait des erreurs en essayant de résoudre les situations-problèmes ? Si oui, de quel type étaient ces erreurs ? S'agissait-il d'erreurs d'inattention, de calcul, de compréhension, de raisonnement ?

> Selon toi, les erreurs peuvent-elles t'aider à apprendre ?

Tes connaissances mathématiques

Mesurer autrement

Utilise tes connaissances sur le raisonnement proportionnel pour évaluer une hauteur ou une distance que tu ne peux mesurer directement. Décris comment tu procèdes et présente ta façon de faire à un ou une camarade. Considères-tu que tes explications sont suffisamment claires ? Quelle a été la réaction de ton ou ta camarade ?

La murale

Imagine que tu veuilles décorer un mur de ta chambre en y reproduisant un dessin trouvé dans un livre. Explique comment il serait possible d'utiliser une homothétie pour tracer une image agrandie sur ce mur. Donne des explications précises.

DOSSIER

Sur les traces de Marco Polo

Peux-tu imaginer le monde, il y a 750 ans ? Évidemment, la technologie et les moyens de communication étaient loin de ressembler à ceux d'aujourd'hui ! Pas d'Internet, pas de télévision, ni de radio ni de journaux... Aucun véhicule à moteur ! Se rendre dans la cité la plus proche pouvait prendre plusieurs jours... Alors, chaque peuple en savait bien peu sur les autres peuples de la Terre. Tout le monde vivait en vase clos.

Et toi, connais-tu des personnes qui habitent des pays vraiment différents du tien ? Que sais-tu de leur milieu de vie, de leur histoire, de leurs coutumes, de leurs croyances ?

Une aventure

En 1271, Marco Polo a 17 ans. Il est jeune et prêt pour l'aventure.
Il quitte alors Venise avec son père et son oncle pour se diriger vers
l'Orient. Il reviendra chez lui seulement 24 ans plus tard.

Un an avant le départ de Marco Polo s'achevait la dernière croisade. Par les croisades, les chrétiens visaient à étendre leur zone d'influence et à soustraire Jérusalem au contrôle des Sarrasins (les musulmans). Parmi les combattants chrétiens figuraient les célèbres chevaliers appelés Templiers.

a) À l'aide d'un logiciel de dessin ou de géométrie dynamique, reproduis la croix des Templiers. Explique comment tu as procédé.

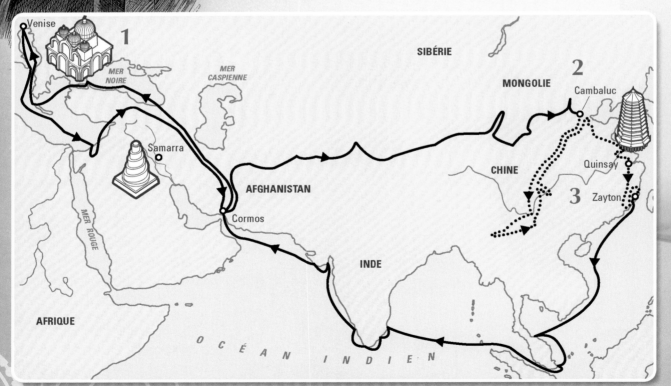

1 VENISE, PORT IMPORTANT DU MONDE CHRÉTIEN : LE POINT DE DÉPART DE MARCO POLO.

2 CAMBALUC (AUJOURD'HUI BEIJING), LE POINT D'ARRIVÉE, AU CŒUR DE L'EMPIRE MONGOL.

3 ZAYTON (AUJOURD'HUI QUANZHOU), POINT DE DÉPART DU VOYAGE DE RETOUR DE MARCO POLO.

de 24 ans

	LONGUEUR DU TRAJET (EN KILOMÈTRES)		ESTIMATION DU NOMBRE DE JOURS D'ARRÊT
	SUR LA MER	PAR VOIE TERRESTRE	
DE VENISE À CAMBALUC	2 500	9 000	540
DE ZAYTON À VENISE	12 000	2 000	360

C'est en bateau sur la mer ou en caravane par voie terrestre que Marco Polo a voyagé. À plusieurs occasions, à l'aller comme au retour, il a dû s'arrêter pour différentes raisons (ravitaillement, maladie, etc.).

La durée du voyage à l'aller (de Venise à Cambaluc) peut être représentée par l'expression algébrique suivante.

$$25 \times a + 90 \times b + 540$$

Dans cette expression, a représente le nombre de jours nécessaires pour parcourir 100 km sur la mer et b, le nombre de jours nécessaires pour franchir la même distance sur la terre.

b) Quelle expression algébrique représente la durée du retour (de Zayton à Venise) ?

c) Si $a = 4$ et $b = 8$, quel trajet a exigé le plus de temps, l'aller ou le retour ?

Après son retour à Venise, Marco Polo a participé à une bataille navale contre la ville de Gênes et a été fait prisonnier. C'est à son camarade de prison qu'il a dicté l'ouvrage *Le devisement du monde.* Ce livre, écrit en français et décrivant en détail ses aventures, allait faire rêver plusieurs générations.

Réalisation personnelle

À la fin de ce dossier, comme un Marco Polo des temps modernes, tu exploreras le monde à l'aide d'Internet. L'une de tes tâches consistera à trouver un édifice représentant une culture étrangère et possédant certaines caractéristiques mathématiques.

Point de départ : le monde chrétien

L'Europe que s'apprête à quitter Marco Polo, en cette fin du 13ᵉ siècle, est le royaume de la chrétienté. Dans toutes les grandes villes, les bâtisseurs du Moyen Âge ont construit d'immenses cathédrales.

La lumière du jour entre dans ces lieux sacrés à travers de grands vitraux colorés. La plupart des vitraux comprennent des rosaces.

■ La rosace ci-contre est une partie d'un vitrail de la cathédrale de Chartres, en France. Analyse sa structure en accomplissant les tâches suivantes.

a Sur la feuille qu'on te remet, trace tous les axes de symétrie de cette rosace.

b Que peux-tu dire du point de rencontre de ces axes ? Quelle est la mesure de l'angle le plus petit formé par deux des axes ?

c Tu peux repérer à l'intérieur de la rosace un certain nombre de carrés de même dimension. Décris précisément la rotation qui permet d'associer deux carrés successifs.

d Quel type de polygone obtiendras-tu si tu relies successivement le centre de ces carrés ? Justifie ta réponse.

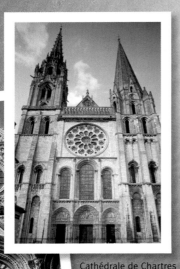

Cathédrale de Chartres

Cathédrale de Sienne

Une rosace est un ornement circulaire dont les éléments sont disposés de façon symétrique autour d'un centre.

La basilique Saint-Marc, à Venise. Marco Polo s'y est peut-être recueilli avant son départ.

À cette époque, Venise était un centre commercial important : c'était le point de départ et d'arrivée des marchands qui commerçaient avec l'Orient. C'était aussi une ville chrétienne, avec sa basilique au style très particulier, construite au 11e siècle.

Les motifs en forme de rosace y sont également présents, comme le montrent les deux représentations ci-dessous.

Les illustrations dans le bas de la page montrent à quoi ressemblent deux pavements en forme de rosace qui ornent le plancher de la basilique Saint-Marc.

e Décris les transformations géométriques par lesquelles chacune de ces rosaces est invariante. Fais preuve du plus de précision possible dans ta description.

Une figure est invariante par une transformation géométrique si, en appliquant cette transformation à la figure, l'image obtenue coïncide exactement avec la figure initiale. *Exemple :* La croix des Templiers est invariante par une rotation de 90° autour de son centre.

1)

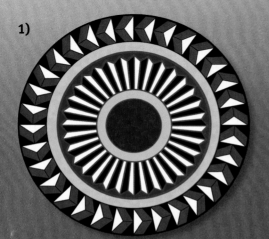

2)

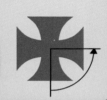

Zoom sur l'arithmétique et l'algèbre — **SITUATION-PROBLÈME 2**
Les expressions algébriques équivalentes, p. 98 à 106

Chez les musulmans

Dans la première partie de son voyage, Marco Polo serait passé près de Bagdad. C'est dans cette ville qu'habitait le calife, chef suprême de la religion islamique.

Un minaret est la tour d'une mosquée, lieu de culte musulman. Cinq fois par jour, le muezzin, fonctionnaire religieux, monte au sommet du minaret pour inviter les fidèles à la prière. Traditionnellement, le muezzin est choisi pour sa voix et sa personnalité.

Tout près de Bagdad, à Samarra, se trouvent les édifices probablement les plus impressionnants de l'architecture islamique arabe de cette époque : le minaret Malwiya et l'enceinte de la grande mosquée.

La Malwiya (la Spirale)

Ce minaret construit au 9e siècle a une hauteur d'environ 55 m. Pour atteindre le sommet, il faut emprunter un escalier en spirale qui fait cinq fois le tour de l'édifice. À chaque tour, la longueur de l'escalier mesure environ 12 m de moins qu'au tour précédent.

a Si x représente la longueur en mètres du premier tour, quelle expression algébrique représente la longueur totale de l'escalier ? Réduis le plus possible ton expression.

> Quelle serait la longueur totale de l'escalier si x valait 80 ?

◀ Le minaret Malwiya

L'état actuel de l'enceinte de la grande mosquée

De nos jours, cette enceinte est vide, mais elle a abrité autrefois la plus grande mosquée jamais construite.

L'enceinte de la grande mosquée

À côté du minaret se trouve l'enceinte de la grande mosquée. Chaque côté de cette enceinte rectangulaire est jalonné par des tours. Au total, il y a 44 tours : 8 sur chaque petit côté de l'enceinte, 12 sur chaque grand côté et une à chaque coin.

Dans le schéma ci-contre, *a* représente le diamètre des tours et *b,* la distance en mètres entre chacune d'elles.

b) Quelle expression algébrique représente le périmètre intérieur de l'enceinte ?

c) Compare l'expression algébrique que tu as trouvée avec celle d'un ou une camarade. Vos expressions sont-elles équivalentes ?

Quel serait le périmètre intérieur de l'enceinte si *a* valait 5 et *b* valait 13 ?

Position des tours dans un coin de l'enceinte

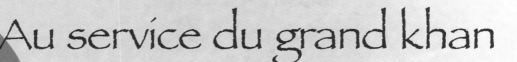

Au service du grand khan

Lorsque Marco Polo est arrivé en Chine, le grand khan Kubilay régnait sur ce territoire. Le voyageur italien a été reçu en grande pompe par Kubilay Khan, qui l'a aussitôt apprécié et intégré à sa cour. Pendant les 17 années suivantes, Marco Polo restera au service du grand khan, voyageant à travers toute la Chine pour accomplir diverses missions.

Le grand khan Kubilay

Le grand khan s'intéressait à toutes les cultures et toutes les religions. Selon Marco Polo, il aurait dit : « Les chrétiens considèrent Jésus-Christ comme leur divinité ; les Sarrasins, Mahomet ; les juifs, Moïse ; et les idolâtres, Bouddha... Je rends hommage et vénération à tous les quatre, afin d'être sûr d'invoquer celui d'entre eux qui est vénérablement suprême dans les cieux ».

Parmi toutes les villes que Marco Polo a visitées pendant cette période, celle qui l'a le plus impressionné est Quinsay (aujourd'hui Hangzhou) qui, avec ses canaux, ressemblait beaucoup à Venise. Marco Polo en parle abondamment dans son livre, mentionnant en particulier son magnifique lac bordé de temples.

Au bord de ce lac, la pagode des Six Harmonies, d'inspiration bouddhiste, existe encore aujourd'hui. Chacun des 12 étages de cet édifice a la forme d'un octogone régulier et comporte des ouvertures rectangulaires ayant toutes les mêmes dimensions, soit 2,5 m sur 0,8 m environ.

L'illustration ci-dessous, où les mesures sont en mètres, représente l'un des murs extérieurs du premier étage. La variable x représente la longueur de ce mur.

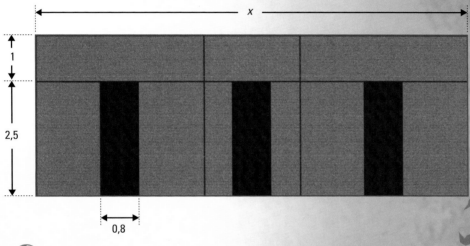

a) Trouve une expression algébrique qui représente l'aire de ce mur en mètres carrés.

b) Quelle expression algébrique représente l'aire totale des murs extérieurs du premier étage?

c) Au dernier étage, chaque mur a une longueur d'environ 3 m de moins que ceux du premier étage. Les autres dimensions demeurent inchangées. Quelle expression algébrique représente l'aire totale des murs extérieurs du dernier étage?

d) Quelle est la différence entre l'aire totale des murs du premier étage et celle des murs du dernier étage?

e) Quelle expression représente la moyenne de ces deux aires?

f) En supposant que $x = 10$, estime l'aire totale des murs des 12 étages. Explique comment tu as procédé.

La pagode des Six Harmonies ▶

Découvrons le monde !

De tout temps, les peuples de la Terre ont construit des lieux sacrés pour exprimer leurs croyances. L'architecture de ces constructions vise souvent à créer une impression d'harmonie et d'unité. Il n'est pas étonnant d'y voir apparaître parfois des éléments de symétrie et de régularité mathématique.

C'est à ton tour d'explorer le monde... à l'aide d'Internet. Trouve une image d'un édifice qui est caractéristique d'une culture dans un autre pays et qui possède des éléments de symétrie ou de régularité. Réalise ensuite une fiche sur cet édifice en t'assurant d'inclure les renseignements précisés ci-dessous.

Qu'est-ce qui déterminera ton choix d'image ? Comment peux-tu t'assurer de bien reproduire les figures identifiées ?

- Imprime l'image que tu auras trouvée. Écris les renseignements suivants concernant l'édifice : l'endroit où il est situé, l'année ou le siècle de sa construction et à quoi il sert. Indique aussi la source de l'image.

- Identifie quelques figures géométriques que l'on peut reconnaître dans l'architecture de cet édifice. À l'aide d'instruments de géométrie ou d'un logiciel, reproduis ces figures.

- Indique certaines longueurs dans ta représentation à l'aide d'une ou de plusieurs variables. Formule ensuite une question où il s'agira de trouver une expression algébrique contenant les variables que tu auras désignées.

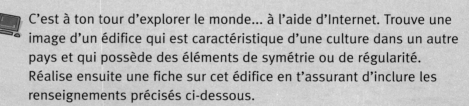

Voici un exemple de ce que tu pourrais réaliser.

La fontaine de la mosquée d'Ibn Touloun

Source de l'image : Otto Lang/CORBIS

La mosquée est un lieu de culte musulman.	
Endroit :	Le Caire, en Égypte
Construction :	9e siècle

Sous le dôme circulaire de la fontaine, on distingue trois niveaux successifs ayant la forme de polygones : de haut en bas, ce sont un octogone régulier, un octogone non régulier et un carré.

Voici une représentation de ces trois polygones.

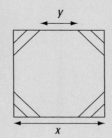

■ **QUESTION :**

Si x représente la mesure du côté du carré et y, celle du côté de l'octogone régulier, quelle expression algébrique représente le périmètre de l'octogone non régulier ?

- Échange ton travail contre celui d'un ou d'une camarade. Essaie de répondre à la question qu'il ou elle aura posée. Ensuite, vérifiez ensemble vos réponses, puis inscrivez-les au verso des feuilles.

En classe, réalisez une exposition de vos découvertes.

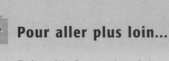

Pour aller plus loin...

Crée ta fiche d'information à l'ordinateur. Si c'est possible, utilise un logiciel de géométrie dynamique pour représenter les figures géométriques. En groupe classe, rassemblez tous vos fichiers pour créer un album que vous pourrez imprimer. Sur une carte du monde, indiquez les endroits où se trouvent les édifices choisis.

Les polygones réguliers

Activité 1 **Et ça tourne!**

Dans le motif ci-dessous, l'angle **ABC** mesure 30°.

a) Sur la feuille qu'on te remet, produis deux rosaces à partir de ce motif en utilisant les transformations géométriques décrites ci-dessous.

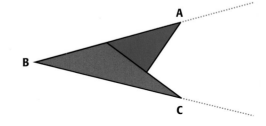

Première rosace : utilise seulement des rotations de 30° autour du point **B.**

Seconde rosace : utilise seulement des réflexions.

b) Compare les deux rosaces que tu as réalisées.

En quoi sont-elles semblables? En quoi sont-elles différentes?

Une rosace est un ornement circulaire dont les éléments sont disposés de façon symétrique autour d'un centre.

Une rotation est définie par son centre, l'angle de rotation et le sens de la rotation.
Exemple : Une rotation de 70° autour du point **O** dans le sens des aiguilles d'une montre.

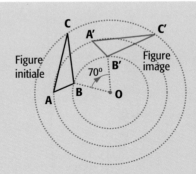

Je vérifie mes connaissances

Pour construire une rosace, on peut d'abord, comme ci-dessus, tracer un motif à l'intérieur d'un angle aigu, puis compléter la rosace à l'aide de rotations ou de réflexions.

a) Quelle doit être la mesure de l'angle aigu pour que la rosace soit formée de huit secteurs isométriques? Justifie ta réponse.

b) Construis cet angle aigu et trace un motif simple à l'intérieur. Complète la rosace en utilisant la transformation géométrique de ton choix.

❯ Corrigé, p. 255

Activité 2 Construction et raisonnement

Pour réaliser cette activité, tu dois d'abord tracer sur une feuille blanche un cercle d'environ 5 cm de rayon. Identifie le centre du cercle par la lettre **O**.

a) À l'aide de tes instruments de géométrie, construis un pentagone régulier, dont les sommets **A, B, C, D** et **E** se trouvent sur ce cercle. Explique comment tu as procédé.

b) Les points **A, B** et **O** sont les sommets d'un triangle. De quel type de triangle s'agit-il? Explique ta réponse.

c) Détermine la mesure des trois angles intérieurs du triangle **ABO.** Justifie ta réponse à l'aide de propriétés géométriques.

d) Que peux-tu dire des angles intérieurs du triangle **BCO**?

e) En te servant de tes réponses en **c)** et **d),** détermine la mesure d'un angle intérieur d'un pentagone régulier.

> Un polygone est régulier si tous ses côtés sont isométriques et tous ses angles intérieurs sont isométriques.
> *Exemple:*
>
>
>
> Un hexagone régulier

✔ Je vérifie mes connaissances

Quelle est la mesure des angles intérieurs d'un polygone régulier ayant

a) 10 côtés? **b)** 12 côtés? **c)** 15 côtés? **d)** 20 côtés?

Justifie chacune de tes réponses à l'aide d'un raisonnement.

❯ Corrigé, p. 255

Mes outils

Les polygones réguliers

On peut construire un polygone régulier en appliquant des rotations ou des réflexions à un triangle isocèle approprié.

Exemple : Construction d'un ennéagone régulier (neuf côtés).

> Un polygone régulier est un polygone dont tous les côtés et tous les angles intérieurs sont isométriques.

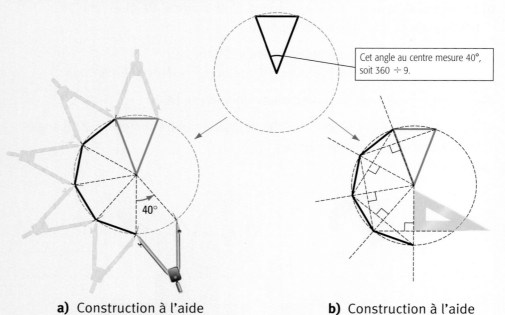

Cet angle au centre mesure 40°, soit 360 ÷ 9.

40°

a) Construction à l'aide de rotations de 40°.

b) Construction à l'aide de réflexions.

En se servant de propriétés géométriques concernant les angles dans un triangle, il est possible de déduire la mesure des angles intérieurs d'un polygone régulier.

Exemple :

- Dans le triangle isocèle **AOB,** l'angle **O** mesure 40°, soit 360 ÷ 9.

- Chacun des autres angles de ce triangle mesure 70°, soit (180 − 40) ÷ 2.

- L'angle intérieur de l'ennéagone est formé de deux de ces angles et mesure donc 140°, soit 70 × 2.

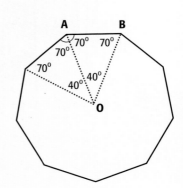

Exercices d'application

1 Sur la feuille qu'on te remet, trace l'image des figures données par la rotation décrite.

a) Une rotation de 60° dans le sens horaire autour du point **C.**

c) Une rotation de 100° dans le sens antihoraire autour du point **B.**

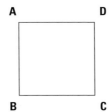

b) Une rotation de 80° dans le sens antihoraire autour du point **O.**

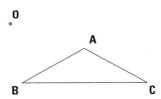

d) Une rotation de 120° dans le sens horaire autour du point **O.**

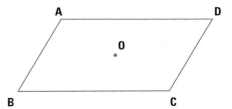

2 Sur la feuille qu'on te remet, trace l'image des figures données par une réflexion selon l'axe de réflexion s.

a)

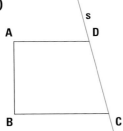

b)

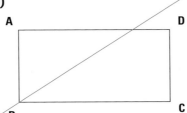

c)

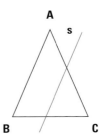

3 Dans l'octogone régulier ci-contre,

a) quelle est la mesure des angles en rouge ?

b) est-il vrai que la somme des mesures des angles rouges est égale à trois fois la somme des mesures des angles blancs ? Justifie ta réponse.

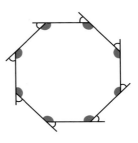

Situations d'application

Un axe de symétrie d'une figure est une droite qui a la propriété suivante: la figure est invariante par une réflexion ayant cette droite pour axe de réflexion.
Exemple:
Le cerf-volant ci-contre a un seul axe de symétrie.

4 Combien d'axes de symétrie y a-t-il dans

a) un triangle équilatéral?

b) un pentagone régulier?

c) un hexagone régulier?

d) un polygone régulier ayant 50 côtés?

e) un cercle?

5 Pour chacune des figures ci-dessous, décris précisément au moins deux rotations par lesquelles cette figure est invariante.

a) Un triangle équilatéral.

b) Un pentagone régulier.

c) Un hexagone régulier.

d) Un polygone régulier ayant 50 côtés.

e) Un cercle.

6 Un mandala est un dessin qui comporte des éléments carrés et circulaires de nature symbolique. Dans la religion tibétaine, le mandala sert de support à la méditation. La figure de droite est une reproduction schématique de la partie centrale du mandala sur la photo. Par quelles transformations géométriques cette figure est-elle invariante?

7 Maryline a découpé des triangles isocèles isométriques dans des feuilles de carton. Le plus petit côté de ces triangles mesure 10 cm et l'angle opposé à ce côté mesure 20°. En juxtaposant les triangles, elle réussit à construire un polygone régulier.

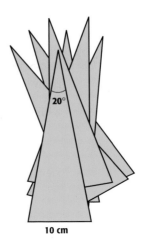

20°

10 cm

a) Quelle est la mesure d'un angle intérieur de ce polygone régulier ?

b) Quel est le périmètre de ce polygone régulier ?

 8 À l'aide de tes instruments de géométrie, construis un pentagone régulier dont le périmètre est de 30 cm. Explique toutes les étapes de ta construction.

> Pour commencer ta construction, tu pourrais t'inspirer de la situation d'application **7**.

9 En se servant de polygones réguliers, Julie a construit des modèles de fleurs. Pour chaque fleur, calcule la mesure de l'angle formant l'espace libre entre deux pétales.

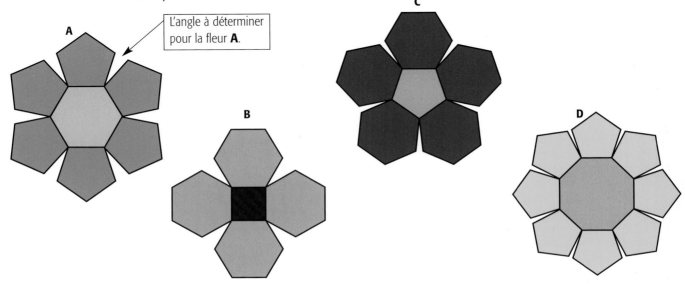

A

> L'angle à déterminer pour la fleur **A**.

B

C

D

10 Sur le cercle central de la mise au jeu, dans un gymnase, cinq élèves tiennent une corde. Les élèves cherchent à se placer de manière que la corde qui les relie soit le plus longue possible. Sur la feuille qu'on te remet, la position des élèves est indiquée par des points.

a) En mesurant avec une règle graduée, détermine la longueur totale de la corde, sachant qu'un centimètre sur cette représentation équivaut à 40 cm dans la réalité.

b) Sur le même cercle, déplace seulement deux élèves de telle sorte que la longueur totale de la corde nécessaire pour les relier soit plus grande qu'en **a).**

c) Sur le second cercle, indique comment devraient se placer les cinq élèves pour que la corde soit le plus longue possible.

11 Sachant que les hexagones **ABCDEF** et **AFHIJK** sont réguliers et isométriques, explique pourquoi on peut affirmer que le quadrilatère **EGHF** est un parallélogramme.

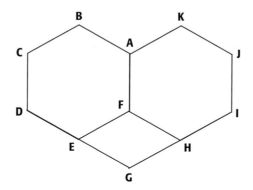

12 Observe les illustrations ci-dessous qui expliquent comment Jamal a procédé pour construire un hexagone régulier.

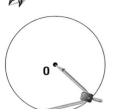 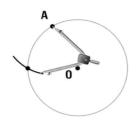 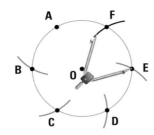 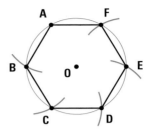

a) Dans la troisième figure, les points **A**, **B** et **O** sont les sommets de quel type de triangle ? Justifie ta réponse.

b) Pourquoi peut-on affirmer que l'hexagone **ABCDEF** est nécessairement un polygone régulier ? Donne des arguments convaincants.

En **b)**, ton argumentation tient-elle compte de tous les éléments qui définissent un polygone régulier ?

c) En procédant de la même façon, construis un hexagone régulier dont les côtés mesurent 3 cm chacun.

d) À partir de ta construction en **c)**, construis un dodécagone régulier (12 côtés) en utilisant seulement une équerre et un compas. Explique comment tu as procédé.

13 À l'aide d'un logiciel de dessin, construis une figure basée sur le cercle et possédant des éléments de symétrie comme en possèdent les rosaces ou les mandalas (voir la situation d'application **3**). Utilise des transformations géométriques pour réaliser ton œuvre. Décris en détail les transformations géométriques que tu as utilisées.

Tu pourrais aussi produire ton dessin à l'aide d'un logiciel de géométrie dynamique.

Es-tu maintenant capable de résoudre entièrement la situation-problème Point de départ : le monde chrétien, aux p. 82 et 83 ?

Les expressions algébriques équivalentes

Activité 1 **Les deux jardins**

Le schéma ci-dessous représente deux jardins rectangulaires de mêmes dimensions, séparés par un sentier. Une clôture entoure chaque jardin.

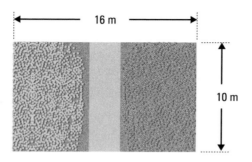

16 m

10 m

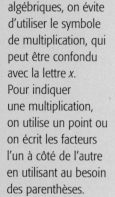

Dans les expressions algébriques, on évite d'utiliser le symbole de multiplication, qui peut être confondu avec la lettre x.
Pour indiquer une multiplication, on utilise un point ou on écrit les facteurs l'un à côté de l'autre en utilisant au besoin des parenthèses.

Exemples :
1) $8 \cdot 12$ et $8(12)$ signifient « 8 fois 12 ».
2) $8x$ signifie « 8 fois x ».

a) Quelle est la longueur totale des deux clôtures si la largeur du sentier est de

1) 1,8 m ? **2)** 2 m ? **3)** 2,4 m ?

b) Pour chacune de tes réponses en **a)**, écris une chaîne d'opérations qui décrit les calculs que tu as faits.

c) Compare tes réponses en **a)** et **b)** avec celles d'un ou une camarade. Avez-vous obtenu les mêmes résultats ? Vos chaînes d'opérations sont-elles équivalentes ?

d) Si x représente la largeur du sentier, quelle expression algébrique représente la longueur totale des clôtures ?

e) Compare ta réponse en **d)** avec celle d'un ou une camarade. Vos expressions algébriques sont-elles équivalentes ?

Je vérifie mes connaissances

a) En utilisant la même variable dans la même situation que ci-dessus, détermine une expression algébrique qui représente l'aire totale des deux jardins.

b) Trouve une autre expression algébrique qui représente la même aire totale.

c) Selon toi, les deux expression algébriques que tu as trouvées sont-elles équivalentes ? Explique pourquoi.

❯ Corrigé, p. 255

Activité 2 **Longueur variable**

La façade d'un édifice est décorée de blocs de marbre comme illustré ci-dessous.
Les faces visibles de ces blocs sont de forme carrée ou rectangulaire.

1er temps

Sur la feuille qu'on te remet se trouvent cinq représentations d'une bande
décorative réalisée avec ces mêmes types de blocs. Dans chaque représentation,
les mesures du premier bloc sont données en décimètres.

a) Pour les représentations **1)** et **2),** détermine la longueur
de la bande décorative. Puis décris à l'aide d'une chaîne
d'opérations les calculs que tu as effectués.

b) Dans le cas des représentations **3), 4)** et **5),** détermine
la plus simple expression algébrique qui représente
la longueur de la bande.

2e temps

Fais équipe avec un ou une camarade ayant reçu une bande
décorative différente de la tienne. Ensemble, répondez
à la question suivante pour les représentations **3), 4)** et **5).**

c) Quelle expression algébrique représente la longueur
des deux bandes réunies bout à bout ?

Je vérifie mes connaissances

Indique si oui ou non les deux expressions données sont équivalentes.
Dans le cas où c'est non, justifie ta réponse.

a) $3 + 2x$ et $5x$

b) $2x + 1$ et $3x$

c) $3x + x$ et $4x$

d) $2x + 3x$ et $5x$

e) $4x - x$ et $3x$

f) $x - y$ et 0

g) $2x + (4y - x)$ et $4y + x$

h) $(2 + x) + (2 - x)$ et $4 + x$

i) $(3x - 2) + (3 - 2x)$ et $x + 1$

❯ Corrigé, p. 255

Mes outils

Les expressions algébriques équivalentes

Des expressions algébriques composées des mêmes variables sont équivalentes si elles ont les mêmes valeurs numériques quelles que soient les valeurs prises par la ou les variables qu'elles contiennent.

Exemple : $x + 4x - 1$ et $(3x + 4) + (2x - 5)$ sont deux expressions algébriques équivalentes, comme l'indique le tableau ci-dessous.

Dans une expression algébrique, les termes sont les différentes parties de l'expression, qui sont séparées par les symboles d'opération + et − .
Le coefficient d'un terme est le facteur numérique de ce terme, excluant la ou les variables.

VALEUR DE x	VALEUR DE $x + 4x - 1$	VALEUR DE $(3x + 4) + (2x - 5)$
8	39	39
10	49	49
11	54	54
16	79	79

Dans le terme x, le coefficient 1 est sous-entendu. Les expressions x et $1x$ sont équivalentes.

Exemple : L'expression $x + 4x - 1$ contient trois termes : x, $4x$ et 1, dont les coefficients sont respectivement 1, 4 et 1.

Des termes semblables sont des termes qui sont identiques ou qui ne diffèrent que par leur coefficient.

Exemple : Dans $x + 4x - 1$, les termes x et $4x$ sont semblables.

Réduire une expression algébrique, c'est trouver une expression algébrique équivalente qui est plus simple. On peut réduire une expression algébrique en additionnant ou en soustrayant les termes semblables.

Exemples :

$$(3x + 4) + (2x - 5) = 3x + 4 \ + 2x - 5$$
$$= 3x + 2x \ + 4 - 5$$
$$= (3 + 2)x + 4 - 5$$
$$= 5x - 1$$

L'associativité de l'addition permet de grouper les termes de différentes façons sans modifier le résultat.

La commutativité de l'addition permet de changer l'ordre des termes sans modifier le résultat.

La distributivité de la multiplication sur l'addition permet d'affirmer que $3x + 2x$ est égal à $(3 + 2)x$.

Exercices d'application

1 **a)** Détermine les expressions algébriques réduites qui représentent le périmètre de chacun des rectangles ci-dessous.

1)

$x + 10$

x

3)
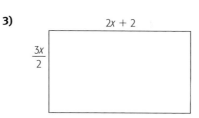
$2x + 2$

$\dfrac{3x}{2}$

2)
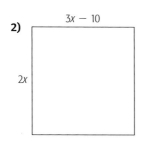
$3x - 10$

$2x$

4)
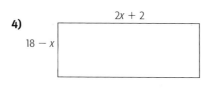
$2x + 2$

$18 - x$

b) Quelle expression algébrique représente la somme de ces périmètres ?

2 Réduis les expressions algébriques ci-dessous.

Détermine ensuite la valeur de chacune si $x = 12$ et $y = 8$.

a) $2x - x - 2 + 3$

b) $x + 2y + 5 + 5x - y$

c) $4x + 4 - 4x$

d) $0{,}4x + 1{,}8 + 1{,}8x + 0{,}4y$

e) $\dfrac{x}{3} + \dfrac{x}{6}$

f) $\dfrac{2}{3}x + y - \dfrac{3}{4}y$

3 Réduis les expressions algébriques ci-dessous.

Détermine ensuite la valeur de chacune si $a = 4$ et $b = 3$.

a) $(6a + 3) + (2a + 4)$

b) $(a + 4b) + (2a - b)$

c) $(b - \dfrac{a}{2}) + (\dfrac{3}{4}a - b)$

d) $(3a - 3 + 4b) + (3a + b + 1)$

e) $(0{,}5 + a - b) + (1{,}5a + b - 2)$

f) $(\dfrac{a}{2} + \dfrac{b}{3} - 1) + (\dfrac{b}{3} - \dfrac{a}{4} + 1)$

L'expression $\dfrac{x}{3}$ est équivalente à $\dfrac{1}{3}x$.

Situations d'application

4 Dany a deux fois plus de jetons que Camille. Sandra a trois jetons de plus que Dany. Voici une illustration possible de cette situation dans le cas où Camille n'a que deux jetons.

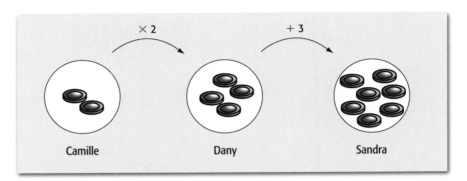

a) Détermine le nombre de jetons qu'a Sandra si Camille a

1) 5 jetons ;   **2)** 10 jetons ;   **3)** 12 jetons

b) Si Camille a *n* jetons, quelle expression algébrique représente

1) le nombre de jetons de Dany ?

2) le nombre de jetons de Sandra ?

3) le nombre de jetons des trois personnes ?

5 Marie-Laure compare la quantité d'argent qu'elle a dans son porte-monnaie avec celle de ses amies. Elle constate que Léna a trois fois plus d'argent qu'elle alors qu'Héloïse a 3 $ de moins qu'elle. Elle constate aussi qu'elle a le double de Marine, mais 2 $ de moins que Catherine.

a) Si Marie-Laure a 6,50 $ dans son porte-monnaie, détermine la quantité d'argent que possède chacune de ses amies.

b) Fais une autre hypothèse sur la quantité d'argent qu'a Marie-Laure. Déduis la quantité d'argent que possède chacune de ses amies dans ce cas.

c) Si *x* représente la quantité d'argent qu'a Marie-Laure, quelles expressions algébriques représentent la quantité d'argent que chacune de ses amies possède ?

d) Quelle expression algébrique réduite représente la somme des avoirs des cinq amies ?

6 Seulement deux des trois expressions algébriques ci-dessous sont équivalentes.

$(x - 12) + (4x + 2)$ $(5x - 15) + (25 - 2x)$ $4x + (2x - 10) - x$

a) En évaluant chacune des expressions pour une ou plusieurs valeurs de x que tu auras choisies, détermine laquelle d'entre elles n'est pas équivalente aux deux autres.

b) En les réduisant, montre que les deux autres expressions sont bien équivalentes.

7 La figure ci-contre est le plan d'une pièce dans une maison. Les mesures en mètres de deux côtés sont données et celles de deux autres côtés sont représentées par des variables.

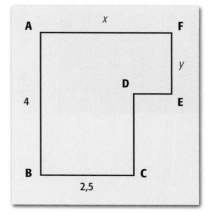

a) Quelle expression algébrique représente la mesure

   1) du côté **DE** ?   **2)** du côté **CD** ?

b) Quelle expression réduite représente le périmètre de cette pièce ?

8 Un coureur de fond s'est entraîné pendant quatre jours consécutifs. Le premier jour, il a parcouru une certaine distance. Le lendemain, il a parcouru 2 km de moins. Le troisième jour, il a parcouru 5 km de plus qu'au premier jour. Le dernier jour, il a parcouru autant de kilomètres que les deux premiers jours.

a) À l'aide de segments de droite de différentes grandeurs, représente la distance parcourue chaque jour par le coureur.

b) Si x représente la distance (en km) qu'il a parcourue le premier jour, quelle expression algébrique représente la distance parcourue chaque jour ?

c) Quelle expression réduite représente la distance parcourue au total pendant les quatre jours ?

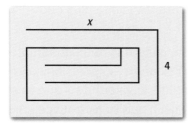

9 La ligne brisée ci-contre représente une partie d'un labyrinthe dans lequel les couloirs ont tous la même largeur.

Quelle expression algébrique représente la longueur totale des murs ?

Les expressions algébriques équivalentes

10 À l'aide d'une tasse qui sert d'unité de mesure, on verse différentes quantités d'eau dans des contenants.

a) Sachant que x représente la capacité de cette tasse (en ml), reproduis et complète le tableau ci-dessous.

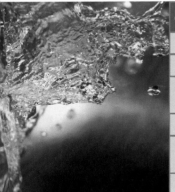

CONTENANT	EXPRESSION ALGÉBRIQUE	INTERPRÉTATION DE L'EXPRESSION
A		On a versé deux tasses et 30 ml de plus.
B	$4x + 20$	
C		On a versé 30 ml de moins que la capacité de la tasse.
D	$2x - 50$	
E		On a versé 300 ml, puis on a enlevé l'équivalent d'une tasse.
F	$500 - 2x$	

b) Quelle expression algébrique représente la quantité d'eau totale dans les contenants

1) **A** et **B**?   2) **B** et **C**?   3) **D** et **E**?   4) **E** et **F**?

c) On vide le contenant **C** dans le contenant **E** et le contenant **D** dans le contenant **F.** Lequel des contenants **E** et **F** contient alors le plus d'eau? Combien de millilitres de plus?

11 Le tableau ci-contre donne les expressions algébriques qui représentent la mesure des côtés d'un quadrilatère **ABCD**.

CÔTÉ	MESURE (CM)
AB	x
BC	$(x + 4) + 2x$
CD	$(2x + 3) + (x - 1)$
DA	$(8x - 14) + (2 - 2x)$

a) Réduis les expressions associées aux côtés **BC**, **CD** et **DA**.

b) Explique pourquoi le côté **BC** est nécessairement plus grand que le côté **AB**.

c) Des côtés **BC** et **CD**, lequel est le plus grand? Justifie ta réponse.

d) Trouve une valeur de x de sorte que le côté **DA** soit le plus grand des quatre côtés.

e) Trouve une valeur de x de sorte que le côté **DA** soit le plus petit des quatre côtés.

f) À l'aide de tes instruments de géométrie, construis deux quadrilatères dont la mesure des côtés correspond à ces quatre expressions algébriques. Pour le premier quadrilatère, utilise la valeur de x que tu as trouvée en **d)**. Pour le deuxième, utilise celle que tu as trouvée en **e)**.

12 La circonférence d'un cercle dont le rayon mesure *r* unités peut être représentée par l'expression algébrique $2\pi r$.

a) Quel est le coefficient de ce terme?

b) Dans cette expression, la lettre grecque π représente-t-elle une variable? Explique ta réponse.

c) La figure ci-contre est le symbole de la paix. Si *r* est le rayon du cercle, quelle expression algébrique réduite représente la longueur totale des lignes de cette figure?

13 Dans la suite de Fibonacci, chaque nombre, à partir du troisième terme de la suite, est la somme des deux termes qui le précèdent.

En utilisant la même régularité, mais en commençant avec deux autres nombres, on peut créer d'autres suites semblables.

| 1 | 1 | 2 | 3 | 5 | 8 | 13 | 21... |

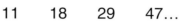

| 1 | 3 | 4 | 7 | 11 | 18 | 29 | 47... |

Leonardo Fibonacci

a) Invente une autre suite semblable en commençant avec deux autres nombres. Écris au moins les huit premiers termes de ta suite.

b) Si *a* représente le premier terme d'une telle suite et *b*, le deuxième terme, quelles expressions algébriques représentent chacun des six termes suivants?

c) Observe les coefficients dans les expressions algébriques que tu as trouvées en **b)**. Qu'ont-ils de particulier?

d) Que serait le huitième terme de cette suite si elle commençait par les nombres 17 et 28?

Les expressions algébriques équivalentes   **105**

14 Écris quatre nombres naturels consécutifs.

a) Que dois-tu ajouter au premier nombre que tu as écrit pour obtenir

1) le deuxième nombre ?

2) le troisième nombre ?

3) le quatrième nombre ?

b) Si n représente le premier nombre d'une suite de quatre nombres naturels consécutifs, quelle expression algébrique représente

1) le deuxième nombre ?

2) le troisième nombre ?

3) le quatrième nombre ?

4) la somme des premier et quatrième nombres ?

5) la somme des deuxième et troisième nombres ?

6) la somme des quatre nombres ?

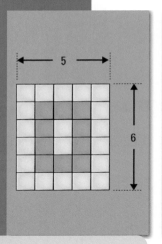

15 Les parents de Sophie et Mathieu veulent installer un patio dans leur cour arrière. Il sera fait de dalles de béton de deux couleurs différentes, disposées comme dans les illustrations ci-contre. La largeur du patio sera équivalente à 5 dalles, mais sa longueur n'est pas encore décidée. Les illustrations représentent deux possibilités.

Pour déterminer le nombre de dalles blanches qui seront nécessaires, Sophie et Mathieu ont trouvé deux expressions algébriques différentes.

L'expression algébrique de Sophie : $2n + 6 + (n - 4)$.

L'expression algébrique de Mathieu : $5 + (n - 2) + (n - 4) + (n - 2) + 5$.

La variable n représente ici la longueur du patio, exprimée en nombre de dalles.

a) Selon toi, quel raisonnement Sophie et Mathieu ont-ils fait pour déterminer leur expression ? Explique-le à l'aide d'un schéma.

b) Les expressions de Sophie et de Mathieu sont-elles équivalentes ? Justifie ta réponse.

Es-tu maintenant capable de résoudre entièrement la situation-problème *Chez les musulmans*, aux p. 84 et 85 ?

c) En utilisant la même variable n, trouve une autre expression algébrique pouvant représenter le nombre de dalles blanches. Explique ton raisonnement.

d) Trouve une expression algébrique pouvant représenter le nombre de dalles vertes. Explique ton raisonnement.

D'autres opérations en algèbre

Quatre petites histoires

Prends connaissance des quatre situations ci-dessous et réponds aux questions.

1 Océane a 80 $. Elle achète un disque à 20 $ et une revue à 5 $ dans le même magasin. Combien ses achats lui coûtent-ils? Combien d'argent lui reste-t-il?

3 Océane a 80 $. Elle achète un disque à 20 $ dans un magasin, puis une revue à 5 $ dans un autre. Combien d'argent lui reste-t-il après le premier achat? Et après le second?

2 Océane a 80 $. Elle achète un disque dont le prix courant est de 20 $, mais qui est en solde à 5 $ de moins. Quel prix doit-elle payer pour le disque? Combien d'argent lui reste-t-il?

4 Océane a 80 $. Elle achète un disque à 20 $. Combien d'argent lui reste-t-il? Après le paiement, le vendeur s'aperçoit que le disque était en solde à 5 $ de moins. Que doit-il faire pour réparer l'erreur? Combien d'argent Océane aura-t-elle alors?

a) Associe chacune des situations à l'une des chaînes d'opérations suivantes.

$$80 - (20 + 5) \qquad 80 - 20 + 5 \qquad 80 - (20 - 5) \qquad 80 - 20 - 5$$

b) Comment peut-on soustraire le résultat d'une addition sans effectuer cette addition? Par exemple, comment peut-on calculer $34,4 - (14,4 + 11,93)$ sans calculer $14,4 + 11,93$?

c) Comment peut-on soustraire le résultat d'une soustraction sans effectuer cette dernière soustraction? Par exemple, comment peut-on calculer $34,4 - (14,4 - 11,93)$ sans calculer $14,4 - 11,93$?

d) Utilise ce que tu viens de découvrir pour réduire les expressions algébriques suivantes.

1) $4x - (x + 5)$ **2)** $4x - (x - 5)$ **3)** $(2x - 3) - (x + 4) - (1 - 2x)$

Je vérifie mes connaissances

Il y a x ml d'eau dans le verre **B**. Le verre **A** en contient cinq fois plus. On enlève 15 ml d'eau du verre **A** pour le mettre dans le verre **B**. Quelle expression algébrique représente alors la quantité d'eau que le verre **A** contient de plus que le verre **B**?

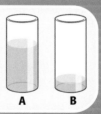

A   B

❯ Corrigé, p. 255

Activité 2 — Construction algébrique

Sans prendre de mesures, trace deux segments de droite **AB** et **CD** de longueur quelconque. Il n'est pas nécessaire qu'ils soient de la même longueur que les segments illustrés, mais le premier doit être plus petit que le second.

Les variables x et y représenteront les longueurs de ces segments en centimètres.

A ———————— B   C ———————————————— D
x y

 À l'aide de tes instruments de géométrie, effectue les constructions ci-dessous.

a) Trace un segment de droite dont la longueur en centimètres est équivalente à $2x + y$. Explique comment tu as procédé.

b) Trace un triangle équilatéral dont l'un des côtés est le segment construit en **a)**. Quelle expression algébrique représente le périmètre de ce triangle ?

c) Trace un segment de droite dont la longueur en centimètres est équivalente à $2y - x$. Explique comment tu as procédé.

d) Trace un carré dont l'un des côtés est le segment construit en **c)**. Quelle expression algébrique représente le périmètre de ce carré ?

e) Le périmètre d'un hexagone régulier est équivalent à $12x - 6y + 15$. Détermine l'expression algébrique réduite qui représente la mesure d'un côté de cet hexagone. Explique comment tu as procédé.

Je vérifie mes connaissances

Un sac contient trois sortes de billes (petites, moyennes et grosses). Il y a 12 billes de chaque sorte. Les grosses billes pèsent le double des petites. Les moyennes pèsent chacune 5 g de moins que les grosses. Si x représente la masse d'une petite bille, quelle expression algébrique représente la masse de toutes les billes dans le sac ?

❯ Corrigé, p. 255

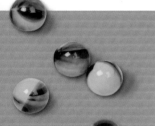

Mes outils

D'autres opérations en algèbre

On peut réduire des expressions algébriques en appliquant certaines propriétés des opérations sur les nombres. En voici quelques exemples.

PROPRIÉTÉ	AVEC DES NOMBRES	AVEC UNE EXPRESSION ALGÉBRIQUE
Soustraire une somme est équivalent à soustraire chaque terme de la somme.	$14 - (6 + 2) = 14 - 6 - 2$	$6x - (2x + 3) = 6x - 2x - 3$ $= 4x - 3$
Soustraire une différence est équivalent à soustraire le premier terme de la différence et à additionner le second.	$14 - (6 - 2) = 14 - 6 + 2$	$6x - (2x - 3) = 6x - 2x + 3$ $= 4x + 3$
La distributivité de la multiplication sur l'addition ou sur la soustraction	$7 \times (6 + 4) = 7 \times 6 + 7 \times 4$ ou $7 \times (6 - 4) = 7 \times 6 - 7 \times 4$	$6(3x + 4y - 5) = 6(3x) + 6(4y) - 6(5)$ $= 18x + 24y - 30$
La distributivité de la division sur l'addition ou la soustraction.	$(6 + 4) \div 2 = 6 \div 2 + 4 \div 2$ ou $(6 - 4) \div 2 = 6 \div 2 - 4 \div 2$	$\dfrac{4x - 6y + 2}{2} = \dfrac{4x}{2} - \dfrac{6y}{2} + \dfrac{2}{2}$ $= 2x - 3y + 1$

En algèbre, on utilise souvent cette façon de noter une divison. $\dfrac{4x - 6y + 2}{2}$ signifie $(4x - 6y + 2) \div 2$.

Exercices d'application

1 Réduis les expressions algébriques suivantes.

a) $5(a + 30)$

b) $7(2y - 1)$

c) $12(x + 4x - 6)$

d) $2(3a - 2a - 5)$

e) $0,2(7x + 0,47)$

f) $\dfrac{38x}{4}$

g) $\dfrac{8x + 12}{2}$

h) $(2a - 4) \div 2$

i) $(7y + 14y - 7) \div 7$

j) $(3,5y - 7y - 15) \div 0,5$

2 Réduis les expressions algébriques suivantes.

a) $(3x - 4) - (2x + 1)$

b) $(6x + 1) - (4x - 5)$

c) $(2x + 6) - (8 - 3x)$

d) $(0{,}5x - 3) + (2x - 0{,}5) - (x - 1{,}5)$

e) $(\frac{1}{2} - x) - (1 - \frac{x}{2}) + (2x - 1)$

f) $4x - [2x - (x - 1) - 2] - 4$

3 Détermine l'expression algébrique réduite que l'on doit écrire dans chacun des cercles.

a)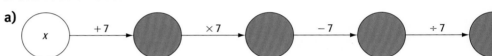

b)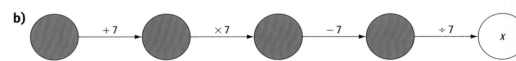

4 Réduis les expressions algébriques suivantes. Détermine ensuite la valeur de chacune si $x = 3$ et $y = 2$.

a) $10x + 23 + 7y - 19 + 4x$

b) $7(2y - 1) + 13y + (3y + 8)$

c) $\dfrac{5x + 15}{5} + 2(4x - 3x + 7)$

d) $(3y + 6) - (y + 2)$

e) $(3x - 7 + 4x + 5 + 10y) - (2y + 4 + 5x)$

f) $(18x - 12) - (6y - 4 + 17x)$

g) $(8x - 21) - (5x - 4)$

h) $(4y + 7) - (4y + 2) + 18$

i) $\dfrac{2(5x + 6) - 4x}{3}$

j) $[(8x - 10 + 15x) - (2x - 4)] \div 3$

k) $3y - 4 + (5y + 9) - (8x - 4)$

l) $58x - (2x + 32) + (24x + 84 - 20x) \div 4$

Situations d'application

5 Mathieu, Pablo et Réjean sont dans la même équipe de basket-ball. Au cours d'une partie, Mathieu a marqué deux fois plus de points que Pablo, qui a marqué deux points de moins que Réjean. On sait que Réjean a marqué le cinquième des points de son équipe.

a) Faisons d'abord l'hypothèse que Réjean a marqué 10 points au cours de cette partie. Reproduis le schéma ci-dessous et complète-le en inscrivant dans chaque rectangle l'opération à effectuer et dans chaque cercle, le nombre de points marqués par les joueurs. Explique comment tu as trouvé le nombre de points marqués par les autres membres de l'équipe.

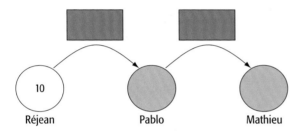

Réjean   Pablo   Mathieu   Les autres membres de l'équipe

b) Si n représente le nombre de points marqués par Réjean, quelle expression algébrique réduite représente le nombre de points marqués par

  1) Pablo ?   **2)** Mathieu ?   **3)** les autres membres de l'équipe ?

c) Est-il possible que Réjean ait marqué, au cours de cette partie, plus de points que les autres membres de l'équipe n'incluant ni Mathieu ni Pablo ? Justifie ta réponse.

6 Jacob a tracé un rectangle et un carré sur une feuille. Le côté du carré mesure 1 cm de moins que la longueur du rectangle. Le côté du carré mesure également le double de la largeur du rectangle.

a) Représente ces deux figures selon les renseignements donnés.

b) En supposant que x représente la mesure du côté du carré, détermine l'expression algébrique réduite qui correspond au périmètre du rectangle.

c) Quelle expression algébrique réduite représente la différence entre le périmètre du carré et celui du rectangle ?

7 Frédéric a invité Dimitri, Christophe et Xavier à une fête chez lui, en leur demandant d'apporter des disques. Dimitri a deux disques de moins que Frédéric. Christophe en a apporté trois de plus que Dimitri, alors que Xavier en a le double de Dimitri. Le nombre de disques que possède Frédéric est représenté par *n*.

a) Quelle expression algébrique représente le nombre de disques apportés par chacun des amis de Frédéric ?

b) Si l'on répartit également tous les disques en cinq piles, quelle expression algébrique représente le nombre de disques dans chaque pile ?

c) L'une des piles contient seulement des disques de Xavier. Quelle expression algébrique représente le nombre de disques de Xavier qui ne sont pas dans cette pile ?

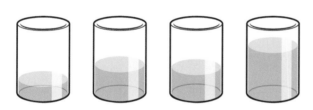

8 Le premier verre ci-contre contient *x* ml d'eau. Le deuxième en contient deux fois plus. Le suivant en a 16 ml de moins que le deuxième ; et le dernier, 12 ml de plus que le premier et le deuxième verres réunis.

Quelle expression algébrique représente la quantité d'eau que ces verres contiennent en moyenne ?

9 Réduis chacune des expressions algébriques ci-dessous.

Comment as-tu fait pour vérifier tes réponses ?

a) $4x - (3 + 2x)$

b) $(4y - 3) - (3y - 8)$

c) $2a - 4b + 4) - (5 - 3a + 2b)$

d) $(8 - n) + (2n - 1) - (3n - 5)$

e) $(2,4x - 0,5) + (3 - 0,5x) - (1,2 + x)$

f) $(x - 0,2y) - (0,2x + y)$

g) $(\frac{x}{2} + 2) - (\frac{x}{3} + 3) + (\frac{x}{6} + 6)$

h) $(x + \frac{1}{2} - y) - (\frac{3}{4}x + 2 + \frac{y}{2})$

i) $2(4n - 3)$

j) $4(a + \frac{b}{2} - 1)$

k) $3(2x - 4) + 4(x + 2)$

l) $4(3x + 5) - 2(4x - 1)$

m) $(6a - 12) \div 6$

n) $\frac{8n + 4}{4}$

o) $\frac{4x - 6}{2} + 2(8 - x)$

p) $\frac{2(y - 3) + 4(2y - 1)}{5}$

10 Tu sais déjà que la somme des mesures des angles intérieurs d'un triangle est 180°. Qu'en est-il pour les autres types de polygones convexes ? Examine les raisonnements de Patrick et de Morgane concernant un polygone à sept côtés.

En traçant les diagonales à partir d'un sommet, je peux créer cinq triangles dans ce polygone. La somme de tous les angles formés est donc $5 \times 180°$, soit 900°.

*À partir d'un point **0** à l'intérieur du polygone, je peux tracer sept triangles. Les angles formés mesurent au total $7 \times 180°$, c'est-à-dire 1260°. Si je soustrais tous les angles autour de **0**, c'est-à-dire l'équivalent de 360°, alors j'obtiens 900°.*

Raisonnement de Patrick

Raisonnement de Morgane

a) En utilisant les raisonnements de Patrick et de Morgane, trouve deux expressions algébriques représentant la somme des mesures des angles intérieurs d'un polygone convexe à n côtés.

b) Les deux expressions que tu as trouvées en **a)** sont-elles équivalentes ? Justifie ta réponse.

11 Suis les directives suivantes.

Choisis un nombre entre 1 et 10. Multiplie-le par 2. Ajoute 5 à la réponse. Soustrais le résultat de 25. Divise ensuite par 2 et ajoute le nombre que tu as choisi au départ.

a) Quel nombre obtiens-tu à la fin ? Reprends l'exercice en commençant avec un autre nombre.

b) Si n représente le nombre choisi au départ, donne l'expression algébrique réduite qui correspond au résultat pour chacune des étapes ci-dessous.

1) Multiplie-le par 2.

2) Ajoute 5 à la réponse.

3) Soustrais le résultat de 25.

4) Divise ensuite par 2...

5) ... et ajoute le nombre que tu as choisi au départ.

12 Une suite de directives semblables à celles du numéro précédent peut être représentée par l'expression algébrique suivante : $\dfrac{3(a + 6) - 3}{5} - a$, où a représente le nombre choisi au départ.

a) Formule la suite de directives qui correspond à cette expression.

b) En réduisant l'expression, détermine le résultat final.

13 Philippe a dessiné des lettres à l'intérieur de rectangles isométriques. La longueur des rectangles mesure 2 cm de plus que leur largeur. Les lettres sont toutes formées de bandes rouges de 2 cm de largeur. La bande horizontale au milieu des lettres **E, H** et **P** passe par le centre des rectangles. La variable x représente la largeur des rectangles en centimètres.

Le centre
du côté

a) Détermine l'expression algébrique réduite représentant l'aire de la surface occupée par chacune des lettres.

b) Philippe écrit son prénom avec ces lettres. Quelle expression algébrique représente l'aire de la surface occupée par son prénom ?

14 Dans la clôture illustrée ci-dessous, les tiges horizontales et verticales qui forment des carrés mesurent 1 m chacune. Les autres tiges qui forment les diagonales de ces carrés mesurent 1,4 m chacune.

Quelle expression algébrique réduite représente la longueur totale des tiges nécessaires pour construire une clôture semblable ayant n mètres de longueur ?

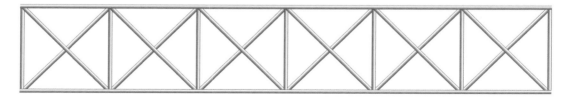

15 Un chemin de 2 m de large entoure un jardin rectangulaire qui a une largeur de 10 m. Si *x* est la longueur du jardin en mètres, quelle expression algébrique représente l'aire de la surface couverte par le chemin ?

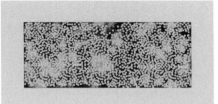

16 Si l'on plie une feuille rectangulaire, le pli AB, comme illustré ci-contre, détermine deux trapèzes.

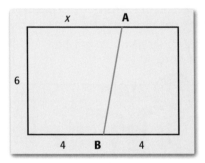

a) Quelles expressions algébriques réduites représentent l'aire de chacun des deux trapèzes ainsi formés ?

b) Quelle expression algébrique représente la différence entre les deux aires ?

17 Dans les carrés magiques ci-dessous, la somme réduite des expressions algébriques dans une colonne ou une rangée est toujours la même. De plus, cette somme est égale à trois fois l'expression qui se trouve au milieu du carré.

a) Reproduis et complète ces carrés magiques.

b) Remplace les variables *a* et *b* par des valeurs quelconques que tu auras choisies. À l'aide de ces valeurs, évalue chacune des expressions algébriques à l'intérieur des carrés, puis vérifie si tu obtiens bien un carré magique dans chaque cas.

$a + 5$		
	$2a - 1$	
$9 - a$		

		$4a + b$
		$2a + 3b$
		$3a - b$

> Es-tu maintenant capable de résoudre entièrement la situation-problème Au service du grand khan, aux pages 86 et 87 ?

EURÊKA !

Rencontre avec Sun Zi

En Chine, au 5e siècle.

Maître Sun Zi, toi qui connais bien les nombres, peut-être comprendras-tu mieux que moi ce qui se passe... Je n'arrive pas à répartir mes cailloux dans des tas égaux.

J'ai essayé de les placer en groupes de 3, mais il m'en est resté 2.

Quand j'ai essayé de les placer en groupes de 5, il m'en est resté 3.

Puis en groupes de 7, il m'en est resté encore 2...

Combien de cailloux avais-tu en tout ?

Combien ?... Mais, je ne sais pas.

Ne t'inquiète pas, ce n'est pas grave. Je pense qu'il est possible de trouver le nombre total de cailloux que tu avais à partir de ce que tu m'as dit...

Vraiment ?

On ne connaît presque rien de Sun Zi, sauf qu'il était peut-être un moine bouddhiste et qu'il a écrit un traité mathématique. Ce traité contient la première mention de l'histoire de ce qu'on appellera plus tard le «théorème du reste chinois». Ce théorème permet de déterminer toutes les solutions possibles au problème posé ici, qui consiste à découvrir le nombre total de cailloux à partir des restes de différentes divisions.

Et toi, dans cet exemple, pourrais-tu trouver toutes les solutions possibles ?

Les mathématiques et moi

 Peux-tu m'aider ?

Devant un problème qui paraît insurmontable, il arrive que l'on ait besoin d'aide.

Réponds aux questions suivantes en expliquant tes choix.
Ensuite, compare tes réponses avec celles de tes camarades.

1. Que penses-tu d'une personne qui demande de l'aide pour résoudre une situation-problème mathématique ?

A) C'est une personne très motivée.

B) Cette personne fait preuve d'intelligence, puisque deux têtes valent mieux qu'une !

C) Il s'agit sûrement d'une personne qui ne fait aucun effort.

D) Sa demande est un signe de faiblesse.

2. Lorsque tu ne parviens pas à résoudre une situation-problème mathématique, à qui préfères-tu demander de l'aide ?

A) À un ou une camarade.

B) À mon enseignant ou enseignante.

C) À une autre personne de mon entourage. (Précise laquelle.)

D) Je n'aime pas demander de l'aide et j'évite de le faire.

3. Si un ou une camarade venait te demander de l'aide pour résoudre une situation-problème mathématique, comment réagirais-tu ?

A) J'accepterais avec enthousiasme.

B) J'accepterais même s'il y a peu de chance que je puisse l'aider.

C) J'accepterais seulement si j'ai du temps libre.

D) Je lui demanderais d'aller voir une autre personne.

Si tu éprouves des difficultés en essayant de résoudre les situations-problèmes des deux pages suivantes, pense à demander de l'aide. N'aie pas peur du jugement des autres. Pour relever les défis qui nous sont proposés, il faut utiliser tous les moyens à notre disposition.

Banque de situations-problèmes

1. Décoration chinoise

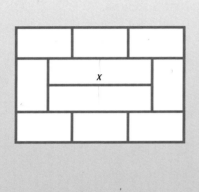

Le motif ci-contre, fait de tiges de bois, décore la porte d'entrée d'une pagode chinoise. Les 8 petits rectangles sont isométriques. Leur longueur mesure 10 unités de plus que leur largeur.

Si x représente la mesure de la longue tige de bois horizontale au milieu du motif, quelle est la plus simple expression algébrique représentant la longueur totale des tiges nécessaires pour produire cette décoration?

2. La rosace du temple de Diane

Voici un fragment de la rosace du temple de Diane, à Nîmes, probablement construit par les Romains au 2e siècle. Au centre de la rosace, il y a un dodécagone formé d'un hexagone régulier entouré de six carrés et de six triangles.

a) À l'aide de tes instruments de géométrie, reproduis le dodécagone. Tu dois également reproduire les carrés et les triangles qu'il contient.

b) Ce dodécagone est-il régulier? Justifie ta réponse à l'aide de propriétés géométriques.

3. La découverte de Laurence

En traçant toutes les diagonales issues d'un sommet dans un pentagone régulier, Laurence a découvert une propriété intéressante concernant les trois angles ainsi formés (les angles **BAC**, **CAD** et **DAE**).

a) Selon toi, qu'a découvert Laurence? Justifie ta réponse à l'aide de propriétés géométriques.

b) À partir d'un polygone régulier ayant plus de cinq côtés, fais une construction semblable à celle de Laurence. Qu'observes-tu? Peux-tu énoncer une conjecture?

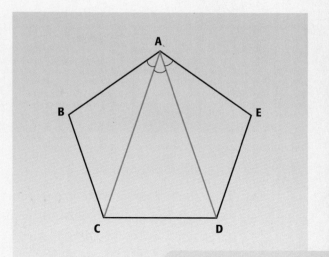

> Une conjecture est un énoncé mathématique que l'on croit vrai, mais que l'on n'a pas encore démontré.

4. Jason, l'architecte

Jason rêve d'être un jour architecte. Pour s'amuser, il imagine différents édifices dont il dessine les plans. Par exemple, les polygones réguliers ci-dessous représentent une vue du dessus de trois gratte-ciel qu'il a imaginés.

À l'aide de propriétés géométriques, détermine la mesure de l'angle formé par le prolongement des deux côtés identifiés en rouge.

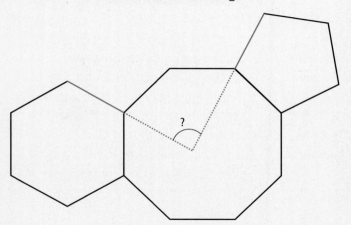

Je fais le point

Ta réalisation personnelle

> Tu as choisi l'image d'un édifice pour réaliser ton travail. Pourquoi as-tu choisi cette image en particulier? Cet édifice répond-il aux critères de sélection spécifiés à la p. 88?

> Selon toi, as-tu bien reproduit les figures géométriques que tu avais identifiées? Comment pourrais-tu améliorer ces constructions?

Eurêka!

> Au cours de la résolution des situations-problèmes, as-tu demandé de l'aide à quelqu'un? Si oui, comment cette personne a-t-elle réagi?

> As-tu aidé des camarades à résoudre l'une des situations-problèmes? Comment as-tu fait?

Tes connaissances mathématiques

Des rotations autour de toi

Pendant les prochains jours, observe autour de toi les éléments de décoration ou d'architecture des édifices ou des lieux publics dans ta ville. Note les endroits où tu vois des figures géométriques qui sont invariantes par rotation. Décris ces figures en précisant pour chacune d'elles par quelle rotation elle est invariante.

La leçon

Prépare une courte leçon expliquant comment on peut additionner ou soustraire des expressions algébriques et comment on peut multiplier ou diviser ces expressions par un nombre. Demande ensuite à un membre de ta famille d'écouter tes explications, puis de réduire cinq expressions algébriques que tu auras composées.

Rond-point

La revue des 12-15 ans

On trouve sur le marché quantité de revues. Chaque revue s'adresse généralement à une clientèle cible. Divers sujets y sont abordés, selon la clientèle visée. Certaines revues sont même faites particulièrement pour les jeunes de ton âge. Et si, avec des camarades, tu réalisais ta propre revue pour les 12-15 ans ?

Comment faire ?

- Forme une équipe de production avec trois autres élèves.
- Ensemble, trouvez un titre à votre revue.
- Distribuez-vous les tâches nécessaires à la réalisation de votre revue.

Que doit contenir votre revue ?

- Quatre rubriques touchant

  1) les arts et spectacles ;
  2) les voyages ;
  3) la vie de tous les jours ;
  4) le plein air.

- Une question du jour portant sur l'un des thèmes abordés dans votre revue, pour sonder l'opinion de vos lecteurs et lectrices.

Les tâches de chaque membre de l'équipe

 a) Rédiger l'une des rubriques. Il n'est pas nécessaire que la rubrique soit longue, mais elle doit avoir un lien avec les concepts mathématiques abordés dans cette partie.

 b) Sur la feuille prévue à cet effet, expliquer en détail le lien entre les concepts mathématiques abordés dans cette partie et le sujet de la rubrique.

c) Participer avec les autres membres de l'équipe à la recherche d'information, la validation du contenu mathématique, la rédaction de la question du jour, la révision linguistique et l'infographie.

La revue *Point de mire* de l'école René-Lévesque

Voici des sujets qui ont été exploités par des élèves dans leur revue. Prends connaissance des renseignements donnés, puis réponds aux questions sur les feuilles qu'on te remet.

1. Arts et spectacles

Anges ou démons?

Connais-tu le graveur et dessinateur hollandais M. C. Escher? Il est célèbre, entre autres choses, pour ses dessins qui explorent différents concepts mathématiques, comme le pavage du plan.

Voici l'une de ses œuvres. Observe-la attentivement. Plus on s'approche du bord du cercle, plus les figures sont petites. Vois-tu des anges ou des démons?

M.C. Escher, *Limite du cercle IV*

Le 11 septembre 2001 représente une date sombre dans l'histoire américaine. Ce jour-là, des terroristes ont détourné des avions de ligne. Deux de ces avions ont détruit les tours du World Trade Center, à New York. Un troisième avion s'est abattu sur le Pentagone, l'endommageant partiellement.

2. Voyages

Le Pentagone, à Washington

Plus grand édifice du monde, le Pentagone est le centre de commandement de l'armée américaine. Il s'agit d'un lieu

Photo du Pentagone prise à partir d'un satellite

de grande importance stratégique. Le périmètre extérieur de l'édifice est de 1,4 km. Au centre se trouve une cour intérieure dont les côtés mesurent environ 112 m chacun.

3. Vie de tous les jours

Seulement 20 km/h de plus

La vitesse des véhicules sur les autoroutes dépasse souvent la limite permise de 100 km/h. De nombreux automobilistes roulent, par exemple, à 120 km/h. Ce qui amène à se poser la question suivante : rouler à 20 km/h de plus que la vitesse permise est-il sans danger ?

Comparons la sécurité relative de ces vitesses en examinant la distance d'arrêt d'un véhicule. Cette distance d'arrêt peut être décomposée en deux parties : la distance de réaction et la distance de freinage. En effet, lorsqu'un obstacle se présente soudainement, le conducteur ou la conductrice met un certain temps (environ une seconde) avant d'appuyer sur la pédale de frein. La distance parcourue pendant ce temps est la distance de réaction. Par exemple, à 120 km/h, une automobile franchira 32 m avant que le freinage commence. Puis il faudra environ 96 m de plus avant que l'automobile s'arrête complètement, soit une distance d'arrêt de 128 m au total.

À 100 km/h, la distance d'arrêt ne serait que de 93 m environ, soit 35 m de moins.

Voici une autre statistique intéressante : une automobile consomme plus d'essence lorsqu'elle roule plus vite. Par exemple, si elle consomme 8 L/100 km à une vitesse de 100 km/h, sa consommation d'essence peut facilement atteindre 10 L/100 km à une vitesse de 120 km/h.

Dans ces conditions, on peut se demander si le temps économisé en roulant plus vite en vaut vraiment la peine.

4. Plein air

Pour construire son propre cerf-volant

Il peut être assez simple de construire son propre cerf-volant. On peut réaliser des cerfs-volants de forme classique, mais aussi des cerfs-volants qui ont du volume, comme ceux qui sont illustrés ci-contre.

Matériel nécessaire :
- un certain nombre de tiges de même grandeur ;
- du papier mince, mais résistant aux grands vents ;
- de la ficelle.

Et que le vent se lève !

Le lancement de votre revue

Le grand jour du lancement approche. Les 12-15 ans de toute la province attendent avec impatience la sortie de votre nouvelle revue. Saura-t-elle répondre à leurs attentes ?

1. Procédez maintenant aux dernières étapes de production.

   Marche à suivre

   a) Outre la revue, votre équipe doit produire un document expliquant les contenus mathématiques exploités dans les textes des différentes rubriques.

   b) Votre équipe de production doit également :

   - procéder à une révision linguistique et mathématique de la revue et du document explicatif l'accompagnant ;
   - apporter, s'il y a lieu, les derniers correctifs à la mise en page ;
   - imprimer une version finale de la revue.

2. Imaginez que votre revue se vend à plus de 10 000 exemplaires ! Pour connaître l'opinion des jeunes Québécois et Québécoises de 12 à 15 ans au sujet de votre question du jour, serait-il opportun d'utiliser les résultats obtenus de vos lecteurs et lectrices ? Que vous répondiez par oui ou par non, expliquez la méthode d'échantillonnage que vous utiliseriez pour réaliser un sondage sur cette question.

Maintenant, il ne reste plus qu'à présenter votre revue aux autres élèves de la classe.

Partie 6

Sports spectaculaires

DOSSIER

Le sport occupe une place importante dans notre société. Mais en réalité, pour bien des gens, il ne s'agit que d'un spectacle; eux-mêmes ne font presque jamais d'activités physiques.

Qu'en est-il pour toi? Quel sport pratiques-tu régulièrement?

Comme le montre la photo ci-contre, certains sports sont vraiment spectaculaires. Ceux et celles qui les pratiquent aiment vivre des émotions fortes en cherchant à repousser leurs limites avec un maximum de sécurité. Connais-tu d'autres sports spectaculaires? Y en a-t-il que tu aimerais pratiquer un jour?

As-tu une attirance pour l'escalade ?
Imagine-toi entre ciel et terre, au-dessus
du vide, grimpant sur la paroi
d'une falaise. Comment te sentirais-tu ?
Pour les adeptes de ce sport, atteindre
des sommets de plus en plus hauts par
des voies de plus en plus difficiles
représente un défi personnel
continuellement renouvelé.

TIENS-TOI BIEN !

Évidemment, on ne s'improvise
pas grimpeur ou grimpeuse
du jour au lendemain. Il faut
d'abord apprendre les principes
de base de l'escalade et bien
s'équiper, puis s'entraîner
régulièrement pour améliorer
sa technique, son équilibre
et sa force.

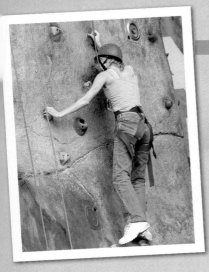

Camille est une passionnée d'escalade. Au centre sportif près de chez elle, il y a un mur où elle peut s'entraîner. La table de valeurs ci-contre décrit l'une des ascensions qu'elle a réalisée.

L'ASCENSION DE CAMILLE	
TEMPS ÉCOULÉ (s)	HAUTEUR ATTEINTE PAR RAPPORT AU SOL (m)
0	0
20	2,4
40	4,1
60	6,0
80	7,3
100	8,7
120	9,4
140	9,6
160	10,6
180	11,8
200	13,6

a) À l'aide d'un diagramme à ligne brisée, représente cette ascension de Camille.

b) En moyenne, quelle a été la vitesse d'ascension de Camille ?

c) Dans ton diagramme, chaque segment de la ligne brisée représente le déplacement de Camille pendant un intervalle de temps d'une durée de 20 secondes. Pendant quels intervalles la vitesse d'ascension de Camille a-t-elle été plus grande que la vitesse moyenne calculée en **b)** ?

d) Estime le temps qu'il lui a fallu pour atteindre la hauteur de 10 m. Explique comment tu as procédé.

Réalisation personnelle

Au cours de ce dossier, tu auras l'occasion de répondre à des questions mathématiques concernant quelques sports aussi spectaculaires les uns que les autres. Puis, ce sera à ton tour de parler d'un sport qui te passionne et de montrer comment les mathématiques peuvent être utiles pour mieux le comprendre.

PENTE ABRUPTE, ATTENTION !

Pour descendre une montagne en vélo, il faut de l'audace, mais aussi de bons réflexes pour éviter les obstacles qui surgissent soudain devant soi.

Descendre une pente à vélo est certainement plus dangereux que rouler en terrain plat. Éviter un obstacle lorsqu'on roule à grande vitesse demande beaucoup d'attention. Bref, plus la pente du sentier est abrupte, plus ce sentier risque d'être difficile.

Un promoteur a tracé des sentiers en montagne et installé des remonte-pentes afin que les cyclistes puissent monter leur vélo jusqu'à l'un des deux sommets. La carte topographique ci-dessous donne une vue d'ensemble du réseau de sentiers.

> Sur une carte topographique, les **courbes de niveau** indiquent tous les endroits ayant une même altitude par rapport à un niveau de référence.

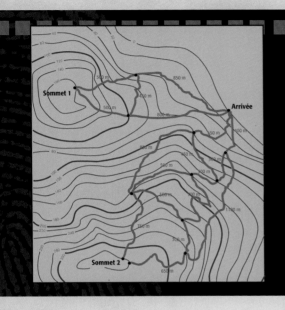

 Sur la reproduction de cette carte qui t'est remise, les **courbes de niveau**, tracées à intervalles de 20 m, permettent de connaître la dénivellation entre différents points sur la montagne. D'autre part, la longueur de chaque section de sentier est précisée en mètres.

a) Sur cette carte, en tenant compte des dénivellations et des longueurs spécifiées, indique la section de sentier qui te semble

1) la plus difficile ; **2)** la plus facile.

b) Précise le niveau de difficulté des 18 sections de sentier de la carte en les surlignant selon le code de couleur ci-dessous.

Vert : facile.   Jaune : intermédiaire.   Rouge : difficile.

c) Félix a effectué une descente en vélo à partir de chacun des sommets. En partant du plus haut, il a parcouru des sentiers d'une longueur totale de 3 km, et ce, en 12 min et 20 s. À partir de l'autre sommet, il a parcouru 1,8 km en 8 min et 10 s. Laquelle des descentes a été la plus rapide ?

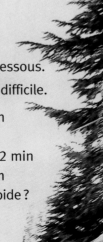

Zoom sur l'arithmétique et l'algèbre
Les représentations graphiques, p. 147 à 155

SITUATION-PROBLÈME 2

Prêts ? Partez

L'un des sports d'hiver parmi les plus spectaculaires est certainement la *snowboardcross*. C'est une course où quatre planchistes s'affrontent en dévalant une pente en même temps. Qui franchira en premier la ligne d'arrivée ?

Dans ce type de course, la stratégie joue un rôle aussi important que la vitesse.

Observe la représentation graphique ci-dessous. Elle décrit globalement le déroulement d'une course entre quatre planchistes représentés par des traits de couleur (bleu, jaune, rouge et vert).

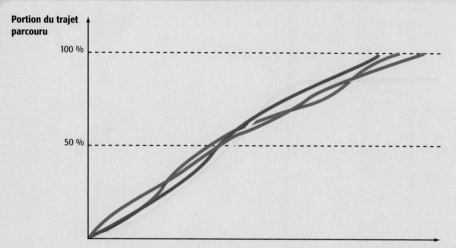

Portion du trajet parcouru

100 %

50 %

Temps écoulé

176

(a) Quel a été le classement final de cette course?

(b) Quel planchiste était en tête à mi-course?

(c) Dans cette course, tous les planchistes ont pris la tête au moins une fois. Lequel l'a gardée le moins longtemps?

(d) Décris en trois ou quatre phrases la course réalisée par le planchiste associé à la couleur jaune.

Dans le haut de la montagne, je descendais lentement en admirant le paysage. Puis je me suis mis à accélérer dans le but de faire un saut. Mais j'ai complètement raté ce saut et suis tombé sur le dos. Je suis resté au sol près d'une minute, le souffle coupé. Ensuite, j'ai continué ma descente en allant à peu près à la même vitesse qu'au début.

Frédéric

Frédéric, lui, pratique la planche à neige sans faire de compétition, juste pour le plaisir de se retrouver en pleine nature. Lis la description ci-contre qu'il fait de l'une de ses descentes.

(e) À l'aide d'un graphique, représente globalement la vitesse de Frédéric au cours de cette descente par rapport au temps écoulé.

Zoom sur l'arithmétique et l'algèbre •—
Les équations, p. 156 à 165

Tu es avide de sensa-tions fortes ? Voici un sport qui pourrait te combler : le vol relatif. Dans cette discipline du parachutisme, un groupe de personnes forment des figures au cours de la chute libre qui précède l'ouverture des parachutes. Évidemment, chaque figure doit être minu-tieusement planifiée avant le saut.

Aaaaaaaan...!

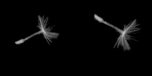

Un groupe de personnes se préparent à réaliser une figure en vol relatif, en tenant compte des éléments suivants.

- La figure devra être maintenue durant au moins trois secondes.

- Il faut ensuite compter 15 secondes pour se distancer les uns des autres avant l'ouverture des parachutes.

- L'altitude minimale à laquelle on peut ouvrir un parachute en toute sécurité est de 750 m.

Il est prévu que ces personnes atteindront leur **vitesse maximale de chute** huit secondes après s'être lancées hors de l'avion. Elles se trouveront alors à 3750 m d'altitude. À partir de ce moment, il est possible de représenter leur altitude (en mètres) par l'expression algébrique suivante :

$$3750 - 50(x - 8)$$

Dans cette expression, x représente le temps écoulé en secondes depuis le début du saut.

a) Après avoir sauté de l'avion, combien de temps ces personnes auront-elles pour former la figure ?

b) Si elles utilisent le temps calculé en **a)** pour former la figure, à quelle altitude se trouveront-elles à ce moment-là ?

L'illustration ci-dessous montre une figure que pourraient réaliser 16 personnes. Il s'agit d'une chaîne humaine comportant cinq maillons.

La vitesse maximale de chute

Un corps en chute libre accélère rapidement au début, mais plus il va vite, plus la résistance de l'air est grande. Après quelques secondes, la résistance de l'air est tellement forte que la vitesse de chute devient constante ; le corps a atteint sa vitesse maximale de chute. Pour un ou une adulte en position horizontale, cette vitesse maximale se situe autour de 50 mètres par seconde.

Une autre figure formée par 16 personnes.

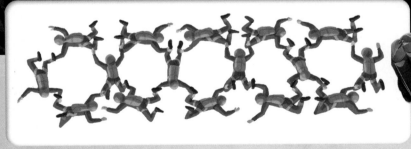

c) Quelle expression algébrique représente le nombre de personnes nécessaires pour former une chaîne semblable comportant n maillons ?

d) Combien de maillons une chaîne de 283 personnes comporterait-elle ?

En décembre 1999, en Thaïlande, 282 personnes en chute libre ont réussi à former ensemble une seule figure.

1er temps   Le choix du sport

Choisis un sport que tu trouves spectaculaire et que tu aimerais pratiquer un jour (ou que tu pratiques déjà, qui sait ?). Détermine ensuite un aspect de ce sport qui, selon toi, se prêterait bien à un traitement mathématique. Voici quelques suggestions.

- Les caractéristiques du matériel utilisé ou du lieu où se pratique le sport.

- Les mesures de sécurité.

- Le déroulement de l'action.

- La performance des athlètes.

- L'évolution de ce sport de son origine jusqu'à aujourd'hui.

DES MATHS SPECTACULAIRES

C'est à ton tour maintenant de chercher des liens entre les mathématiques et l'univers des sports. Quel que soit le sport, il y a toujours de nombreux liens possibles. À toi d'en découvrir au moins un !

2e temps La recherche

Effectue des recherches dans des revues, des livres ou Internet. Trouve des données réelles concernant l'aspect du sport que tu as choisi.

Ton objectif est de démontrer comment les connaissances mathématiques que tu as acquises dans le présent dossier peuvent être utiles pour mieux comprendre cet aspect du sport.

3e temps La description

Décris le sport que tu as choisi et les découvertes que tu as faites au cours de ta recherche. Dans ta description, tu devras utiliser au moins l'un des outils mathématiques ci-dessous.

Combien de liens entre les mathématiques et le sport que tu as choisi penses-tu pouvoir mettre en évidence?

- Des taux ou des rapports pour comparer différentes données.

- Un graphique pour représenter le déroulement de l'action.

- Une équation pour répondre à une question que tu te seras posée.

Pour aller plus loin...

Fais équipe avec quelques camarades ayant choisi le même sport que toi ou un sport semblable. Ensemble, préparez une exposition pour présenter le ou les sports choisis. Faites ressortir les divers éléments mathématiques qui peuvent y être associés et que vous avez découverts indépendamment les uns des autres. Votre exposition pourra contenir des affiches, des photos, des présentations vidéo...

Une page d'histoire

À l'école de Pythagore, au 6e siècle av. J.-C.

Lorsqu'on sectionne un segment en deux parties, on détermine trois longueurs distinctes : celle du segment entier et celles des deux parties.

En comparant ces longueurs, on peut établir différents rapports. Par exemple, le rapport de la longueur du segment entier à celle de la plus grande partie...

... ou encore, le rapport des longueurs des deux parties.

Voici le problème que je vous pose : est-il possible de séparer le segment de manière à ce que ces deux rapports soient égaux ?

Theano de Crotone (6e av. J.-C.)

Première mathématicienne de l'histoire dont on connaît le nom, Theano était une disciple brillante du mathématicien Pythagore, qu'elle épousa. À la mort de son mari, elle prit la tête de son école. On lui attribue un traité (disparu) sur ce qu'on appellera plus tard la « section dorée ».

Trace un segment de 11 cm et essaie de le sectionner en deux parties pour répondre au problème de Theano. Cette façon de séparer un segment te paraît-elle harmonieuse ?

La comparaison de rapports ou de taux

L'expérience du cylindre

Place deux feuilles de papier comme illustré ci-dessus.

Enroule-les ensemble pour obtenir la forme d'un cylindre.

En tenant le cylindre de papier à deux mains, il doit être facile de modifier à volonté sa longueur ainsi que le diamètre de son ouverture. Fais quelques essais pour t'en assurer.

a) En regardant avec un œil à travers l'ouverture du cylindre, observe un mur de la classe. Qu'arrive-t-il si tu modifies le diamètre ou la longueur du cylindre ? Est-il possible que tu voies exactement la même portion du mur ?

b) Précise si la portion du mur que tu vois à travers le cylindre augmente ou diminue

   1) si tu augmentes le diamètre du cylindre ;

   2) si tu diminues le diamètre du cylindre ;

   3) si tu augmentes la longueur du cylindre ;

   4) si tu diminues la longueur du cylindre.

c) La portion du mur que l'on peut voir à travers le cylindre est déterminée par le rapport du diamètre du cylindre à la longueur de ce cylindre. Donne deux façons d'augmenter ce rapport.

 Je vérifie mes connaissances

Voici des rapports observés au cours de l'expérience ci-dessus, entre le diamètre d'un cylindre et sa longueur.

   4 : 30   6 : 30   6 : 45   4 : 45

a) Lequel de ces rapports est

   1) le plus grand ?   **2)** le plus petit ?

> Le rapport 4 : 30 est associé à un cylindre de 4 cm de diamètre et de 30 cm de longueur.

b) Compare les deux autres rapports entre eux. Explique comment tu as procédé.

❯ Corrigé, p. 256

Activité 2 **La vie en rose**

Magalie a vidé quatre bouteilles de peinture rouge et deux de peinture blanche dans un grand contenant. Elle a obtenu une couleur rose.

Cependant, elle aimerait un rose légèrement différent.

a) Si elle ajoutait à ce mélange une bouteille de peinture rouge et une de peinture blanche, le nouveau rose obtenu serait-il plus foncé ou plus pâle ?
Justifie ta réponse.

b) Précise si le rose obtenu serait plus foncé, plus pâle ou identique si Magalie ajoutait au mélange initial

1) deux fois plus de rouge que de blanc ;

2) trois fois plus de rouge que de blanc ;

3) trois quantités de rouge pour deux quantités de blanc.

Justifie tes réponses.

Je vérifie mes connaissances

Observe les deux ensembles de bouteilles ci-dessous. Lequel de ces ensembles permet de créer le rose le plus foncé ? Explique ton choix.

❯ Corrigé, p. 256

Mes outils

La comparaison de rapports ou de taux

Un rapport ou un taux peut s'exprimer sous la forme $\dfrac{\text{Quantité A}}{\text{Quantité B}}$.

Effet de la modification de l'une des quantités

En modifiant une seule des deux quantités, on obtient
un rapport ou un taux différent.

Plus précisément:

- En augmentant la quantité **A** ou en diminuant la quantité **B**,
  on augmente la valeur du rapport ou du taux;

- En diminuant la quantité **A** ou en augmentant la quantité **B**,
  on diminue la valeur du rapport ou du taux.

Exemple: Martine achète de l'eau en bouteille. Elle paye 0,90 $ pour
500 ml. Le prix de l'eau serait plus élevé si elle payait 0,90 $
pour 400 ml. En d'autres mots, le taux 0,90 $/400 ml est
supérieur au taux 0,90 $/500 ml.

Effet de la modification des deux quantités

Il est possible de modifier les deux quantités définissant un rapport
ou un taux, tout en conservant sa valeur. Plus précisément, le rapport
ou le taux demeurera inchangé si les quantités ajoutées (ou retirées)
sont proportionnelles aux quantités initiales.

Exemple: Un groupe comprend 10 filles et 15 garçons. Si l'on ajoute à
ce groupe 2 filles et 3 garçons, le rapport du nombre de filles
au nombre de garçons demeurera inchangé. Cependant,
ce rapport sera modifié si l'on ajoute plutôt 3 filles et 3 garçons.

D'autres stratégies de comparaison

Les stratégies suivantes peuvent également être employées pour comparer
des rapports ou des taux.

- Pour comparer deux taux, on peut les écrire sous la forme d'un taux unitaire.

Exemple: Martine a payé l'eau au taux de 0,90 $/500 ml, qui est équivalent
à 1,80 $/L. Un taux de 0,90 $/400 ml est équivalent à 0,225 $/100 ml
ou 2,25 $/L, ce qui est supérieur à 1,80 $/L.

- Pour comparer deux rapports, on peut les écrire sous la forme
  d'un pourcentage.

Exemple: Le rapport 10 : 15 est approximativement équivalent à 67 %,
alors que 13 : 18 est approximativement équivalent à 72 %.

Exercices d'application

1 Pendant l'été, Claudia a gagné 1275 $ pour 150 heures de travail. De son côté, Emmanuel a gagné 402 $ pour 50 heures.

a) Combien Emmanuel aurait-il gagné s'il avait travaillé 150 heures au même salaire horaire ?

b) Qui avait le meilleur salaire horaire ?

2 Trois casseroles contiennent seulement de l'eau et du sel.

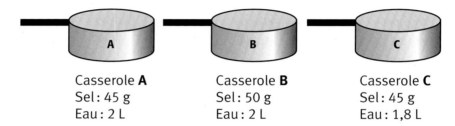

Casserole **A**
Sel : 45 g
Eau : 2 L

Casserole **B**
Sel : 50 g
Eau : 2 L

Casserole **C**
Sel : 45 g
Eau : 1,8 L

a) Dans quelle casserole l'eau est-elle le moins salée ?

b) Compare la salinité de l'eau dans les deux autres casseroles.

3 Voici une liste de six rapports différents.

7 : 28   7 : 38   14 : 38   14 : 48   21 : 48   21 : 58

a) Quel rapport est le plus grand ?

b) Quel rapport est le plus petit ?

c) Compare les quatre autres rapports. Place-les par ordre croissant.

4 Vrai ou faux ? Justifie ta réponse.

a) Le rapport 35 : 48 est inférieur au rapport 35: 49.

b) Le rapport 24 : 15 est inférieur au rapport 23 : 15.

c) Le rapport 18 : 36 est égal au rapport 19 : 38.

d) Le rapport 21 : 13 est supérieur au rapport 22 : 14.

5 Dans chacun des énoncés ci-dessous, remplace le carré par le signe >, = ou <.

a) $\dfrac{13 + 2}{28 + 2}$ ■ $\dfrac{13}{28}$

c) $\dfrac{13 \times 2}{28 \times 2}$ ■ $\dfrac{13}{28}$

e) $\dfrac{28 - 2}{13 - 2}$ ■ $\dfrac{28}{13}$

b) $\dfrac{13 - 2}{28 - 2}$ ■ $\dfrac{13}{28}$

d) $\dfrac{28 + 2}{13 + 2}$ ■ $\dfrac{28}{13}$

f) $\dfrac{28 \div 2}{13 \div 2}$ ■ $\dfrac{28}{13}$

Situations d'application

6 En roulant à vitesse constante sur une autoroute, Jack a franchi 120 km en 80 min. La vitesse de déplacement est-elle supérieure, inférieure ou égale à celle de Jack si l'on franchit

a) 120 km en 75 min?

e) 130 km en 75 min?

b) 120 km en 90 min?

f) 150 km en 110 min?

c) 100 km en 80 min?

g) 180 km en 120 min?

d) 130 km en 80 min?

h) 240 km en 150 min?

7 Examine les deux rectangles ci-contre.

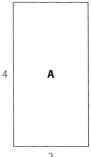
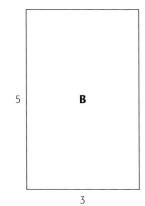

a) Quel est le rectangle dont le rapport de la longueur à la largeur est le plus élevé?

b) Trace un rectangle dont le rapport de la longueur à la largeur est inférieur à celui du rectangle déterminé en **a)**, mais supérieur à celui de l'autre rectangle.

8 À la suite d'une enquête, on a évalué que, dans la municipalité de Pointe-Jolie, 140 logements font du recyclage comparativement à 30 logements qui n'en font pas. Dans la municipalité de Belle-Anse, ce sont 230 logements qui font du recyclage comparativement à 45 qui n'en font pas. Dans quelle municipalité les gens sont-ils plus sensibilisés au recyclage?

9 Aujourd'hui, Sabrina a 24 ans et Jonathan a 15 ans.

a) Dans 10 ans, le rapport de l'âge de Sabrina à celui de Jonathan sera-t-il le même?

b) Qu'en sera-t-il dans 20 ans, dans 30 ans et dans 40 ans?

c) Que peux-tu dire sur le rapport entre les âges de deux personnes au fil des ans? Explique ta réponse.

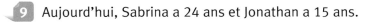

10 Au cours d'une partie de football, le quart-arrière des Pirates de Joliette a complété 9 passes en 17 tentatives, tandis que celui des Polypus de Sorel-Tracy a réussi 17 passes en 32 tentatives. Quel quart-arrière a eu le meilleur rendement?

11 La limonade d'Élizabeth contient 4 portions de sucre pour 11 portions d'eau. Marianne utilise 2 portions de sucre pour 5 portions d'eau et Rébecca, 3 portions de sucre pour 7 portions d'eau.

a) Quelle limonade est la plus sucrée?

b) Le goût sucré de cette limonade sera-t-il encore plus accentué

  1) si l'on double les portions de sucre et d'eau qu'elle contient?
  2) si l'on y ajoute une portion de sucre et une portion d'eau?

12 Sur un vélo, la chaîne relie deux engrenages: le plateau et le pignon. Une bicyclette à plusieurs vitesses comprend plusieurs engrenages possibles. L'effort à fournir pour pédaler est plus grand lorsque le rapport du nombre de dents du plateau à celui du pignon est plus élevé. Par contre, un rapport plus élevé permet de rouler plus rapidement.

NOMBRE DE DENTS DES ENGRENAGES D'UNE BICYCLETTE	
LES PLATEAUX	**LES PIGNONS**
1) 28	**1)** 14
2) 38	**2)** 15
3) 48	**3)** 17
	4) 19
	5) 21
	6) 24

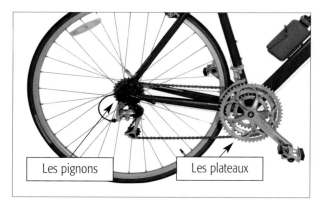

Les pignons   Les plateaux

a) En consultant le tableau ci-dessus, indique par un rapport le plateau et le pignon que tu devrais de préférence utiliser dans les situations décrites ci-dessous.

  1) Tu grimpes une côte très abrupte.
  2) Tu roules à vitesse maximale sur un terrain plat.

b) Selon les données fournies, combien de rapports différents peut-on associer à cette bicyclette?

c) Écris tous ces rapports dans l'ordre croissant.

13 Voici deux ensembles de jetons.

a) Dans quel ensemble le rapport du nombre de jetons rouges au nombre de jetons bleus est-il le plus grand?

b) Si l'on voulait que ce rapport soit le même dans les deux ensembles, combien de jetons au minimum faudrait-il enlever au second et quelle en serait la couleur?

14 Une ligue de hockey féminine est constituée de quatre équipes. Voici des statistiques concernant les quatre gardiennes de but après un certain nombre de parties jouées.

a) Classe les quatre gardiennes en commençant par celle qui affichait la meilleure performance quand le tableau a été dressé.

b) À la partie suivante, Lucie a accordé deux buts et Katia, trois. Ces deux gardiennes ont-elles amélioré leur performance? Justifie ta réponse.

PRÉNOM DE LA GARDIENNE DE BUT	NOMBRE DE PARTIES JOUÉES	NOMBRE DE BUTS ACCORDÉS
Manon	6	14
Hélène	6	12
Katia	5	12
Lucie	5	14

15 Dans un magasin d'alimentation, on a le choix entre différentes marques de riz vendues dans des sacs de différents formats.

a) Quel achat est le plus avantageux?

b) Lequel est le moins avantageux?

c) Vincent, qui n'a que quatre dollars sur lui, se demande quel sac choisir. Que lui conseilles-tu d'acheter?

SAC DE RIZ	
FORMAT	**PRIX ($)**
900 g	1,40
1 kg	1,49
2 kg	2,64
2,5 kg	3,40
5 kg	6,18
10 kg	12,60

16 Jasmine, Victor et Édouard prennent leur pouls au repos.

*J'ai compté
17 pulsations
en 15 secondes.*

*Moi, j'ai compté
26 pulsations
en 20 secondes.*

*Et moi,
35 pulsations
en 30 secondes.*

Jasmine   Victor   Édouard

a) Lequel des trois a le cœur qui bat le plus lentement?
le plus rapidement?

b) Compte le nombre de pulsations de ton cœur pendant quelques
secondes. Inscris le taux que tu as obtenu. Ton cœur bat-il
plus vite ou moins vite que celui de ces jeunes?

17 Le fait qu'un escalier soit plus ou moins abrupt dépend du rapport
de la hauteur des contremarches à la largeur des marches. Le tableau
ci-dessous donne les mesures de différents escaliers.

ESCALIER	LARGEUR DE LA MARCHE	HAUTEUR DE LA CONTREMARCHE
A	25 cm	17 cm
B	27 cm	18 cm
C	30 cm	20 cm

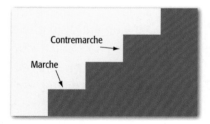

Contremarche

Marche

Es-tu maintenant
capable de résoudre
entièrement la
situation-problème
Pente abrupte,
attention!, aux pages
130 et 131?

a) Lequel de ces escaliers est le plus abrupt?

b) Que peux-tu dire de l'inclinaison des deux autres escaliers?

c) Selon certaines normes de construction, l'inclinaison d'un
escalier est optimale si elle se situe entre 57% et 65%.
Les escaliers décrits ci-dessus ont-ils une inclinaison optimale?

Les représentations graphiques

Activité 1 · En route pour l'école!

Fais équipe avec trois camarades. Imagine que chaque membre de ton équipe, y compris toi-même, habite l'une des maisons ci-dessous. Sur le carton qu'on te remet, tu trouveras la description de ton lieu de résidence et la façon dont tu te rends à l'école (à pied, à bicyclette ou en automobile).

Chaque point de la représentation graphique ci-contre est associé à l'une des maisons.

a) Détermine quel point est associé à la maison que tu habites. Valide ensuite ta réponse auprès de tes camarades.

b) Deux points de la représentation graphique ne correspondent à aucune des maisons que vous habitez tes camarades et toi. Ensemble, déterminez la couleur des maisons qu'ils représentent.

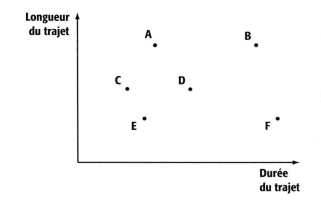

Je vérifie mes connaissances

Le plan ci-dessous est celui d'un village. Les emplacements de l'église et de cinq maisons sont indiqués. Le graphique ci-contre représente les distances entre ces maisons et l'église.

Associe chaque maison à l'un des points de ce graphique.

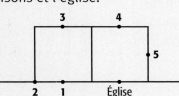

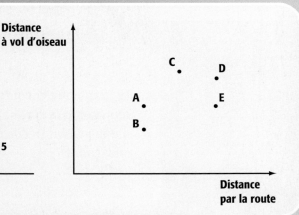

❯ Corrigé, p. 256

Activité 2 **Une belle représentation**

Fais équipe avec trois camarades. Sur la feuille qu'on vous remet, un graphique décrit la variation de la distance séparant deux personnes qui se déplacent.

a) Ensemble, analysez le graphique en répondant aux questions suivantes.

1) À quel moment les deux personnes se trouvent-elles le plus éloignées (ou le plus près) l'une de l'autre ?

2) Que peut-on dire de la vitesse à laquelle elles se rapprochent (ou s'éloignent) ?

b) Composez un court scénario impliquant deux personnes dont les déplacements peuvent être associés à ce graphique. Partagez-vous ensuite les tâches suivantes en vue de la présentation de votre scénario.

- Une personne décrira le scénario à la classe.

- Deux membres de l'équipe joueront le rôle des personnes qui se déplacent.

- Pendant l'action, la quatrième personne indiquera sur le graphique projeté sur un écran l'évolution de l'action au fur et à mesure qu'elle se déroule.

Enfin, réalisez une belle représentation devant la classe !

Je vérifie mes connaissances

Le graphique ci-contre représente la croissance d'une plante. Décris cette croissance.

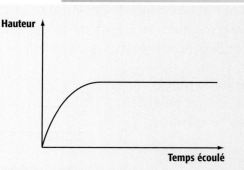

❯ Corrigé, p. 256

Activité 3 **Roxanne prend son bain**

Sur une feuille blanche, reproduis à trois reprises le système d'axes ci-dessous.

Pour chacune des descriptions qui suivent, trace un graphique représentant le mieux possible la situation. Compare ensuite tes réponses avec celles d'un ou d'une camarade.

**Quantité
d'eau dans
la baignoire
(L)**

**Temps écoulé
(min)**

1 Roxanne fait couler l'eau de son bain à un débit régulier. Après avoir fermé les robinets, elle entre dans la baignoire. Elle se lave, puis fait évacuer l'eau de la baignoire.

2 Roxanne fait couler l'eau de son bain à un débit régulier. Après avoir fermé les robinets, elle constate qu'il y a trop d'eau. Elle en fait évacuer un peu, puis entre dans la baignoire et se lave. Elle quitte ensuite la salle de bains en oubliant de vider la baignoire.

3 Roxanne fait couler l'eau de son bain à un débit régulier, puis ferme les robinets et se lave. Elle fait ensuite couler un peu d'eau chaude et, après avoir fermé le robinet, reste un certain temps à se relaxer dans la baignoire. Puis elle fait évacuer l'eau.

 Je vérifie mes connaissances

Lis la situation ci-dessous.

Émile se rend à pied à un rendez-vous. Sur son chemin, il rencontre un ami et s'arrête quelques minutes pour lui parler. Il reprend ensuite sa route en marchant, mais, s'apercevant soudain qu'il est en retard, il se met à courir jusqu'au lieu de son rendez-vous.

À l'aide d'un graphique, représente globalement la distance parcourue par Émile par rapport au temps écoulé.

❯ Corrigé, p. 256

Les représentations graphiques **149**

Mes outils

Les représentations graphiques

Un graphique permet de représenter une situation où il y a une relation entre deux grandeurs.

Exemple : Mathilde marche un certain temps, puis se met à courir. Elle s'arrête un instant pour reprendre son souffle, puis reprend sa course, mais plus lentement.

Cette situation peut être représentée par différents graphiques, selon la relation que l'on souhaite illustrer.

1) Relation entre la distance parcourue et le temps écoulé.

2) Relation entre la vitesse de Mathilde et le temps écoulé.

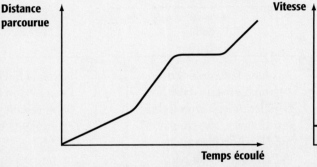
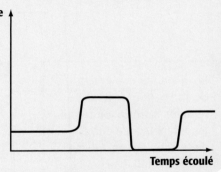

Exercices d'application

1 Le graphique ci-contre représente les dimensions de quatre modèles de fenêtres à carreaux. Trois de ces fenêtres sont illustrées ci-dessous. Dessine la quatrième.

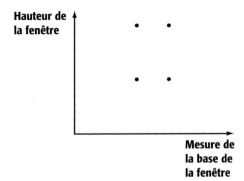

2 Les graphiques ci-dessous représentent la vitesse d'un cycliste pendant une certaine période de temps. Associe chaque situation à l'un ou plusieurs de ces graphiques.

a) La vitesse du cycliste est croissante.

b) La vitesse croît lentement au début et rapidement à la fin.

c) La vitesse change toujours au même rythme.

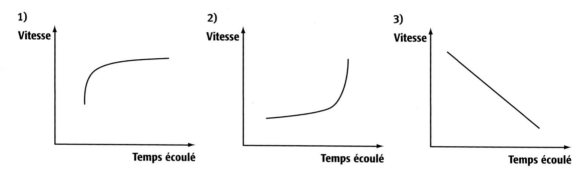

3 Le graphique ci-contre représente les différentes hauteurs d'un drapeau selon le temps requis pour le hisser au haut d'un poteau.

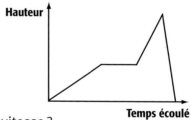

a) Le drapeau a-t-il toujours été hissé à la même vitesse ?

b) Le drapeau est-il demeuré longtemps au sommet du poteau ?

c) A-t-il été plus rapide de hisser le drapeau ou de le descendre ?

d) Décris dans tes mots comment on a hissé le drapeau et comment on l'a descendu.

4 Pour se rendre à son chalet en voiture, Léa roule en ville à une vitesse de 50 km/h, puis deux fois plus vite sur l'autoroute et enfin sur une route secondaire à 70 km/h. En ville, juste avant de prendre l'autoroute, elle s'est arrêtée prendre de l'essence.

Représente globalement la balade de Léa à l'aide d'un graphique mettant en relation la distance parcourue et le temps écoulé.

Situations d'application

5 Antoine, Benoît et Claude pratiquent la course. Les points **A, B** et **C** du graphique ci-contre décrivent leurs performances respectives au cours d'un entraînement.

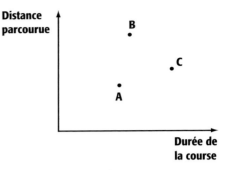

a) Qui a franchi la plus longue distance?

b) Qui a couru le plus longtemps?

c) Qui a couru le plus vite?

6 Chacun des graphiques ci-dessous représente une relation entre la masse d'un camion et le temps écoulé durant une opération de déneigement dans les rues d'une ville.

Décris dans tes mots ce que peut représenter chacun des graphiques.

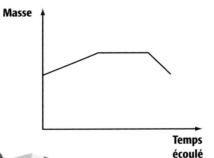

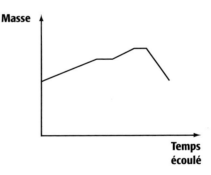

7 Le livreur d'une pizzeria a quatre commandes à livrer. En quittant le restaurant, il va d'abord livrer celle de la personne qui habite le plus loin à l'ouest du restaurant, puis il revient sur ses pas pour les deux suivantes. Pour livrer la quatrième commande, il doit passer devant le restaurant en se dirigeant vers l'est. Il revient ensuite à son point de départ.

Représente globalement le trajet du livreur à l'aide d'un graphique mettant en relation la distance qui le sépare du restaurant et le temps écoulé.

8 Le graphique ci-dessous représente, selon le temps écoulé, la vitesse de chute d'une personne qui fait un saut en parachute. Le saut lui-même peut être séparé en quatre phases. Dans le graphique, chaque phase est identifiée par une couleur particulière.

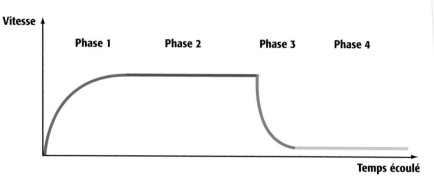

a) En quelques mots, décris ce qui caractérise la vitesse de chute pendant chaque phase.

b) Pendant quelle phase le parachute s'est-il ouvert?

9 En course automobile, les pilotes roulent à leur vitesse maximale dans les lignes droites, mais ils et elles doivent ralentir dans les courbes. Les ralentissements sont d'autant plus grands que les courbes sont accentuées. Dans l'illustration ci-dessous représentant le circuit Gilles-Villeneuve, à Montréal, les points de repère **A** à **G** ont été ajoutés pour identifier certaines sections précises du tracé. Le départ a lieu au point **A**.

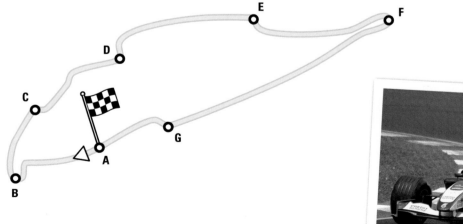

Sur la feuille qu'on te remet, trace un graphique représentant la vitesse d'une voiture de course sur ce circuit selon la distance parcourue pendant le premier tour de la course.

Pour répondre à la question **b)**, as-tu cherché à établir à quoi correspondait chaque phase du saut?

Les représentations graphiques **153**

10 Examine les vases ci-dessous. Si l'on y verse de l'eau à un débit régulier, on constate que le niveau de l'eau n'augmente pas de la même façon dans chacun.

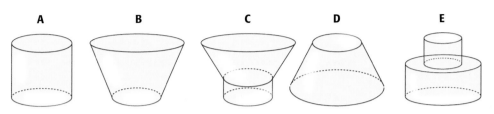

A   B   C   D   E

Pour l'un de ces vases, le graphique ci-dessous représente le niveau de l'eau selon la quantité d'eau qu'il contient.

a) De quel vase s'agit-il ? Justifie ta réponse.

b) À l'aide de quatre graphiques, représente globalement le niveau de l'eau dans les autres vases selon la quantité d'eau qu'ils contiennent.

c) Décris en mots chacun de ces graphiques.

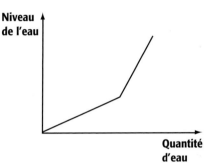

11 Jacob et Luc se sont lancé un défi en natation : faire la longueur de la piscine aller-retour. Le graphique ci-dessous représente la distance qui les sépare du point de départ selon le temps écoulé.

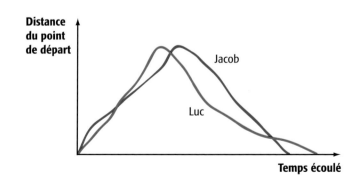

a) Quel nageur a eu le meilleur départ ?

b) Quel nageur menait après la première longueur ?

c) Qui a gagné la course ?

d) Décris dans tes propres mots la course de Luc.

12 En traçant un graphique, représente globalement la situation décrite ci-dessous en mettant en relation la hauteur atteinte dans l'escalier par chaque personne et le temps écoulé. Le graphique devra contenir deux courbes : une courbe pour décrire le déplacement de Cindy et l'autre pour décrire celui de Marc-André.

> Dans un magasin, pour monter à l'étage, Cindy prend un escalier roulant en même temps que Marc-André. Alors que Cindy reste sur la même marche de l'escalier roulant, Marc-André s'éloigne d'elle en montant les marches. Soudain, l'escalier s'arrête. Surprise, Cindy reste immobile un instant, puis décide de monter le reste à pied. Elle s'aperçoit en montant que Marc-André, devant elle, est tombé et s'est légèrement blessé. Comme une dame s'occupe déjà de lui, Cindy continue son ascension jusqu'à l'étage, où elle arrive la première.

13 Les deux graphiques ci-dessous représentent la vitesse de deux trains selon le temps écoulé.

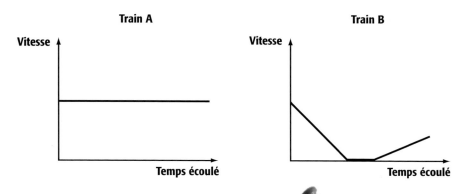

À l'aide de deux autres graphiques, représente globalement la distance parcourue par ces deux trains selon le temps écoulé.

Es-tu maintenant capable de résoudre entièrement la situation-problème Prêts? Partez!, aux pages 132 et 133?

Les équations

Activité 1   La clôture trouée

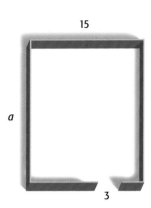
15

a

3

Une clôture entoure un terrain rectangulaire,
à l'exception d'une ouverture de 3 m sur l'un des côtés.
La largeur du terrain est de 15 m. Si a représente
la longueur du terrain (en mètres), la longueur totale
de la clôture peut être représentée par l'expression
suivante : $2(a + 15) - 3$.

a) Selon toi, quel raisonnement a permis de créer
cette expression algébrique ?

> Une égalité est un
> énoncé qui utilise le
> signe = et qui est
> soit vrai, soit faux.

Si l'on connaissait la longueur de la clôture, il serait possible
de trouver la longueur du terrain, soit la valeur de a.
Par exemple, dans le cas où la clôture mesure 72 m,
on peut établir l'équation suivante : $2(a + 15) - 3 = 72$

b) Reproduis le tableau ci-dessous, puis, en procédant par essais et erreurs,
utilise-le pour déterminer la valeur de a dans cette équation.

> Une équation est
> une relation d'égalité
> comportant au moins
> une variable.

a	$2(a + 15) - 3 = 72$	COMMENTAIRE
10	$2(10 + 15) - 3 = 72$	Cette égalité est fausse, car $2(10 + 15) - 3$ est égal à 47 et non à 72.

Choisis une
valeur de a.

Dans l'équation, remplace
a par cette valeur.

Recommence en choisissant
une autre valeur de a,
jusqu'à ce que tu obtiennes
une égalité vraie.

 Je vérifie mes connaissances

Dans chaque cas ci-dessous, en procédant par essais et erreurs,
détermine la valeur de x qui vérifie l'équation.

a) $4x - 2 = 12$

b) $2(x + 5) + 1 = 15$

c) $24 - 2(2x + 4) = 10$

❯ Corrigé, p. 256

Activité 2 D'autres façons de procéder

Dans l'activité précédente, pour résoudre une équation, tu as procédé par essais et erreurs. Comme tu le découvriras ici, il existe d'autres façons de procéder.

 Fais équipe avec un ou une camarade. On vous remettra deux feuilles présentant chacune un processus de résolution différent.

a) Réponds aux questions sur la feuille que tu as reçue.

b) Explique à ton ou ta camarade le processus que tu as utilisé. Comparez ensuite vos démarches et vos réponses. Est-il possible de simplifier davantage chacune des démarches?

c) Voici une autre situation pouvant être représentée à l'aide d'une équation. Ensemble, trouvez la solution.

> Résoudre une équation, c'est trouver toutes les valeurs possibles des variables qui peuvent transformer l'équation en une égalité vraie.

> Michael se rend dans une autre ville en voiture. À partir de chez lui, il lui faut un quart d'heure pour parcourir les 15 km qui le séparent de l'autoroute, où il peut rouler ensuite à 100 km/h. La distance parcourue par Michael après x heures peut être représentée par l'expression $15 + 100(x - \frac{1}{4})$. Après combien de temps aura-t-il parcouru 240 km?

 Je vérifie mes connaissances

Résous les équations suivantes par le processus de ton choix.

a) $\frac{x}{2} - 5 = 7$

b) $4 + 6x = 52$

c) $8(x + 2) - 4 = 12$

d) $10 + 2(12 - 2x) = 30$

Avant de consulter le corrigé, as-tu validé ta réponse? Comment as-tu procédé?

❯ Corrigé, p. 256

Mes outils

Les équations

Une équation est une relation d'égalité comportant au moins une variable.

Exemple : $3(x - 1) + (10 - x) = 13$

Il existe plusieurs façons de résoudre une équation. Par exemple, on peut
- procéder par essais et erreurs ;
- utiliser les opérations inverses ;
- avoir recours à la méthode du terme caché.

La résolution de l'équation

Pour faciliter la résolution d'une équation, il est souvent préférable de réduire les expressions algébriques qu'elle contient.

Exemple : Pour résoudre l'équation $3(x - 1) + (10 - x) = 13$, on peut réduire l'expression algébrique constituant le membre de gauche de l'équation.

$$3(x - 1) + (10 - x) = 13$$
$$3x - 3 + 10 - x = 13$$
$$2x + 7 = 13$$

On complète ensuite la résolution en choisissant le processus que l'on juge approprié.

Exemple (avec la méthode du terme caché) :
Puisque $6 + 7 = 13$, on peut affirmer que $2x = 6$;
et puisque $2 \times 3 = 6$, on peut affirmer que $x = 3$.

La validation de la solution

Pour vérifier la résolution de l'équation, on peut, dans l'équation de départ, remplacer la variable par la valeur trouvée.

Exemple : Remplaçons la variable x par 3 dans l'équation
$3(x - 1) + (10 - x) = 13$.

$$3(3 - 1) + (10 - 3) = 13$$
$$3(2) + 7 = 13$$
$$6 + 7 = 13$$

Puisque l'égalité obtenue est vraie, la solution est correcte.

Exercices d'application

1 Pour chaque équation suivante, détermine la valeur de x qui vérifie l'équation en utilisant la méthode de ton choix.

a) $6 + \dfrac{x}{2} = 12$

c) $14 - 2(x - 1) = 3$

b) $9 + 5(x + 3) = 44$

d) $2,5 + 0,3(2x + 3) = 4$

2 Peut-on affirmer que 6 est une solution pour chacune des équations suivantes ? Justifie tes réponses.

a) $3x + 11 = 29$

c) $8(x - 2) - 3 = 29$

b) $27 + \dfrac{x}{2} = 29$

d) $25 - \dfrac{2}{3}(x + 3) = 29$

3 L'équation $\dfrac{5x - 3}{2} = 8$ peut se représenter à l'aide du schéma suivant.

a) Reproduis ce schéma, puis utilise-le pour résoudre l'équation. Explique comment tu as procédé.

b) Trace un schéma semblable correspondant à l'équation suivante : $3(2x + 1) - 4 = 20$. Résous ensuite cette équation.

c) Il y a d'autres façons de procéder pour résoudre ces équations. Donne au moins un exemple.

4 Résous les équations suivantes en réduisant d'abord le membre de gauche de l'équation.

a) $(x + 2) + (2x + 5) = 10$

d) $6x - (x + 2) + 3(4 - x) = 16$

b) $(3x - 5) - (x + 1) = 9$

e) $4(x - 4) - 3(x - 1) = 0$

c) $2x + 3(2x - 4) = 1$

f) $\dfrac{3}{4}(2x - 4) + 2(\dfrac{x}{2} - 3) = 4$

5 La somme d'un nombre, de son double et de son triple est égale à 252. On peut représenter cette situation par l'équation suivante : $n + 2n + 3n = 252$. Quel est ce nombre ?

Situations d'application

6 Léa est une excellente joueuse de quilles. Plus elle joue, meilleure elle est. Samdedi dernier, elle a eu un bon résultat à sa première partie, cependant elle a obtenu 22 points de plus à sa deuxième, et encore 7 points de plus à sa troisième.

a) Si n représente le nombre de points à sa première partie, quelle expression algébrique représente

1) le nombre de points à la deuxième partie ?

2) le nombre de points à la troisième partie ?

3) sa moyenne de points pour les trois parties ?

b) Combien de points Léa a-t-elle obtenus à sa première partie, si sa moyenne pour les trois parties était de 161 points ?

7 La longueur d'un rectangle mesure 3 cm de plus que le double de sa largeur.

a) Si x représente la largeur de ce rectangle en cm, quelle expression algébrique représente

1) la longueur de ce rectangle ?

2) le périmètre de ce rectangle ?

b) Si le périmètre du rectangle est de 48 cm, quelles sont les dimensions de ce rectangle ?

8 Pendant la saison des pommes, Laura a ramassé 92 pommes de plus que Claudia et Patrice en a ramassé trois fois plus que Laura.

a) Si x représente le nombre de pommes que Claudia a ramassées, quelle expression algébrique représente le nombre de pommes qu'ils ont ramassées ensemble ?

b) S'ils ont ramassé 673 pommes au total, détermine combien de pommes chacun a ramassées.

9 Marie et Paula, les deux filles de M. Bélair, ont reçu ensemble 181 $ pour leur travail.

a) Si x représente la somme reçue par Marie, quelle expression représente la somme reçue par Paula ?

b) Ce qu'a reçu Marie moins ce qu'a reçu Paula est égal à 37 $. Quel montant chacune a-t-elle reçu ?

10 Dans le cas de chaque équation ci-dessous,

a) réduis l'expression algébrique qu'elle contient ;

b) si tu le peux, résous l'équation obtenue ;

c) vérifie ta réponse.

1) $4x + (2x + 3) = 6$ **4)** $4x + 2(2x + 3) = 6$

2) $4x - (2x + 3) = 6$ **5)** $4x - 2(2x + 3) = 6$

3) $4x - (2x - 3) = 6$ **6)** $4x - 2(2x - 3) = 6$

Attention ! les solutions associées à deux des équations sont particulières. As-tu repéré ces équations ? As-tu réussi à les résoudre ?

11 Lis la situation ci-dessous.

> Tous les jours, dans la cafétéria d'une école, on prépare à l'avance 360 repas. Le choix offert ne comprend que deux plats. Aujourd'hui, on a préparé beaucoup plus de portions du premier plat que du second. En effet, si l'on doublait le nombre de portions de poulet espagnol, il y aurait encore 30 portions de plus de bœuf à la mode.

Menu d'aujourd'hui
1) Bœuf à la mode
2) Poulet espagnol

Il est possible de représenter cette situation par l'équation suivante :

$(2n + 30) + n = 360$.

a) Que représente la variable n dans cette équation ?

b) Combien de portions de chaque plat a-t-on préparées ?

12 Pour suivre des cours d'escrime, Arnaud doit débourser 58 $ pour un casque protecteur, puis 6 $ à chacun des cours.

a) Quelle expression algébrique représente le coût total des cours d'escrime si n représente le nombre de cours suivi ?

b) Reproduis puis complète la table de valeurs suivantes.

NOMBRE DE COURS SUIVIS	1	2	3	4	5	6	7	8
COÛT TOTAL ($)								

c) Si Arnaud dispose de 160 $ pour cette activité, combien de cours peut-il suivre ?

13 Pascal pense à un nombre. Il le multiplie par 2, puis soustrait 4. Il multiplie le résultat par 3, puis soustrait 6. Enfin, il divise le résultat par 2, puis soustrait 1. La réponse obtenue est 5.

Si *n* représente le nombre choisi au départ, cette situation peut être représentée par l'équation suivante.

$$\frac{3(2n - 4) - 6}{2} - 1 = 5$$

a) À quel nombre Pascal avait-il pensé ?

b) À quel nombre faudrait-il penser pour qu'en réalisant les mêmes opérations le résultat final soit égal à 50 ?

14 Avec des cubes, Noémie construit des structures comme celles présentées ci-dessous. Elle aligne d'abord un certain nombre de cubes, sur lesquels elle ajoute d'autres cubes de telle sorte que chaque étage ajouté contienne deux cubes de moins que le précédent. Elle continue ainsi jusqu'à ce qu'il y ait un ou deux cubes au sommet.

a) Combien d'étages la structure compterait-elle si Noémie alignait au départ

1) 15 cubes ?   **2)** 16 cubes ?

b) Représentons par *n* le nombre de cubes alignés au départ. Quelle expression algébrique représente le nombre d'étages de la structure

1) si *n* est un nombre impair ?   **2)** si *n* est un nombre pair ?

c) Combien de cubes faut-il aligner au départ pour obtenir une structure de 100 étages ?

15 Un trapèze a les caractéristiques suivantes : sa grande base mesure 2 cm de plus que sa petite base et sa hauteur est de 2 cm.

a) Trace deux trapèzes différents ayant ces caractéristiques.

b) Si *x* est la mesure de la petite base en centimètres, quelle expression algébrique représente l'aire du trapèze ?

c) Quelle devrait être la mesure de la grande base pour que l'aire du trapèze soit de 10 cm² ?

16 Jasmine, Chloé et Mathilde décident d'investir leurs économies dans l'acquisition d'une friperie. Jasmine investira le double de la somme investie par Chloé, alors que l'investissement de Mathilde ne correspondra qu'à la moitié de cette somme.

a) Si x représente la somme investie par Chloé, quelle expression algébrique représente la valeur totale de l'investissement des trois filles réunies?

b) Combien chacune aura-t-elle fourni si l'investissement total est de 13 650 $?

17 Les points dans la figure ci-contre forment le dessin d'un carré avec l'une de ses diagonales. Chaque alignement est constitué de 7 points et il y a 29 points au total.

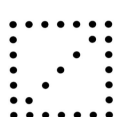

a) Quelle expression algébrique représenterait le nombre total de points si chaque alignement était formé de n points?

b) Que serait la valeur de n si la figure contenait 144 points?

18 Un traversier a un pont de forme rectangulaire d'environ 60 m de longueur. La salle d'attente aménagée sur ce pont est deux fois moins longue. La largeur du pont compte 17 m de plus que celle de la salle d'attente.

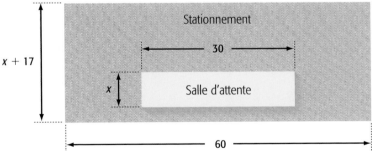

a) Si x représente la largeur de la salle d'attente, quelle expression algébrique représente l'aire du stationnement?

b) Si l'aire du stationnement est de 1200 m², quelle est la largeur du traversier?

19 Le propriétaire d'une boutique de vêtements a reçu un lot de chandails identiques, qu'il met en promotion pour les vendre rapidement. Voici les deux affiches qu'il a placées dans sa vitrine.

Achetez-en deux et obtenez le deuxième **à moitié prix!**

Ce n'est pas tout!
15 $ **de rabais**
à l'achat d'un
troisième chandail.

a) Si x représente le prix courant d'un chandail, quelle expression algébrique représente le coût de deux chandails achetés pendant la promotion? Et celui de trois chandails?

b) À la fin de la journée, le propriétaire constate que 28 personnes ont acheté 2 chandails et 12 en ont acheté 3, pour une recette totale de 1548 $. Quel est le prix courant d'un chandail?

20 Pour résoudre l'équation $3(x + 3) + 2(x - 3) = 50$, Guillaume a utilisé un tableur. Il a obtenu l'affichage ci-contre.

Saurais-tu comment utiliser un tableur pour trouver la réponse demandée en **b)**?

a) Entre quelles valeurs entières se situe la solution de cette équation?

b) À l'aide d'une table de valeurs plus précise contenant des valeurs de x jusqu'à l'ordre des dixièmes, détermine la solution exacte de cette équation.

x	$3(x + 3) + 2(x - 3)$
1	8
2	13
3	18
4	23
5	28
6	33
7	38
8	43
9	48
10	53
11	58
12	63

Deux angles adjacents sont complémentaires s'ils forment un angle droit. Ils sont supplémentaires s'ils forment un angle plat.

21 Une figure géométrique est constituée de deux angles adjacents. La mesure de l'un de ces angles est quatre fois plus grande que celle de l'autre. Combien ces angles devraient-ils mesurer pour qu'ils soient

a) complémentaires? **b)** supplémentaires?

22 Maïka a deux ans de plus que son frère Hugo, mais cinq ans de moins que sa sœur Camille.

a) Si *n* représente l'âge de Maïka, quelles expressions algébriques représentent les âges d'Hugo et de Camille ?

b) Choisis l'un des deux indices ci-dessous, puis utilise-le pour déterminer l'âge de Maïka.

> En soustrayant le double de l'âge d'Hugo de la somme de l'âge de Camille et du triple de l'âge de Maïka, on obtient 39.

> En ajoutant le double de l'âge d'Hugo à la somme de la moitié de l'âge de Camille et du cinquième de l'âge de Maïka, on obtient 39.

Qu'est-ce qui a déterminé ton choix ? As-tu choisi l'indice qui te semblait le plus facile ou le plus difficile ?

23 Chantal peut courir à une vitesse de 5,5 m/s et Nancy, à une vitesse de 5 m/s. Dans une épreuve de course, Nancy est partie cinq secondes avant Chantal. Si *x* représente le temps écoulé depuis le début de la course en secondes, la distance parcourue par Nancy est $5x$. La distance parcourue par Chantal est 0 pour les cinq premières secondes et $5{,}5(x - 5)$ pour les suivantes.

a) À l'aide d'une table de valeurs, représente les distances parcourues par les deux filles pendant les 10 premières secondes de la course.

b) Quelle était l'avance de Nancy sur Chantal

   1) après 5 secondes ?

   2) après 10 secondes ?

   3) après 15 secondes ?

c) À quel moment Chantal a-t-elle rejoint Nancy ?

d) Pendant toute la course, à quels moments la distance entre Chantal et Nancy a-t-elle été de 10 m ? Trouve les trois réponses possibles.

Es-tu maintenant capable de résoudre entièrement la situation-problème Aaaaaaaaah… !, aux pages 134 et 135 ?

EURÊKA !

Rencontre avec Aryabhata

En Inde, à la fin du 5e siècle.

Le bateau avance lentement sur la rivière...

... mais on a l'impression que ce sont les objets sur la rive qui se déplacent à la même vitesse vers l'arrière.

Ce soir-là...

Pendant la nuit, les étoiles tournent lentement autour de la Terre. Elles se déplacent ensemble de l'est vers l'ouest.

Mais... Et si c'était plutôt la Terre qui tourne sur elle-même en sens inverse ?...

Vers l'âge de 23 ans, Aryabhata écrit un traité de mathématiques et d'astronomie qui allait devenir une référence pour les mathématiques indiennes. En astronomie, il affirme que la Terre tourne sur elle-même et explique le phénomène des éclipses. En mathématiques, il décrit des méthodes de calcul pouvant servir à résoudre des problèmes.

Dans son ouvrage, Aryabhata a écrit : « Ajoute 4 à 100, multiplie par 8 et ajoute 62 000. Le résultat est approximativement la circonférence d'un cercle dont le diamètre est de 20 000. » Quelle est la valeur approximative de π selon Aryabhata ?

Les mathématiques et moi

Voir autrement

Un problème t'est soumis. Tu penses pouvoir le résoudre. Tu t'investis,
tu essaies quelque chose, mais ça ne marche pas... Tu as l'impression
de piétiner et tu ne sais plus quoi faire. Aucune idée ne te vient à l'esprit.
Alors, tu paniques ou tu te décourages.

As-tu déjà vécu une situation semblable ? Comment as-tu réagi ?

L'une des façons de surmonter un blocage est de chercher à voir
autrement le problème.

Tu dois essayer de visualiser la situation d'un point de vue différent
de celui que tu as adopté au début. Faisons une expérience pour
mieux comprendre cette stratégie.

1er temps

La feuille qu'on te remet contient trois problèmes. Pour les comprendre,
peu de connaissances mathématiques sont nécessaires, mais leur solution
n'est pas facile à trouver. À la maison, présente ces problèmes à
des membres de ta famille. Essayez ensemble de les résoudre.

2e temps

Ton enseignant ou enseignante donnera une façon de voir autrement
chacun des trois problèmes. Les nouveaux points de vue aideront-ils
les membres de ta famille et toi à trouver les solutions ?

Pour résoudre les situations-problèmes des pages suivantes, essaie de te représenter concrètement
les situations de différentes façons. Si un blocage survient, fais une pause et prend le temps de voir
le problème autrement.

Banque de situations-problèmes

1. Aventure en pédalo

Marie-France se promène en pédalo sur un lac calme. Elle remarque qu'il lui faut cinq secondes pour avancer de un mètre. Soudain, elle découvre une rivière. Elle décide de s'y engager. Aidée par le courant, en continuant à pédaler, elle parcourt alors 125 m en cinq minutes.

Pourra-t-elle rebrousser chemin et revenir au lac ? Si oui, combien de temps lui faudra-t-il ? Sinon, explique pourquoi elle ne pourra pas atteindre le lac.

2. Le triathlon

Jérémie a participé à un triathlon. La distance à franchir à la nage était de 750 m. Pour le reste de la course, il devait parcourir au total 25 km, une partie à vélo et l'autre en courant. Jérémie va deux fois plus vite en vélo que lorsqu'il court. Pourtant il a mis deux fois plus de temps à parcourir la distance en vélo que la distance à pied.

Quelle distance a-t-il parcourue en vélo ?

> Le triathlon est une épreuve sportive en trois étapes. Au départ, les athlètes doivent nager une certaine distance, puis enfourcher un vélo et parcourir une autre distance sur la route. Enfin, c'est par une course à pied que se termine l'épreuve.

3. Une course palpitante

Nous assistons à une intéressante course entre le lièvre et la tortue. Le lièvre se déplace cinq fois plus vite que la tortue, mais après avoir couru 10 secondes il se repose pendant 50 secondes. Quant à la tortue, elle avance toujours au même rythme sans jamais s'arrêter. Et voilà que la tortue vient de gagner la course ! Son temps : trois minutes et cinq secondes. Bravo !

Combien de fois le lièvre et la tortue se sont-ils croisés pendant cette course ?

4. J'ai soif !

Dans la représentation graphique ci-contre, chaque point correspond à un contenant de jus de fruits vendu en magasin.

a) Quel est l'achat le plus avantageux ?

b) Quel est l'achat le moins avantageux ?

Justifie tes réponses.

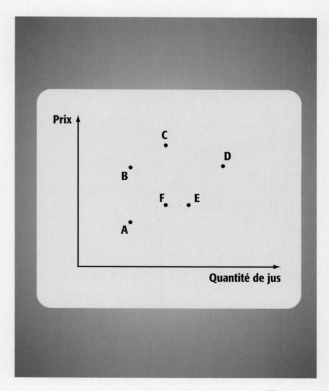

Je fais le point

Ta réalisation personnelle

> Combien de liens as-tu réussi à établir entre les mathématiques et le sport que tu as choisi ? As-tu atteint l'objectif que tu t'étais fixé ?

> Selon toi, les mathématiques sont-elles vraiment utiles pour mieux comprendre un sport ? Explique ton point de vue.

Eurêka !

> Parmi les situations-problèmes qui t'ont été proposées, laquelle t'a semblé la plus difficile ? As-tu réussi à résoudre cette situation ?

> Au cours de la résolution d'une situation, as-tu eu un blocage ? Si oui, à quel moment exactement ? Comment as-tu surmonté l'obstacle ?

Tes connaissances mathématiques

Consommation intelligente

Dans un marché d'alimentation, trouve un type de produit qui se vend dans différents formats. Prends en note la contenance et le prix des différents formats. Détermine ensuite le meilleur achat en expliquant ta démarche. Tu pourrais également illustrer ton propos à l'aide d'un graphique comme au numéro **4** de la page 169.

L'équation

Décris une situation qui peut être représentée par l'équation suivante :
$$25 + 3(12 - x) = 40$$

Donne deux façons différentes de résoudre cette équation. Dans chaque cas, explique en détail chacune des étapes.

Faire plus

DOSSIER

avec moins

Le lien entre nos habitudes de consommation et les effets provoqués sur l'environnement a été démontré plus d'une fois. Il faut repenser notre façon de consommer en considérant que les ressources de notre planète sont limitées. Nos choix peuvent donc avoir des conséquences sur l'ensemble de la planète.

Et s'il était possible d'en faire plus... avec moins? Aurais-tu, par exemple, des solutions pour minimiser l'emploi de sacs de plastique? Peux-tu donner des exemples d'emballages excessifs, qui utilisent plus de matériaux que nécessaire? Comment peut-on freiner le gaspillage de papier, de carton, de verre, etc.?

Du plomb dans

Audrey est artiste. Elle crée des vitraux. Pour représenter le partenariat conclu entre les cinq associés d'une entreprise, un client lui demande de réaliser un vitrail carré de 20 cm de côté comportant cinq parties ayant la même aire.

L'illustration ci-dessous représente le croquis imaginé par Audrey.

Généralement, les artistes se soucient de l'esthétique et ont une créativité débordante. Souvent, ils et elles ont également une forte conscience environnementale.

Pour unir les cinq morceaux de verre et solidifier son vitrail, Audrey prévoit faire un chemin de plomb, représenté sur son croquis par les lignes grises. Utilise la feuille qu'on te remet pour répondre aux questions **a)** et **b)**.

a) Audrey a-t-elle réussi à dessiner cinq parties de même aire ? Laisse les traces de tes calculs.

b) Quelle est la longueur du chemin de plomb nécessaire à la création de ce vitrail ?

la tête

La conscience environnementale d'Audrey l'amène cependant à se poser une question :

« Pourrais-je créer un vitrail qui répondrait aux exigences de mon client tout en utilisant moins de plomb ? »

c Trouve une façon de répondre aux exigences du client d'Audrey tout en réduisant la longueur du chemin de plomb nécessaire au vitrail. Sur une feuille, trace un carré de 20 cm de côté. Dans ce carré, dessine précisément ta suggestion. N'oublie pas, les cinq morceaux doivent avoir la même aire et chaque morceau de verre doit être entouré de plomb.

d Avec ta suggestion, quel pourcentage de plomb Audrey pourra-t-elle économiser ? Prends les mesures nécessaires sur ta représentation faite en **c).**

Capsule ÉCOLO

Santé Canada considère que l'utilisation de plombs de chasse ou de poids en plomb pour la pêche, ou encore de soudures au plomb dans une activité de loisir, comme le vitrail, peut exposer les personnes à des vapeurs nocives de plomb.

 ## Réalisation personnelle

Souvent, on abuse des ressources disponibles, ce qui implique du gaspillage. Par exemple, on utilise des emballages trop grands, inutiles ou excessifs. Dans les pages qui suivent, tu observeras que, dans de nombreux cas, il est possible de trouver des solutions optimales exigeant moins de ressources et qui, ainsi, contribuent à protéger l'environnement. À la fin de ce dossier, tu devras analyser un type d'emballage que tu connais bien et, s'il y a lieu, proposer une solution plus écologique, en faisant appel à tes nouvelles connaissances mathématiques.

SITUATION-PROBLÈME 1 — Zoom sur la géométrie
Le calcul d'aire de figures planes, p. 182 à 191

Pour plus d'aire

Sans espaces verts, une ville étoufferait. Le mont Royal, à Montréal, et Central Park, à New York, sont les poumons de ces villes. De plus, ces espaces verts contribuent au bien-être des citadins et des citadines.

Imagine que la direction de ton école décide, pour le bien-être des élèves et du personnel, de créer un espace vert dans le stationnement. Cet espace vert devra être entouré d'une clôture. La commission scolaire dispose d'une clôture de 54 m de longueur qui pourra être utilisée à cette fin.

La direction lance un concours. Pour participer, il faut présenter un plan d'aménagement de cet espace vert.

a Suggère trois formes différentes que pourrait avoir l'espace vert. Pour chacune de ces formes, tu dois utiliser exactement les 54 m de clôture disponibles. Trace le plan à l'échelle de chacune d'elles (1 cm sur ta feuille devra correspondre à 1 m dans la réalité).

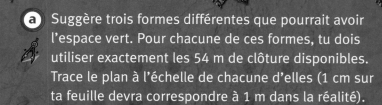

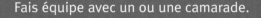

Capsule ÉCOLO

Avoir recours au transport en commun et au covoiturage constitue une solution pour réduire le nombre d'espaces de stationnement et améliorer la qualité de l'environnement.

Fais équipe avec un ou une camarade.

b) Ensemble, comparez les suggestions faites en **a)**. Lequel de vos espaces verts a la plus grande surface ? Justifiez votre réponse.

c) Déterminez une autre forme que pourrait avoir l'espace vert en cherchant à obtenir une aire plus grande que celle déterminée en **b)**. Tracez à l'échelle le plan de cet espace vert. En prenant les mesures nécessaires, déterminez son aire.

d) Comparez la réponse que vous avez obtenue en **c)** avec celle des autres élèves de la classe. Ensemble, déterminez la forme que devrait avoir l'espace vert pour occuper la plus grande surface possible.

Zoom sur la géométrie
Le calcul d'aire de solides, p. 192 à 201

SITUATION-PROBLÈME 2

Le ferblantier écolo

En travaillant l'aluminium ou la tôle, le ferblantier doit limiter les pertes pour deux raisons : premièrement, parce que les pertes constituent des déchets ; deuxièmement, parce qu'elles augmentent ses coûts de production.

Il ne suffit pas de savoir façonner le fer-blanc lorsqu'on est ferblantier. Il faut aussi savoir mesurer, représenter des objets en trois dimensions, calculer et, pourquoi pas, avoir une conscience environnementale.

La propriétaire d'une boutique désire vendre des objets d'art fabriqués par un ferblantier de sa région, tant décoratifs que pratiques. Elle aimerait retrouver sur ses tablettes les trois objets illustrés ci-dessous, l'un ayant la forme d'un prisme, l'autre, d'un cylindre et le dernier, d'une pyramide à base carrée.

Un bidon pour l'huile d'olive

Un contenant pour les pâtes

Une tirelire

Pour concevoir chacun des objets, le ferblantier dispose d'une plaque d'aluminium aux dimensions données ci-contre. Fais équipe avec deux camarades. Choisissez chacun l'un des trois objets.

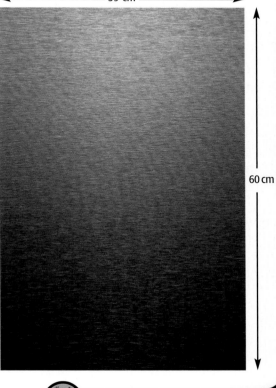

39 cm

60 cm

a) Sur la feuille qu'on te remet, trace les différentes faces nécessaires à la fabrication de ton objet. Précise les dimensions de chacune de ces faces.

b) Détermine, à l'aide d'un pourcentage, la perte de métal entraînée par la fabrication de l'objet.

c) Présente ton travail aux autres membres de ton équipe. Ensemble, réalisez les tâches suivantes.

- Tentez de réduire au maximum les pertes de métal associées à la fabrication de chacun des trois objets. Tracez précisément les faces des nouveaux objets obtenus.

- À main levée, dessinez chaque objet tel qu'on le verrait une fois construit.

- Calculez les pourcentages représentant les pertes de métal associées à chaque objet.

> Pour avoir une meilleure idée de ce qu'aurait l'air ton objet, tu pourrais construire un prototype en carton.

d) Comparez les pourcentages obtenus en **c)** avec ceux des autres équipes.

Capsule ÉCOLO

Savais-tu que les canettes d'aluminium peuvent être recyclées à l'infini sans perdre leurs propriétés ? Les avantages environnementaux de leur recyclage sont nombreux. Une fois ces canettes récupérées, elles sont utilisées dans la fabrication de produits divers : papier d'emballage, meubles de jardin, différents contenants (entre autres des canettes), matériaux de construction, constituants d'automobile, etc.

Les marchés d'alimentation nous offrent une multitude de produits emballés. Sur les tablettes, on trouve des boîtes de carton, des boîtes d'aluminium, des sacs de plastique, des bouteilles de verre, etc. Mais utilise-t-on efficacement tous ces emballages?

Les trois boîtes de céréales ci-dessous ressemblent à ce que l'on trouve quand on fait son marché. Les mesures données sont en centimètres.

Avoine fruitée
25
16,2
5,5
450g

Fruits des champs
31
20
7
400 g

Soleil levant
36
28
12
800 g

a) La boîte qui contient 800 g de céréales nécessite-t-elle deux fois plus de carton que celle contenant 400 g? Explique ta réponse à l'aide de calculs.

b) Selon toi, pour quelle marque utilise-t-on le plus efficacement le carton pour former la boîte contenant les céréales? Explique ta réponse à l'aide de calculs.

c) Observe maintenant la boîte représentée ci-contre.

1) Quelle expression algébrique réduite pourrait représenter l'aire totale de cette boîte?

2) Quelle serait l'aire totale de cette boîte si x correspondait à
• 4 cm? • 5 cm? • 8 cm?

A.V.O.I.N.E.
6x
3x
x

Au marché

Dans les supermarchés, des rangées complètes proposent des boîtes de conserve pour tous les goûts.

8,5 cm

11,5 cm

Végé - repas

540 ml

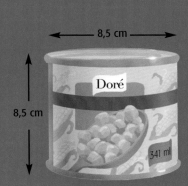

8,5 cm

8,5 cm

Doré

341 ml

7,4 cm

11 cm

Poucet

398 ml

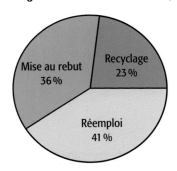

Capsule ÉCOLO

Répartition après emploi des 2,4 millions de tonnes d'emballages utilisés annuellement au Québec

- Mise au rebut 36 %
- Recyclage 23 %
- Réemploi 41 %

Chaque année, combien de tonnes d'emballages sont mises au rebut au Québec ?

d) Observe les boîtes de conserve ci-dessus. Selon toi, pour quelle étiquette utilise-t-on la plus petite quantité de papier ?

e) Selon toi, pour quelle marque utilise-t-on le plus efficacement l'aluminium pour former la boîte de conserve ? Explique ta réponse.

Un projet emballant

Tu as sûrement remarqué qu'au cinéma les boissons gazeuses et le maïs soufflé sont offerts en différents formats. Mais pourrait-on proposer des contenants au format plus écologique? À toi d'analyser les contenants avec un œil mathématique et une conscience environnementale!

Il serait bien sûr impensable de vendre du maïs soufflé ou des boissons gazeuses sans contenant. Cependant, si l'on a une conscience environnementale, il serait préférable d'utiliser le minimum de papier ou de carton nécessaire pour fabriquer les contenants.

Dans les cinémas, les contenants de maïs soufflé ont approximativement la forme de prismes et les contenants de boisson gazeuse, la forme de cylindres. Voici les dimensions du format moyen des contenants de maïs soufflé et de boisson gazeuse couramment utilisés dans les cinémas.

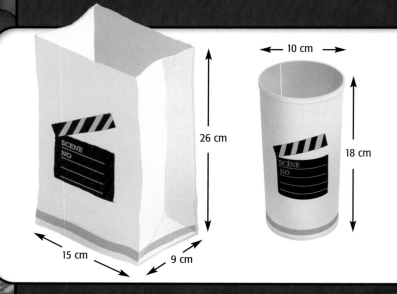

Avec un ou une camarade, sers-toi de tes nouvelles connaissances mathématiques pour créer des contenants plus écologiques.

Votre tâche

Ensemble, créez un nouveau contenant (ayant la forme d'un prisme) qui pourra contenir la même quantité de maïs soufflé tout en exigeant **moins** de matériel pour sa fabrication.

Concevez également un autre verre plus écologique, en conservant sa forme cylindrique.

Vos prototypes

Fabriquez des prototypes des nouveaux contenants, c'est-à-dire l'un pour le maïs soufflé et l'autre pour les boissons gazeuses.

Joignez des calculs à vos prototypes pour justifier que ces nouveaux contenants exigent moins de matériel que ceux couramment utilisés dans les cinémas, tout en offrant à la clientèle la même quantité de maïs soufflé ou de boisson gazeuse.

Capsule ÉCOLO

Interrogeons-nous sur nos habitudes de consommation...
Évitons les produits présentés dans des emballages trop grands ou des suremballages inutiles ou excessifs. Recherchons les produits dont l'emballage est réutilisable ou recyclable.

Et toi, aurais-tu quelques suggestions à faire pour que l'on devienne des consommatrices et consommateurs avertis, soucieux de l'environnement?

Selon vous, quelles seraient les qualités d'un bon contenant? Fixez des critères pour évaluer vos prototypes.

Pour aller plus loin...

Choisis un contenant que l'on trouve sur les tablettes d'un marché d'alimentation. Rédige un rapport expliquant pourquoi ce contenant a la forme qu'il a. Donne des raisons économiques, pratiques, écologiques, esthétiques ou autres. S'il y a lieu, propose une autre forme que pourrait prendre ce contenant pour qu'il soit plus écologique, tout en expliquant avec une perspective mathématique les raisons des changements apportés.

Une page d'histoire

Dans une prison à Athènes au 5e siècle av. J.-C.

C'est toi, Anaxagore ?

Oui, c'est moi.

Pourquoi t'a-t-on emprisonné ici ? N'es-tu pas l'ami de Périclès ?

Oui, mais ses ennemis sont mes ennemis. Et ils sont puissants. De plus, j'ai osé dire que le Soleil n'est pas un dieu, mais une boule de feu.

Et ça, c'est un dessin du Soleil ?

Non, simplement un cercle. J'essaie de résoudre un problème. Je veux trouver une façon de construire un carré qui aurait la même aire que ce cercle. J'appelle ça la quadrature du cercle.

Drôle de problème ! Qui pourrait s'y intéresser à part toi ?

Qui sait ?

Anaxagore de Clazomènes (500 av. J.-C. - 428 av. J.-C.)

Le célèbre problème de la quadrature du cercle consiste à construire avec un compas et une règle non graduée un carré ayant exactement la même aire qu'un disque donné. Le philosophe et mathématicien Anaxagore serait l'une des premières personnes connues à s'être penchées sur ce problème, qu'il n'a pas pu résoudre. Par la suite, pendant plus de 2000 ans, une multitude de personnes essaieront de trouver une solution. En vain.

Et toi, pourrais-tu construire un carré dont l'aire est le plus proche possible de celle d'un disque donné ?

Le calcul d'aire de figures planes

Activité 1 Un air de famille

1er temps

Fais équipe avec trois camarades. Ensemble, observez les huit triangles isocèles tracés sur les feuilles qu'on vous remet.

Pour chacun des triangles, déterminez le polygone régulier que l'on peut construire en effectuant des rotations successives. Expliquez vos réponses.

2e temps

Reproduisez la table de valeurs ci-dessous, puis remplissez-la pour chacun des polygones réguliers trouvés au 1er temps. Pour ce faire, prenez les mesures pertinentes sur les triangles et répartissez-vous la tâche à accomplir.

NOMBRE DE CÔTÉS DU POLYGONE RÉGULIER	MESURE DE CHAQUE CÔTÉ DU POLYGONE RÉGULIER	MESURE DE L'APOTHÈME	PÉRIMÈTRE	AIRE

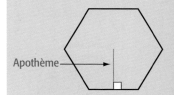

> L'apothème d'un polygone régulier est le segment abaissé perpendiculairement du centre du polygone sur l'un de ses côtés.
>
> Apothème—
>
> Le mot *apothème* désigne aussi bien le segment que sa grandeur.

3e temps

À l'aide d'une expression algébrique, représente le périmètre et l'aire d'un polygone régulier, sachant que

- n représente le nombre de côtés du polygone régulier ;
- c représente la mesure d'un côté du polygone régulier ;
- a représente la mesure de l'apothème du polygone régulier.

Je vérifie mes connaissances

1. Si l'on se sert d'un triangle équilatéral de 20 cm de côté et de 17,3 cm de hauteur pour construire un polygone régulier à l'aide de rotations successives autour de l'un de ses sommets, quelle sera l'aire de ce polygone régulier ?

2. Détermine le périmètre et l'aire

   a) d'un pentagone régulier ayant un côté de 3,6 cm et un apothème de 2,5 cm ;

   b) d'un octogone régulier ayant un côté de 23 cm et un apothème de 28 cm.

❯ Corrigé, p. 256

Activité 2 Réinventons la roue!

Observe bien chacune des illustrations ci-dessous.

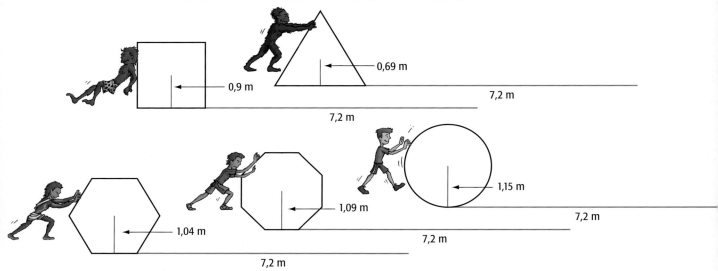

0,9 m

7,2 m

0,69 m

7,2 m

1,04 m

7,2 m

1,09 m

7,2 m

1,15 m

7,2 m

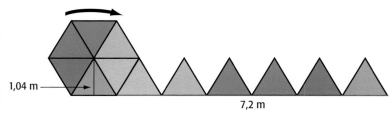

1,04 m

7,2 m

Imaginons que l'on fait tourner chacune de ces « roues » bien particulières.
En faisant un tour complet, elles parcourent toutes 7,2 m. Prenons le cas de la « roue » hexagonale.

a) Quelle est l'aire de cette « roue »? Laisse les traces de tes calculs.

b) Calcule maintenant l'aire des « roues » triangulaire, carrée et octogonale. Laisse les traces de tes calculs.

c) En t'inspirant du raisonnement utilisé en a) et b), calcule l'aire de la roue circulaire. Explique ton raisonnement.

Je vérifie mes connaissances

1. Détermine l'aire d'un disque ayant

   a) un rayon de 2 cm;   **b)** un rayon de 10 m;   **c)** un diamètre de 2,2 km.

2. Quelle est l'aire d'un disque ayant une circonférence de 15,7 cm?

3. Si l'on double le rayon d'un disque, quel est l'effet sur

   a) sa circonférence?   **b)** son aire?

> Corrigé, p. 256

Mes outils

Le calcul d'aire de figures planes

L'aire de polygones réguliers

L'**apothème** d'un polygone régulier est le segment abaissé perpendiculairement du centre du polygone sur l'un de ses côtés.

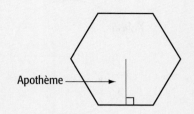

Apothème

La grandeur de ce segment est aussi appelée apothème.

On peut calculer l'**aire** d'un polygone régulier de deux façons.

$$A = n\left(\frac{ca}{2}\right)$$
ou
$$A = \frac{pa}{2}$$

A : aire du polygone régulier

p : périmètre du polygone régulier

a : apothème du polygone régulier

n : nombre de côtés du polygone régulier

c : mesure d'un côté du polygone régulier

L'aire d'un disque

Sachant que A représente l'aire d'un disque et que r représente le rayon de ce même disque, on calcule l'aire du disque à l'aide de la relation suivante : $A = \pi r^2$.

Selon les besoins, les approximations de π les plus fréquemment utilisées sont 3,14 ou 3,1416 ou $3\frac{1}{7}$.

Dans la relation $A = \pi r^2$, l'expression πr^2 est équivalente à $\pi \cdot r \cdot r$.

Exercices d'application

1 Un pavé décoratif a la forme d'un carré de 12 cm de côté et d'environ 17 cm de diagonale.

Calcule l'aire de ce pavé de trois façons, soit en utilisant

a) la mesure de ses côtés ;

b) la mesure de ses diagonales ;

c) le périmètre et l'apothème du carré.

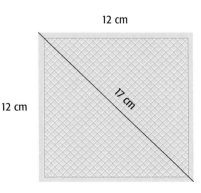

12 cm

12 cm

17 cm

2 a) Calcule la circonférence et l'aire de chacune des figures suivantes.

1)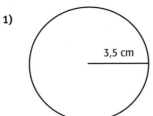

3,5 cm

2)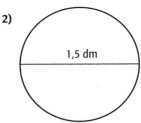

1,5 dm

b) Calcule la circonférence et l'aire associées au premier disque si l'on double son rayon.

c) Calcule la circonférence et l'aire associées au deuxième disque si l'on double sa circonférence.

d) Si l'on double le rayon ou le diamètre d'un cercle, que peut-on affirmer à propos de sa circonférence ?

e) Si l'on double le rayon ou le diamètre d'un disque, que peut-on affirmer à propos de son aire ?

3 Calcule l'aire des polygones réguliers suivants.

	TYPE DE POLYGONE	MESURE DES CÔTÉS	APOTHÈME
a)	Pentagone régulier	24 cm	16,3 cm
b)	Hexagone régulier	20 cm	17,3 cm
c)	Octogone régulier	15 cm	18,1 cm

4 Bruno a dessiné trois polygones réguliers qui ont chacun un périmètre de 12 cm. Avec sa règle, il mesure la hauteur du triangle et l'apothème de l'hexagone. Ces deux mesures sont inscrites sur les dessins.

1)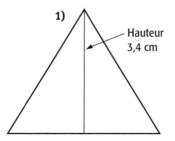

Hauteur 3,4 cm

2)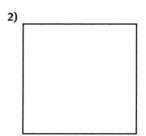

3)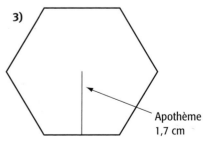

Apothème 1,7 cm

a) Pour chaque polygone, détermine la mesure de ses côtés.

b) Calcule l'aire de chacun des trois polygones.

Situations d'application

5 Pour maintenir la propreté de l'école, il est défendu de manger dans les corridors. Natalie, la présidente du conseil étudiant, a proposé d'imprimer des affiches rondes, qui pourraient être collées sur les murs de l'école. La barre oblique, qui est un diamètre du cercle, mesurerait 40 cm.

Quelle est l'aire du disque formé par cette affiche ?
Arrondis ta réponse au centimètre carré.

6 Une piscine est entourée d'un rebord en ciment. Le rebord a 1 mètre de large et il y a un quart de disque à chaque coin. En voici la représentation vue de dessus :

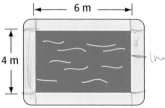

Quelle est l'aire de ce rebord en mètre carré ?

7 Le couvercle de la boîte de biscuits fins ci-dessous a la forme d'un octogone régulier dont le périmètre est de 96 cm et la mesure de l'apothème, de 14,5 cm. La profondeur de la boîte permet d'empiler 3 rangées de biscuits. Les biscuits sont circulaires et ont un rayon de 3 cm.

Est-il possible que la boîte contienne 75 biscuits ? Justifie ta réponse.

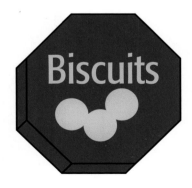

Sais-tu combien il y a de centimètres carrés dans un mètre carré? Comment l'expliquerais-tu à une autre personne? Au besoin, consulte ton glossaire.

8 Le panneau de signalisation d'un arrêt obligatoire a la forme d'un octogone régulier. Sa largeur mesure 60,4 cm et chaque côté de l'octogone mesure 25 cm.

Calcule la quantité de peinture qu'il faudrait pour peindre 5000 de ces panneaux, sachant qu'un litre de peinture couvre un mètre carré.

9 En 1910, Thomas Edison a mis sur le marché le plus grand disque jamais produit (*diamond disc*). Il avait un diamètre de 50 cm. Aujourd'hui, un disque compact a un diamètre de 12 cm.

L'aire de l'ancien disque était combien de fois plus grande que celle d'un disque compact? Fais abstraction du trou au centre des disques.

10 L'illustration ci-dessous représente un tapis utilisé dans les compétitions de lutte aux Jeux olympiques. Les trois cercles sont concentriques. Les rayons de ces surfaces circulaires sont respectivement de 0,5 m, 3,5 m et 4,5 m.

a) Quelle est l'aire de la couronne rouge de ce tapis?

Des cercles sont dits concentriques lorsqu'ils ont le même centre.

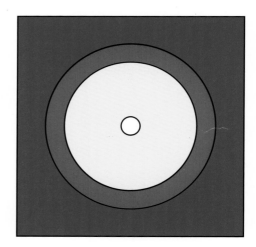

b) La surface de ton bureau pourrait-elle être placée à l'intérieur du petit cercle, sans dépasser?

11 Dans une rondelle d'aluminium de 4 cm
de rayon, on découpe un carré comme
dans l'illustration ci-contre.

a) Quel pourcentage de la rondelle
le carré représente-t-il?

b) Combien de fois l'aire de la rondelle d'aluminium
est-elle plus grande que celle de la pièce carrée?

12 La figure ci-dessous a été formée à partir d'un grand demi-disque duquel
on a enlevé deux demi-disques de 2 cm de diamètre chacun. Calcule l'aire
de cette figure.

13 Le chemin pavé de l'entrée d'une maison a l'allure suivante.

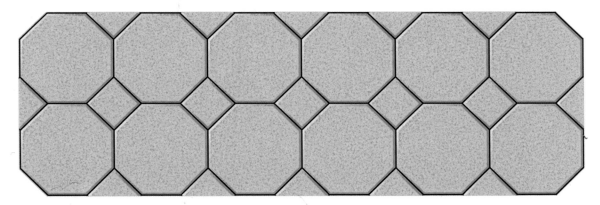

Détermine l'aire de ce chemin, sachant que
sa largeur est de 96,6 cm et qu'un côté d'un
pavé octogonal mesure 20 cm. Choisis une unité
d'aire appropriée pour exprimer ta réponse.

As-tu pensé à une autre
façon de procéder afin
de valider ta solution?

Le calcul d'aire de figures planes **189**

14 Un chien de garde est attaché à un coin extérieur d'une grange de 6 m sur 10 m avec une corde de 5 m de longueur.

a) Quelle surface maximale ce chien protège-t-il?

b) Si on l'attachait avec la même corde au coin extérieur d'un cabanon de 3 m sur 6 m, quelle surface maximale ce chien protégerait-il alors?

15 Voici les dimensions d'un essuie-glace de la voiture de M. Biron.

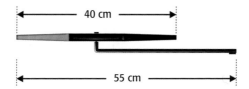

Quelle est la mesure de la surface couverte par l'essuie-glace s'il balaie un secteur ayant un angle au centre de 120°?

16 Aux Jeux olympiques, le lancer du poids se fait à partir d'un cercle de 2,14 m de diamètre. Longeant le cercle, une pièce de bois en forme d'arc, nommée butée, aide l'athlète à ne pas sortir du cercle au moment du lancer. Sa largeur est de 11 cm. L'arc formé est intercepté par un angle au centre de 45°.

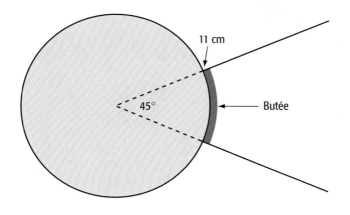

a) Calcule, au centimètre près, le périmètre de la butée.

b) Calcule, au centimètre carré près, l'aire occupée au sol par la butée.

17 Voici un ballon de soccer mis à plat.

Chaque couture qui relie deux polygones réguliers à la surface du ballon mesure 42 mm.

L'apothème des pentagones réguliers mesure 29 mm et celui des hexagones réguliers, 36 mm.

Si une usine fabrique 1000 ballons par jour, quelle quantité minimale de cuir lui faut-il quotidiennement?

18 On prévoit aménager un parc sur un terrain rectangulaire de 130 m sur 90 m. Au centre du parc, il y aura quatre espaces de jeu ayant la forme d'hexagones réguliers isométriques. On couvrira de gazon le reste du terrain.

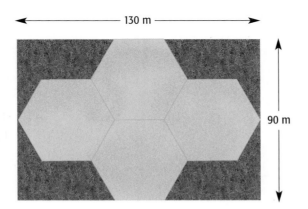

Trouve l'aire de la région gazonnée.

Es-tu maintenant capable de résoudre entièrement la situation-problème Pour plus d'aire, aux pages 174 et 175?

Le calcul d'aire de solides

 Fais équipe avec un ou une camarade. Chaque membre de l'équipe recevra six cartes, qui seront soit numérotées de **1** à **6,** soit identifiées de **A** à **F**.

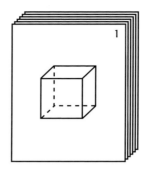

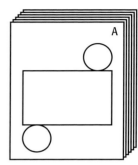

1er temps

Sans les montrer à ton ou ta camarade, regarde les solides représentés sur les cartes que tu as reçues. Es-tu capable de les identifier tous ?

2e temps

À tour de rôle, choisissez une carte de votre paquet et décrivez en mots à votre camarade le solide représenté. Dans votre description, vous ne pouvez ni nommer le solide dont il s'agit ni donner la forme de ses faces. L'autre personne doit reconnaître le solide décrit en l'associant à l'une de ses cartes. Si une association n'est pas possible, mettez de côté la carte en question.

3e temps

Complétez les paquets en dessinant les deux cartes associées à celles mises de côté.

Je vérifie mes connaissances

1. Parmi les développements ci-dessous, lesquels représentent un développement possible d'un prisme ?

A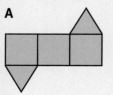
B
C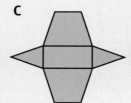
D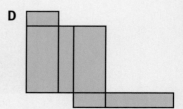

2. Représente à l'aide de dessins les prismes que tu as identifiés au numéro **1.**

❯ Corrigé, p. 256

Activité 2 L'aire totale

Observe ci-dessous les photos de différents solides.

La hauteur de ce prisme est de 7,6 cm. Le triangle équilatéral à la base du prisme a des côtés de 3,7 cm et une hauteur de 3,2 cm.

La hauteur de ce prisme est de 7,6 cm. L'hexagone régulier à la base du prisme a des côtés de 2,2 cm et un apothème de 1,9 cm.

Les dimensions de ce prisme sont de 3,1 cm, 3,8 cm et 4,4 cm.

Les côtés du triangle équilatéral à la base de la pyramide mesurent 3,7 cm et la hauteur des triangles sur les faces latérales mesure 7,2 cm.

Les côtés du carré à la base de la pyramide mesurent 3,7 cm et la hauteur des triangles sur les faces latérales mesure 7,8 cm.

Dans un prisme, une pyramide ou un cylindre, on appelle face latérale une face qui ne joue pas le rôle de base.

a) Trace un développement possible pour chacun des solides en respectant les mesures données. Valide tes développements auprès d'un ou une camarade.

b) Calcule l'aire totale de chacun des solides.

Je vérifie mes connaissances

Calcule l'aire totale du prisme à base pentagonale régulière et de la pyramide à base hexagonale régulière ci-dessous.

a)

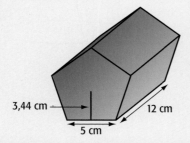

3,44 cm

12 cm

5 cm

b)

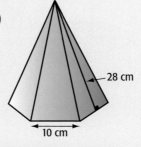

28 cm

10 cm

L'apothème de l'hexagone régulier à la base de la pyramide mesure 8,7 cm.

❯ Corrigé, p. 256

Activité 3 **Vers le cylindre**

 La feuille qu'on te remet est de forme rectangulaire.

1re partie

En enroulant la feuille sans superposition, tu pourrais obtenir la forme
d'un cylindre. Prends les mesures nécessaires sur la feuille rectangulaire,
puis construis deux disques qui pourraient servir de bases au cylindre. Valide
ta construction en plaçant ces disques aux extrémités de la feuille enroulée.

2e partie

Imagine que l'on enroule une feuille rectangulaire
de 10 cm sur 20 cm des deux façons suivantes.

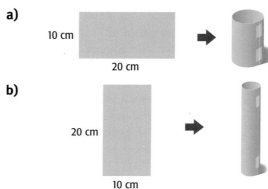

a)

10 cm
20 cm

b)

20 cm
10 cm

Calcule l'aire totale de chacun des cylindres
obtenus, c'est-à-dire en incluant leurs bases.

Je vérifie mes connaissances

Calcule l'aire totale de chacun des cylindres ci-dessous.

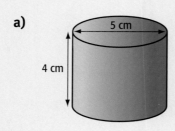

a)

5 cm

4 cm

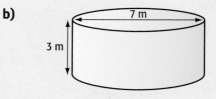

b)

7 m

3 m

❯ Corrigé, p. 256

Mes outils

Le calcul d'aire de solides

La représentation de solides

À l'aide d'un dessin, il est possible de représenter un solide. Pour décrire
un **solide,** on peut faire référence à ses faces, à ses arêtes et à ses sommets.

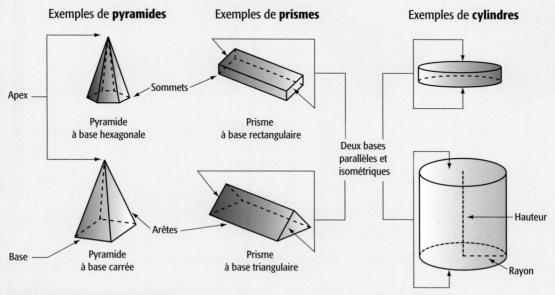

Exemples de **pyramides**   Exemples de **prismes**   Exemples de **cylindres**

Apex — Sommets

Pyramide
à base hexagonale

Prisme
à base rectangulaire

Deux bases
parallèles et
isométriques

Hauteur

Arêtes

Base — Pyramide
à base carrée

Prisme
à base triangulaire

Rayon

Le développement de solides

Faire le **développement** d'un solide consiste à mettre l'enveloppe de ce solide à plat.
Dans le développement d'un solide, toutes les faces sont reliées entre elles, ce qui
permet de reconstruire le solide. Voici un développement possible d'un cube.

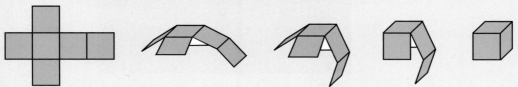

Voici des développements possibles de trois autres types de solides.

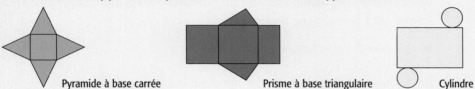

Pyramide à base carrée   Prisme à base triangulaire   Cylindre

Le calcul de l'aire d'un solide

L'**aire totale** d'un solide, c'est la somme des aires de toutes ses faces.
On peut se servir du développement du solide pour établir cette somme.

Exercices d'application

1 Voici quatre solides (les mesures sont exprimées en centimètres).

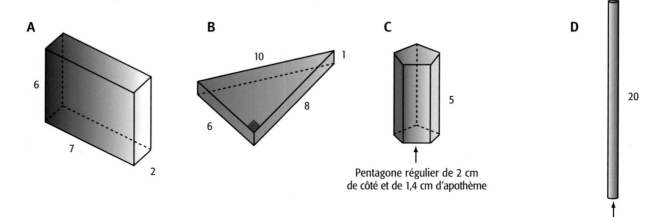

A 6 7 2

B 10 1 8 6

C 5
Pentagone régulier de 2 cm
de côté et de 1,4 cm d'apothème

D 20
Base circulaire de 0,5 cm de diamètre

a) Représente le développement de chaque solide en indiquant les mesures connues sur les figures.

b) Calcule l'aire totale de chacun des solides.

2 Voici une partie du développement d'un prisme à bases rectangulaires, sans les bases :

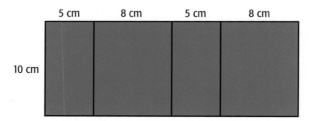

5 cm 8 cm 5 cm 8 cm

10 cm

a) Reproduis ce développement et complète-le en indiquant les mesures des côtés des bases du prisme.

b) Quelle est l'aire totale de ce prisme ?

3 Un aquarium a la forme d'un prisme à bases rectangulaires de 35 cm de longueur, 20 cm de largeur et 25 cm de hauteur. Cinq de ses faces sont vitrées.

a) Représente cet aquarium par un dessin.

b) Quelle est l'aire totale de la partie vitrée de l'aquarium ?

Situations d'application

4 Calcule l'aire totale du prisme
à base triangulaire et du cylindre
ci-contre. Laisse les traces
de tes calculs.

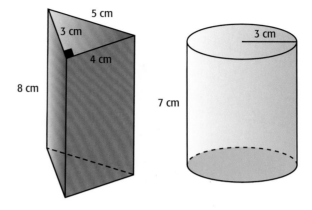

5 Voici des représentations de boîtes servant
à transporter un lave-vaisselle, une cuisinière
et un réfrigérateur.

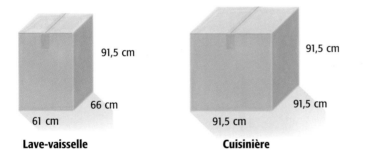

Lave-vaisselle   **Cuisinière**   **Réfrigérateur**

Est-il vrai de dire qu'il faut utiliser presque autant de carton pour fabriquer
la boîte du réfrigérateur que celles du lave-vaisselle et de la cuisinière
réunies ? Justifie ta réponse à l'aide de calculs.

6 Avec un assemblage de cubes, construis

a) un solide ayant une aire totale de 20 unités ;

b) un prisme ayant une aire latérale de 12 unités ;

c) un assemblage de 7 cubes ayant une aire totale de 24 unités.

Dessine à main levée
chacun des solides
construits. Au besoin,
sers-toi du papier
pointillé qui te
sera remis.

7 Voici une représentation des faces latérales d'une boîte de chocolat.

5 cm *Chocolat*

5 cm

5 cm

25 cm

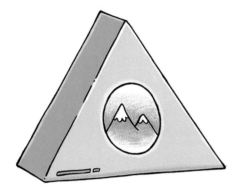

a) Détermine la quantité totale de carton utilisée pour fabriquer une telle boîte, sachant que la hauteur du triangle à la base du prisme mesure 4,3 cm.

b) Représente le développement de la boîte ci-contre. Sur le développement, donne des mesures possibles pour les arêtes de cette boîte.

8 En découpant sur la ligne apparente du carton cylindrique d'un rouleau de papier hygiénique, Kevin a obtenu un parallélogramme.

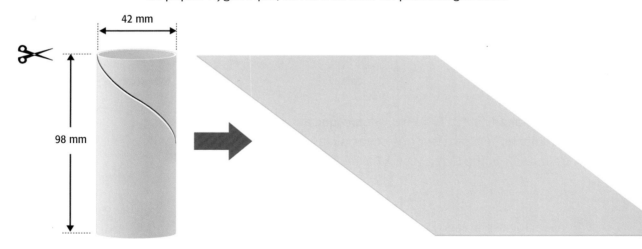

42 mm

98 mm

a) Quelle est la quantité de carton nécessaire à la fabrication d'un rouleau de papier hygiénique?

b) Si Kevin avait découpé le rouleau de manière à obtenir un rectangle plutôt qu'un parallélogramme, quelles auraient été les dimensions de ce rectangle?

9 Une boîte à chapeau ayant la forme d'un prisme a pour base un hexagone régulier. Voici une représentation de cette base et de l'un des rectangles des faces latérales.

a) Quelle quantité minimale de carton a été nécessaire pour construire cette boîte ? Exprime ta réponse en mètres carrés.

b) À l'aide d'un dessin, représente la boîte à chapeau.

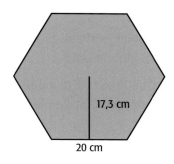

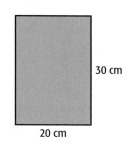

17,3 cm

20 cm

30 cm

20 cm

10 Le *panettone* est un gâteau italien souvent vendu dans une boîte ayant pour faces latérales des trapèzes isocèles isométriques et pour bases, deux carrés.

a) Trace un développement possible de cette boîte.

b) 1) Sur le développement fait en **a)**, représente par des variables les mesures qu'il faudrait prendre pour calculer efficacement l'aire totale de cette boîte.

2) Combien de mesures au minimum sont nécessaires ?

11 Le cube illustré ci-contre a été construit à l'aide de cubes emboîtables. L'assemblage comprend un cube brun, deux orangés, deux jaunes, un blanc, un rouge et un bleu.

Voici maintenant un développement possible de ce cube, où l'on a colorié seulement la partie rouge visible sur la représentation de l'assemblage.

Reproduis ce développement et colorie-le au complet.

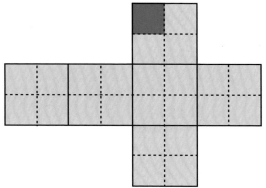

Es-tu une personne qui a besoin de manipuler pour mieux apprendre ?

12 En prenant son petit-déjeuner dans l'avion, Clothilde a observé que son jus d'orange était servi dans un contenant de plastique avec un couvercle en aluminium.

a) Quelle est l'aire du couvercle en aluminium?

b) Quelle est l'aire extérieure du contenant de plastique?

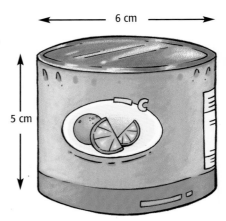

6 cm

5 cm

13 Représente par des dessins à main levée les solides associés aux développements suivants.

a) 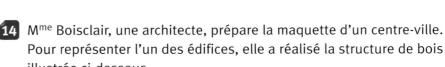 b) c)

14 Mme Boisclair, une architecte, prépare la maquette d'un centre-ville. Pour représenter l'un des édifices, elle a réalisé la structure de bois illustrée ci-dessous.

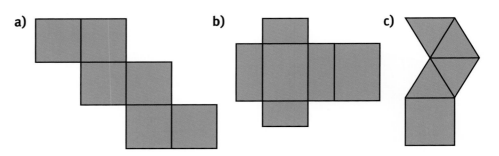

Triangle équilatéral ayant une hauteur de 5,2 cm

Surface carrée

30 cm

6 cm   6 cm

a) Décris dans tes mots le solide ainsi représenté.

b) Calcule l'aire totale du solide représenté.

c) Si l'on séparait la partie supérieure de la partie inférieure de la structure de bois, la somme des aires totales des deux solides ainsi obtenus serait-elle égale à l'aire calculée en **b)**? Explique ta réponse.

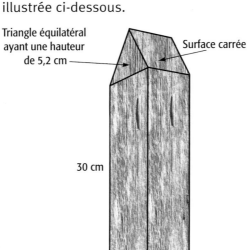

15 Voici deux lampes et la forme développée de leur abat-jour.
(Les mesures données sont en centimètres.)

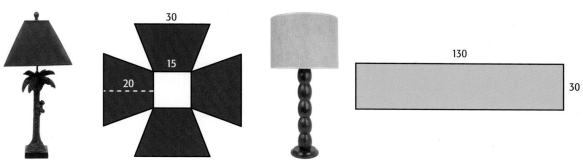

a) Quelle lampe a exigé le moins de tissu pour confectionner l'abat-jour?

b) Chaque abat-jour a deux ouvertures pour laisser passer la lumière,
une au-dessus et l'autre au-dessous. Quelle lampe offre les plus
grandes ouvertures?

16 Détermine la mesure de la surface
extérieure de la malle ci-contre,
dont la partie supérieure a la
forme d'un demi-cylindre.

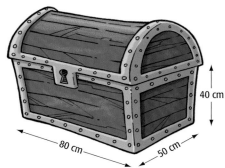

17 Observe les coupes effectuées sur les solides de bois représentés ci-dessous.

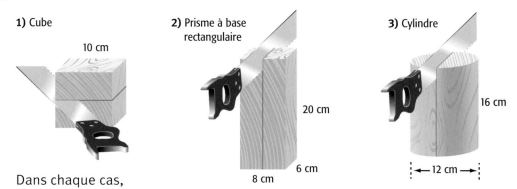

1) Cube

2) Prisme à base
rectangulaire

3) Cylindre

Dans chaque cas,

a) précise la figure plane obtenue en coupant le solide;

b) calcule l'aire de cette figure plane;

c) calcule l'aire totale de chacun des deux solides obtenus
à la suite de la coupe.

Es-tu maintenant
capable de résoudre
entièrement la
situation-problème
Le ferblantier écolo,
aux pages 176 et 177?

Produit de monômes et chaîne d'opérations

Activité 1 **Des tuiles algébriques**

Les variables *a* et *b* représentent les mesures en centimètres des deux premiers segments ci-dessous. Le troisième segment mesure 1 cm.

a) Quelle expression algébrique représente l'aire en centimètres carrés de chacun des rectangles ci-dessous ?

 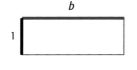 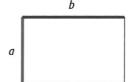 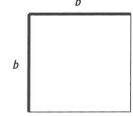

b) Trace un rectangle de 2,5 cm de largeur dont la longueur est équivalente à 4*a*. Quelle expression algébrique représente l'aire de ce rectangle ?

c) Trace des rectangles ayant les dimensions données ci-dessous. Détermine ensuite l'expression algébrique qui représente leur aire. Explique comment tu as procédé.

1) 3*a* et 2*b*. **2)** 4*a* et 2*a*. **3)** *b* et 4*b*.

d) Quelles pourraient être les dimensions d'un rectangle dont l'aire est égale à 12*ab* ?

Je vérifie mes connaissances

Quelle expression algébrique représente l'aire de chacun des rectangles ci-dessous ?

a)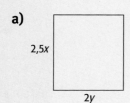
2,5*x* / 2*y*

b) $\frac{2}{3}y$
3*x*

c) $\frac{3}{2}x$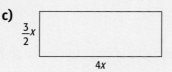
4*x*

d)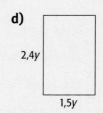
2,4*y* / 1,5*y*

❯ Corrigé, p. 256

Activité 2 La chambre de Laurie

Laurie a entrepris des rénovations. Elle transforme une pièce de sa maison en chambre à coucher. Pour ce faire, elle y construit une garde-robe qui est trois fois plus longue que large et qui occupe la moitié de l'un des murs de la pièce. La longueur de cette pièce est de 5,5 m. Laurie veut également poser une moquette dans la chambre.

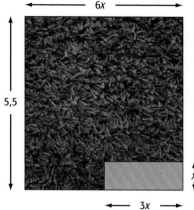

Selon les renseignements donnés ci-dessus, si x représente la largeur de la garde-robe, l'aire de la région à couvrir avec la moquette est égale à $33x - 3x^2$.

a) Montre que cette expression algébrique représente bien l'aire de la région à couvrir.

b) Supposons que la largeur de la garde-robe soit de 0,8 m. Évalue l'expression $33 \times 0,8 - 3 \times 0,8^2$ pour déterminer l'aire de la région à couvrir.

c) À la question **b)**, les trois élèves ci-dessous ont obtenu des réponses différentes. Compare leurs réponses avec la tienne. Une de ces personnes a-t-elle raison ?

Ma calculatrice donne 350,4384.

La mienne donne 24,48.

J'ai fait moi-même le calcul et j'ai obtenu 20,64.

d) Si une mauvaise réponse a été obtenue, explique l'erreur commise.

Je vérifie mes connaissances

Évalue les expressions suivantes en tenant compte de la priorité des opérations.

a) $2 \times 3^2 + 4 \times 2$

b) $4 \times (4 - 1)^2$

c) $3 + 5 \times 2^2 - 1$

d) $8 \div (4 \div 2)^2$

e) $3^2 - 2^3$

❯ Corrigé, p. 256

Mes outils

Produit de monômes et chaîne d'opérations

Un monôme est une expression algébrique qui ne contient qu'un seul terme. Le degré d'un monôme est le nombre de facteurs qui le composent et qui sont des variables.

Exemples : $2a$, $4xy$, ab^2 et 5 sont des monômes. Leur degré est respectivement 1, 2, 3 et 0.

Produit de monômes

Pour multiplier deux monômes, il suffit d'appliquer les propriétés d'associativité et de commutativité de la multiplication. Au besoin, on utilise des exposants pour simplifier l'écriture du produit.

Exemples : $(2a)(3b) = 2 \cdot a \cdot 3 \cdot b = 2 \cdot 3 \cdot a \cdot b = 6ab$

$(6x)(4x) = 6 \cdot x \cdot 4 \cdot x = 6 \cdot 4 \cdot x \cdot x = 24x^2$

Priorité des opérations

Pour évaluer une expression contenant des exposants, il faut tenir compte des priorités des opérations.

1) Effectue les calculs entre parenthèses.

2) Détermine la valeur des nombres affectés d'un exposant.

3) Effectue les multiplications et les divisions dans l'ordre, de gauche à droite.

4) Effectue les additions et les soustractions dans l'ordre, de gauche à droite.

La propriété d'associativité de la multiplication permet d'associer les facteurs d'une multiplication de différentes façons sans changer le produit.

Exemple :
$(3 \times 4) \times 5 = 3 \times (4 \times 5)$

La propriété de commutativité permet de changer l'ordre des facteurs sans modifier le produit.

Exemple :
$3 \times 4 = 4 \times 3$

Exercices d'application

1 Calcule les chaines d'opérations suivantes.

a) $98 \div 14 + 7 \times 29$

b) $72 - (8 + 12) \div 2$

c) $5 \times (10 \div 2)^4$

d) $10 + 3 \times 2^3 - 1$

e) $5 \times 6^2 + (5 \times 6)^2 - 72 \div 3^2$

f) $5 \times (4 + 3)^2 - 3 \times (5 + 4)^2$

g) $(3 \times 2)^3 - (3 + 2)^3$

h) $[8 \times (9 - 5) - 20]^2 - (3 \times 4 - 2)^2$

2 Calcule la valeur de l'expression $(x - y)$ sachant que :

a) $4^3 = x$ et $4 \times 3 = y$ **c)** $54 - 6 \times 3^2 = x$ et $(54 - 6) \times 3^2 = y$

b) $2^5 + 5^2 = x$ et $8^2 = y$ **d)** $(90 \div 15) \div 3 = x$ et $90 \div (15 \div 3) = y$

3 **a)** Quelle expression algébrique représente l'aire des rectangles dont les mesures sont

1) $8x$ et $5y$? **2)** $3x$ et $6x$? **3)** $4y$ et $6y$?

b) Lequel des rectangles précédents a la plus grande aire si $x = 5$ et $y = 2$.

4 Voici différentes paires de monômes.

1) $2x$ et y **2)** $5a^2$ et 3 **3)** $3a$ et $2a$ **4)** $4x^2$ et $\dfrac{x}{2}$

Pour chacune des paires :

a) détermine le degré de chaque monôme ;

b) multiplie les deux monômes entre eux ;

c) détermine le degré du produit.

5 **a)** Quelle expression algébrique représente l'aire des figures suivantes ?

1)

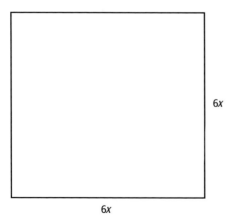

6x

6x

3)

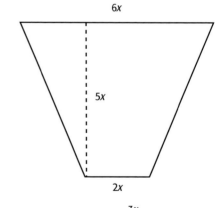

6x

5x

2x

2)

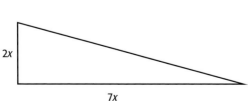

2x

7x

4)

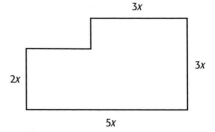

3x

2x

3x

5x

b) Détermine l'aire de chacune de ces figures si x est égal à 5.

Situations d'application

6 Le jardin de Sébastien est formé de deux sections carrées. Si x représente la mesure en mètres du côté du petit carré, $2x + 1$ représente la mesure du côté du plus grand.

Comme le montre le découpage ci-contre, l'aire de son jardin peut être représentée par l'expression
$$5x^2 + 4x + 1$$

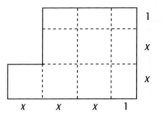

Évalue cette expression si x vaut

a) 2 ; **b)** 2,5 ; **c)** 3,2.

7 L'aire d'un disque de rayon r peut s'exprimer à l'aide de l'expression algébrique πr^2.

a) Quelle expression algébrique réduite représente l'aire d'un disque dont le rayon est

1) $2x$? **2)** $3x$? **3)** $5x$?

b) Quelle expression algébrique réduite représente l'aire d'un disque dont le diamètre est d ?

8 Si l'on inscrit un hexagone régulier dans un cercle de rayon r, les côtés de cet hexagone auront également une mesure de r et l'apothème sera approximativement égale à $\frac{13}{15}r$. Dans le cas d'un octogone régulier inscrit dans ce cercle, la mesure des côtés et l'apothème mesureront approximativement $\frac{19}{25}r$ et $\frac{23}{25}r$ respectivement.

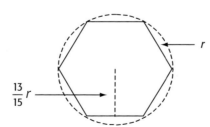

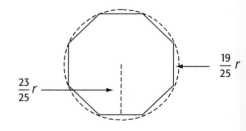

a) Quelle expression algébrique représente l'aire de ces deux polygones réguliers ?

b) Évalue ces deux expressions si $r = 10$.

c) À quel pourcentage de l'aire du disque correspond l'aire de chacun de ces polygones ?

9 Observe les différentes figures ci-dessous.

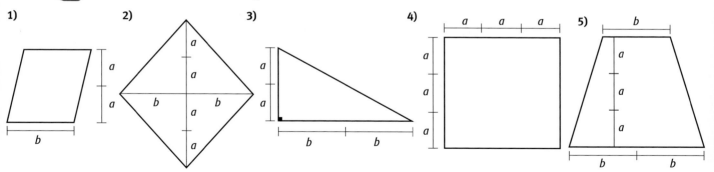

1) 2) 3) 4) 5)

a) À l'aide d'une expression algébrique, représente l'aire de chacune de ces figures.

b) Pour chacune de ces figures, trace un rectangle ayant la même aire.

10 Voici une vue de haut du terrain de la famille Gagnon. Les régions brunes représentent l'allée et les bâtiments ; et les régions vertes, le gazon.

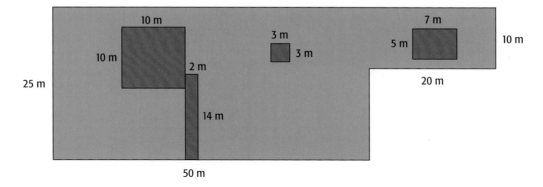

a) Exprime l'aire de la surface gazonnée à l'aide d'une chaîne d'opérations contenant autant que possible des exposants et des parenthèses.

b) Calcule l'aire de la région gazonnée.

11 Les dimensions d'un prisme sont inconnues. On sait toutefois que ce prisme a une base rectangulaire et que sa hauteur est deux fois plus grande que l'une des arêtes de sa base.

a) Quelle expression algébrique permet de représenter l'aire totale de ce prisme ?

b) Trouve l'aire totale de ce prisme lorsque
  1) $x = 5$ et $y = 3$;
  2) $x = 3,5$ et $y = 2,8$.

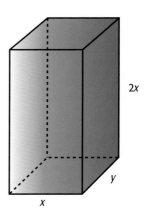

12 Souvent, lorsqu'on parle d'un cylindre, on mentionne son rayon et sa hauteur.

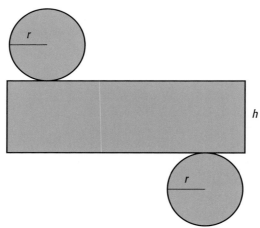

a) Quelle expression algébrique permet de représenter l'aire totale d'un cylindre ?

b) Si $r = 2$ et $h = 3$, quelle est l'aire totale du cylindre ?

13 À l'aide de trois longueurs, on a construit des tuiles rectangulaires pour représenter différentes expressions algébriques.

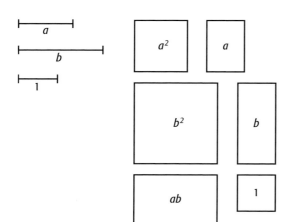

a) Utilise les tuiles qui te sont remises pour construire un rectangle dont les dimensions sont $5a$ et $(a + 2b)$. Quelle expression algébrique représente l'aire de ce rectangle ?

b) Construis maintenant un rectangle dont les dimensions sont $(2a + 1)$ et $(3b + 2)$. Quelle expression algébrique représente l'aire de ce rectangle ?

14 **a)** Effectue les opérations suivantes sur les monômes donnés.

    1) $(5x)(4y)$ **2)** $(5x)^2$ **3)** $(4y)^2$ **4)** $(5x)(4y)^2$

  b) Évalue chacune des expressions algébriques obtenues si $x = 2$ et $y = 3$.

15 Pour célébrer les 150 ans d'une ville,
on présente un grand feu d'artifice.
Malheureusement, l'une des fusées
utilisées est mouillée. Elle quitte le sol,
atteint son altitude maximale et redescend
sans éclater. Son altitude (en mètres) peut
se déterminer à l'aide de l'expression
algébrique suivante.

$$30x - 5x^2$$

  a) Sachant que x représente le temps écoulé
(en secondes) après que la fusée a quitté le sol,
détermine à quelle altitude elle se trouve après

    1) 1 seconde;   **2)** 6 secondes.

  b) Dresse une table de valeurs qui donne l'altitude de la fusée, à chaque
seconde, de son départ à son écrasement au sol.

  c) Peut-on dire que la vitesse de la fusée a été la même pendant toute
la durée de vol? Explique ta réponse à l'aide de la table de valeurs
construite en **b)**.

16 Avec un assemblage de cubes, Léon a construit les prismes à base
rectangulaire ci-dessous.

  a) À l'aide de la multiplication, écris une
expression permettant de calculer le
nombre de cubes nécessaires à chacune
des constructions.

  b) Sachant que n représente la hauteur
d'un prisme en nombre de cubes,
et que ses deux autres dimensions sont
respectivement deux fois et trois fois
plus grandes que sa hauteur, quelle
expression algébrique représente
le nombre de cubes nécessaires
à sa construction?

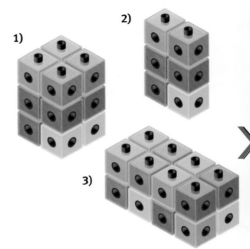

Es-tu maintenant
capable de résoudre
entièrement la
situation-problème
Au marché, aux
pages 178 et 179?

EURÊKA !

Rencontre avec Brahmagupta

En Inde, au 7e siècle, le mathématicien et astronome Brahmagupta observe le ciel.

Ah ! l'univers !... C'est une façon d'honorer le dieu Brahma que de chercher à le comprendre.

Peut-on vraiment tout comprendre ? Cela m'apparaît impossible.

Je pense le contraire. Même les éclipses, qui semblent n'obéir à aucune règle, devraient pouvoir s'expliquer.

De retour chez lui

Les mathématiques peuvent-elles m'aider à comprendre les éclipses ?

Quelques mois plus tard

C'est bien ce soir ?

Oui, selon mes calculs, l'éclipse aura lieu bientôt.

Et au milieu de la nuit...

Regarde !

En se servant de modèles mathématiques et de méthodes de calcul qu'il a lui-même inventés, Brahmagupta a réussi à mieux comprendre les éclipses et même à prévoir leur apparition.

Et toi, peux-tu expliquer le phénomène des éclipses ? Pour ce faire, les mathématiques te sont-elles utiles ?

Les mathématiques et moi

Des modèles pour mieux comprendre

Pour décrire le monde qui nous entoure, les modèles mathématiques peuvent s'avérer d'une grande utilité, particulièrement les modèles géométriques. Observe les exemples ci-dessous.

 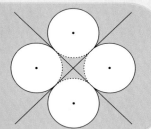

 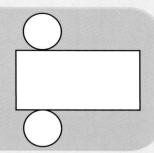

 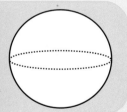

 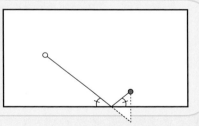

a) Décris dans tes mots chacun des modèles.

b) Selon toi, les modèles utilisés correspondent-ils parfaitement à la réalité qu'ils décrivent ? Explique ta réponse.

c) Trouve d'autres exemples d'objets ou de phénomènes de ta vie quotidienne qui peuvent être modélisés à l'aide de figures ou de propriétés géométriques.

Partage tes modèles avec tes camarades.

Lorsque tu essaieras de résoudre les situations-problèmes des pages suivantes qui comportent des éléments géométriques, n'hésite pas à tracer des figures et à faire différentes représentations pour mieux comprendre les situations présentées.

Banque de situations-problèmes

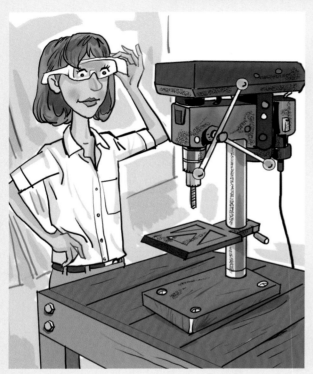

1. Le cube troué

Caroline place une mèche de 2 cm de diamètre sur l'une des faces d'un cube de 10 cm d'arête. Elle transperce le cube en maintenant la mèche perpendiculaire à la face percée. Puis elle immerge l'objet obtenu dans de la peinture.

a) Quelle est la mesure de la surface peinte ?

b) La mesure de la surface peinte serait-elle la même si Caroline avait fait deux trous avec une mèche de 1 cm de diamètre ?

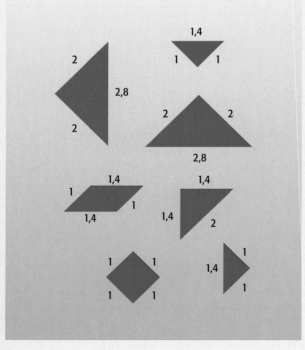

2. Le casse-tête chinois

Le tangram est un casse-tête chinois formé de sept pièces.

En juxtaposant les sept pièces, il est possible de former plusieurs figures (triangles, quadri-latères, etc.).

Parmi toutes les figures possibles, laquelle a le plus petit périmètre ?

3. Le sapin de Rose

Rose est accessoiriste pour la pièce de théâtre montée par son école. Pour représenter un sapin au fond de la scène, elle conçoit un cône de carton en découpant un secteur circulaire de 1 m de rayon, comme illustré ci-contre.

Quelle est la mesure de la surface au sol occupée par le cône ?

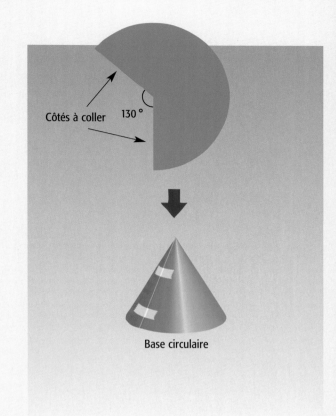

Côtés à coller   130°

Base circulaire

4. Un découpage spécial

Pour le problème ci-dessous, utilise un carton de forme rectangulaire de 6 cm sur 9 cm.

a) Sans passer par le milieu des côtés ni suivre les diagonales, coupe ce carton en quatre morceaux de même aire, en découpant en ligne droite deux fois seulement.

b) Les quatre morceaux ont-ils le même périmètre ? Justifie ta réponse.

Je fais le point

 Ta réalisation personnelle

> Comment évalues-tu les prototypes que ton ou ta camarade et toi avez réalisés ? Pourraient-ils répondre aux attentes des clients et clientes tout en limitant le gaspillage de papier ou de carton ?

> Considères-tu que les calculs accompagnant vos prototypes sont clairs et facilitent la compréhension de ta solution ?

 Eurêka !

> Parmi les situations-problèmes proposées, pour laquelle as-tu eu recours à une représentation à l'aide d'un dessin ?

> L'utilisation d'une représentation de la situation a-t-elle facilité la compréhension et la résolution du problème ?

Tes connaissances mathématiques

Des panneaux de signalisation

Choisis trois panneaux de signalisation de formes différentes. Représente chaque panneau par une figure géométrique, puis détermine l'aire et le périmètre des trois figures.

Des solides sous ton toit

À la maison, trouve deux objets, l'un ayant la forme d'un prisme et l'autre, celle d'un cylindre ; si tu le peux, trouve également un objet ayant la forme d'une pyramide. Quelle quantité de papier serait nécessaire pour recouvrir chacun de ces objets ? Prends les mesures nécessaires.

Affiche tes connaissances

Jusqu'à maintenant, en algèbre, tu as appris à effectuer des opérations avec des expressions algébriques (addition, soustraction, multiplication et division par une constante, et multiplication de monômes). Pour chacune de ces opérations, prépare une fiche décrivant le processus et donne un exemple.

Les jeux télévisés

DOSSIER

orsqu'on observe des jeux télévisés (anciens ou récents), on constate à quel point ils sont un reflet de l'époque et de la société dans laquelle ils ont été conçus. As-tu déjà regardé un ou des jeux télévisés? Qu'est-ce qui t'intéresse (ou ne t'intéresse pas) dans un jeu télévisé? Selon toi, qu'est-ce qui est commun à l'ensemble des jeux télévisés? Qu'est-ce qui les distingue? Le présent dossier pourrait t'apprendre certaines choses sur les jeux télévisés et les générations qui les ont regardés.

UN jeu de Lettres

En France, un jeu télévisé très populaire dont les origines remontent au milieu des années 1960 est encore télédiffusé aujourd'hui. Il oppose deux personnes à qui l'on soumet des épreuves impliquant soit des lettres, soit des chiffres.

Le mot le plus long

Dans l'épreuve du plus long mot, chaque concurrent ou concurrente demande, à tour de rôle, une lettre, voyelle ou consonne, choisie au hasard. Lorsque neuf lettres ont été tirées (incluant au minimum deux voyelles), les deux personnes disposent d'un temps limité pour composer un mot utilisant le maximum de lettres. Celle qui forme le mot le plus long remporte l'épreuve.

a) Avec neuf lettres, combien d'agencements différents est-il possible de faire (formant un mot ou non)?

Imagine une variante de cette épreuve où l'on n'utiliserait que les quatre lettres ci-contre.

b) Quel pourcentage de tous les agencements possibles de ces quatre lettres correspond à des mots ayant un sens?

et de chiffres

Le compte est bon

Le jeu comprend également des épreuves d'arithmétique, où il s'agit d'atteindre un nombre prédéterminé – l'objectif – en effectuant des opérations de base (addition, soustraction, multiplication, division). Avec six nombres choisis au hasard, les concurrents ou concurrentes doivent, dans un temps limité, donner une suite d'opérations permettant de s'approcher le plus près possible de l'objectif. Aucune répétition de nombre n'est permise.

Voici deux exemples.

Exemple 1

13	15	4
8	20	7

Objectif
381

Exemple 2

9	25	11
17	14	6

Objectif
673

c) Pour le premier exemple, la suite d'opérations ci-contre a été élaborée. Trouve une autre suite d'opérations dont le résultat se rapprocherait davantage de l'objectif.

20	$+$	15	$=$	35
13	$\times$	35	$=$	455
8	$\times$	7	$=$	56
455	$-$	56	$=$	399
399	$-$	4	$=$	395

d) En classe, réalisez l'épreuve correspondant à l'exemple 2.

e) Voici une chaîne d'opérations traduisant la suite d'opérations présentée en **c)** : $(20 + 15) \times 13 - 8 \times 7 - 4$. Représente chacune des suites d'opérations que tu as trouvées en **c)** et en **d)** par une chaîne d'opérations.

Réalisation personnelle

Dans le présent dossier, tu découvriras des jeux télévisés qui ont marqué des générations. Pour accomplir certaines épreuves, il faut avoir recours à des connaissances mathématiques. À la fin du dossier, tu devras concevoir une épreuve qui pourrait être utilisée dans un jeu télévisé. Celle-ci devra faire appel aux connaissances mathématiques des participants et participantes tout en stimulant leur intérêt. Inspire-toi des exemples présentés dans ce dossier et laisse aller ton imagination.

SITUATION-PROBLÈME 1 —— **Zoom sur l'arithmétique et l'algèbre**
La multiplication et la division avec des nombres négatifs,
p. 226 à 233

*Un jeu télévisé américain
permet* à trois concurrents ou
concurrentes de confronter
leurs connaissances générales
sur différents thèmes. Créé à
la fin des années 1950, il
demeure très populaire
aujourd'hui. Son originalité
réside dans le fait qu'une
réponse est donnée et qu'il
faut trouver la question qui
y correspond !

Une question

Imaginons une version mathématique de ce jeu.

Comme le montre le tableau au bas de la page, une catégorie
est donnée ainsi que la réponse à la question qui devra être formulée.

Observe l'illustration au bas de la page. Jordan a formulé
une question pour la première réponse affichée.

a) Trouve une question pour chacune des quatre
autres réponses affichées.

b) Avec les mêmes nombres et les mêmes opérations, il serait possible
d'obtenir d'autres réponses que les cinq affichées ci-dessous.
Combien d'autres réponses peut-on trouver et quelles sont-elles ?

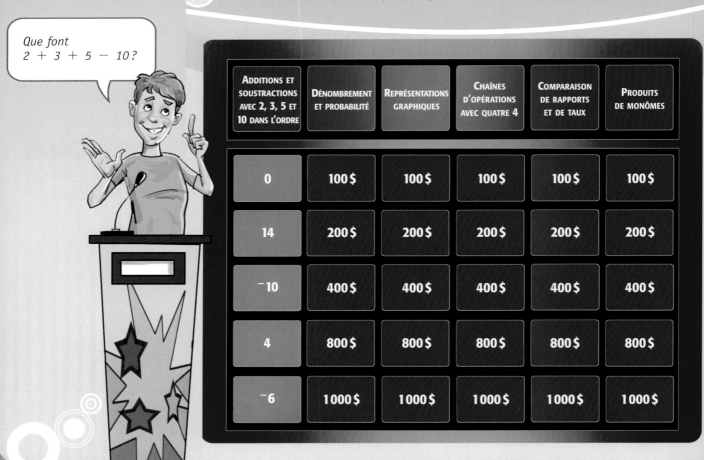

Que font
$2 + 3 + 5 - 10$?

ADDITIONS ET SOUSTRACTIONS AVEC 2, 3, 5 ET 10 DANS L'ORDRE	DÉNOMBREMENT ET PROBABILITÉ	REPRÉSENTATIONS GRAPHIQUES	CHAÎNES D'OPÉRATIONS AVEC QUATRE 4	COMPARAISON DE RAPPORTS ET DE TAUX	PRODUITS DE MONÔMES
0	100 $	100 $	100 $	100 $	100 $
14	200 $	200 $	200 $	200 $	200 $
⁻10	400 $	400 $	400 $	400 $	400 $
4	800 $	800 $	800 $	800 $	800 $
⁻6	1000 $	1000 $	1000 $	1000 $	1000 $

pour chaque réponse

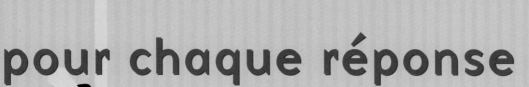

Voici une autre épreuve à ce jeu. Encore une fois, Jordan a formulé une question pour la première réponse affichée.

c Sa question est-elle correcte?

d Trouve une question pour chacune des quatre autres réponses affichées.

e Si la catégorie était plutôt « Chaîne d'opérations avec quatre ⁻4 », quelle serait la question pour chacune des réponses affichées?

Que font
$4 + 4 \times (4 - 4)$?

Catégorie

CHAÎNES
D'OPÉRATIONS
AVEC QUATRE 4

4

6

⁻1

⁻2

⁻3

DÉFI

En utilisant seulement quatre 4, est-ce possible de trouver une question pour toutes les réponses possibles de 0 à 10?

Zoom sur la probabilité et la statistique — **SITUATION-PROBLÈME 2**
La probabilité d'un événement et le dénombrement, p. 234 à 245

LA SURPRISE

Au Québec, une loterie est associée à une émission de télévision.

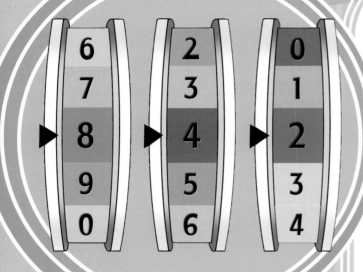

Les trois roues

À ce jeu télévisé, deux personnes s'affrontent. D'abord, chacune fait tourner trois roues identiques affichant les chiffres de 0 à 9.

a) Selon toi, parmi les combinaisons 123, 424, 777, 000 et 856, laquelle ou lesquelles est-il plus probable d'obtenir ? Explique ta réponse.

b) Un concurrent ou une concurrente ayant obtenu une combinaison comprenant deux ou trois chiffres identiques gagne un prix. Quelle est la probabilité d'obtenir une combinaison comprenant

1) trois chiffres différents ?

2) trois chiffres identiques ?

3) seulement deux chiffres identiques ?

Les billets de cette loterie permettent de sélectionner des gens qui participeront au jeu télévisé. La personne qui gagne l'épreuve finale de ce jeu doit faire un choix entre une somme d'argent ou une surprise se trouvant dans un œuf.

EST DANS L'ŒUF

La chasse aux œufs

Dans la deuxième épreuve, une série de 10 petites portes est associée à chacune des personnes. Trois de ces portes cachent un œuf et les autres, des sommes d'argent. Les numéros obtenus en faisant tourner les roues permettent d'ouvrir les portes correspondantes.

c) M. Desroches a obtenu la combinaison 372. Quelle est la probabilité que derrière chacune de ces portes il y ait un œuf?

d) M\ :sup:`me` Gingras, ayant obtenu la combinaison 447, ouvre les portes 4 et 7. Quelle est la probabilité que derrière chacune de ces portes il y ait un œuf?

e) M. Lessard a obtenu la combinaison 000. Quelle est la probabilité que la porte 0 cache un œuf?

RÉFLÉCHISSONS UN PEU...

Sur le site Internet de Loto-Québec, on trouve des tableaux statistiques sur les résultats de tirages passés. Selon toi, à quoi peuvent bien servir ces tableaux?

Crois-tu qu'un numéro faisant partie des combinaisons gagnantes de récents tirages a plus de « chances » ou moins de « chances » de figurer dans la prochaine combinaison gagnante?

Que penses-tu du fait que certains jeux de hasard créent une dépendance chez certaines personnes?

Savais-tu qu'au Québec il faut être âgé de 18 ans ou plus pour se procurer un billet de loterie? Qu'en penses-tu?

Parmi tous les jeux télévisés, un jeu américain est reconnu pour son faste et ses concurrents et concurrentes plus qu'enthousiastes. C'est le jeu télévisé qui a occupé les ondes pendant le plus grand nombre d'années. En 1998, on présentait la 5000ᵉ émission. Essentiellement, les personnes participant à ce jeu doivent trouver le prix de différents produits en réalisant des épreuves assez originales…

TROUVER LE PRIX

Le jeu des trois prises

Ce jeu consiste à deviner la position des chiffres formant le prix d'une automobile. Dans un sac contenant six jetons, cinq d'entre eux affichent un des chiffres composant le prix de l'automobile à gagner; sur le sixième figure un X. Le concurrent ou la concurrente tire un jeton au hasard.

- S'il s'agit d'un chiffre, la personne doit trouver la position de ce chiffre dans le prix de la voiture. Si elle y parvient, le jeton est retiré du sac. Sinon, il y est remis.

- S'il s'agit du jeton X, on en prend note, puis il est remis dans le sac.

Pour gagner l'automobile, la personne qui joue doit parvenir à trouver la position des cinq chiffres du prix avant d'avoir tiré à trois reprises le jeton X.

a Imagine que, chaque fois qu'une personne tire un chiffre, elle le situe correctement dans le prix de l'automobile. Quelle est la probabilité pour cette personne de gagner la voiture en ne tirant aucun jeton X ?

EXACT

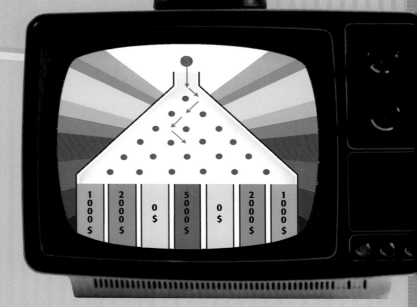

Le labyrinthe

Au début du jeu du labyrinthe, le concurrent ou la concurrente reçoit un disque, et il lui est possible d'en obtenir d'autres en réussissant de petites épreuves. Par la suite, cette personne laisse tomber un disque dans le labyrinthe, représenté ci-contre. Le disque s'y déplace alors au hasard jusqu'à ce qu'il aboutisse sur une des sommes indiquées en bas. À la fin du jeu, la personne gagne les sommes sur lesquelles ses disques se sont arrêtés.

b) Quelle est la probabilité que quelqu'un gagne 5000 $ avec un disque ?

c) Quelle est la probabilité qu'une personne ne gagne rien avec un disque ?

d) Que penses-tu de la répartition des sommes d'argent parmi les sept cases possibles ? Explique ta réponse à l'aide d'arguments mathématiques.

Après avoir exploré les différents jeux télévisés présentés dans ce dossier, tu devrais maintenant être en mesure de concevoir ta propre épreuve. Imagine que les responsables d'un jeu télévisé lancent un concours parmi le public afin d'ajouter une nouvelle épreuve au jeu.

À toi de jouer

RÈGLEMENTS

Pour créer l'épreuve qui sera soumise aux personnes participant à ce jeu télévisé, il faut respecter les consignes suivantes.

- On doit laisser le hasard intervenir dans l'épreuve.

- L'épreuve doit faire appel à des connaissances mathématiques (elle peut également faire appel à d'autres connaissances).

- L'épreuve doit être courte à réaliser.

- Les règles de l'épreuve doivent être simples à comprendre.

- Si l'épreuve exige du matériel, il faut le concevoir.

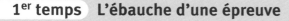

1er temps L'ébauche d'une épreuve

Avec un ou une camarade, élabore une première ébauche d'épreuve en tenant compte des consignes de la page précédente.

2e temps Le choix de l'épreuve

Joignez-vous aux membres d'une autre dyade et présentez-leur votre épreuve. Vérifiez le niveau de difficulté des deux épreuves, leur intérêt, les connaissances mathématiques auxquelles elles font appel, etc. Puis choisissez-en une et apportez-y des améliorations. Enfin, donnez-lui un titre.

De quelle façon le hasard intervient-il dans votre épreuve ? Décrivez un événement qui pourrait se réaliser dans votre épreuve et déterminez sa probabilité.

3e temps La présentation

Chaque quatuor présente à la classe l'épreuve qu'il a conçue, en faisant participer des élèves. Par la suite, il faut présenter l'événement que vous avez décrit au 2e temps et les élèves de la classe doivent déterminer la probabilité que cet événement se réalise. À la fin, les élèves jouant le rôle du public devront se prononcer quant à leur épreuve favorite.

Avant de te prononcer sur ton épreuve préférée, détermine des critères sur ce que doit comporter, selon toi, une épreuve de jeu télévisé pour être intéressante. Analyse ensuite les différentes épreuves présentées à la lumière de ces critères.

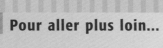

Pour aller plus loin...

Pourquoi ne pas monter un spectacle simulant un jeu télévisé, en améliorant au besoin les différentes épreuves conçues en classe ? Ce spectacle pourrait être présenté dans le cadre d'une campagne de financement ou à l'occasion d'un carnaval, d'une journée « portes ouvertes », d'une rencontre avec les parents, etc.

La multiplication et la division avec des nombres négatifs

Activité 1 Le jeu de société

Avec trois autres personnes, Grégoire joue à un jeu de société. À ses trois derniers tours, Grégoire a obtenu une carte Surprise, une carte Malchance et une carte Partage (dans cet ordre).

Surprise

Multipliez votre avoir par le produit des deux nombres obtenus en lançant les dés.

Malchance

Une dépense imprévue vous fait perdre 14 $ par jour pendant un an. Ajouter cette dépense à votre avoir.

Partage

Partagez également votre avoir avec tous les autres joueurs et joueuses.

Après avoir lu la carte Surprise, Grégoire a lancé les dés et a obtenu le résultat illustré ci-contre.

a) À l'aide d'une chaîne d'opérations, exprime comment calculer l'avoir de Grégoire à la suite de ses trois derniers tours, sachant qu'avant il avait

  1) un gain de 295 $;   **2)** une dette de 135 $.

b) Échange tes chaînes d'opérations avec celles d'un ou d'une camarade. En utilisant les chaînes que tu as reçues, trouve l'avoir de Grégoire dans les deux cas.

c) Fais équipe avec ton ou ta camarade pour valider vos réponses, puis accomplir les tâches ci-dessous.

  1) Décrivez une situation où il est avantageux de multiplier un avoir par un nombre naturel, puis une situation où ce n'est pas avantageux.
  2) Décrivez une situation où il est avantageux de diviser un avoir par un nombre naturel, puis une situation où ce n'est pas avantageux.

Je vérifie mes connaissances

Dans chacune de chaînes d'opérations ci-dessous, remplace le carré par un nombre de manière à ce que la réponse obtenue soit

a) positive ;   **b)** négative ;   **c)** nulle.

1) $75 + 38 \times {}^-15 + 45 \times \blacksquare$ **2)** $768 \div \blacksquare + {}^-24 \times 18 + 304$

❯ Corrigé, p. 256

Activité 2 Écoutons les spécialistes...

Lorsque l'on multiplie deux nombres négatifs, la réponse est-elle positive ou négative ? Cette question a longtemps hanté le monde des mathématiques. Voici la vision de trois personnes sur cette question.

Voici un raisonnement qui me convainc : $3 + {}^-3 = 0$

$$^-2 \times (3 + {}^-3) = {}^-2 \times 0$$

$$({}^-2 \times 3) + ({}^-2 \times {}^-3) = 0$$

Sachant que $^-2 \times 3 = {}^-6$, il faut que $^-2 \times {}^-3 = 6$ pour obtenir une somme égale à zéro.

Il m'apparaît évident que le produit de $^-4$ et $^-2$ est 8, mais de quel signe ($+$ ou $-$) ? Il faut que ce soit $^+8$, car le résultat ne peut être le même que dans l'opération $^-4 \times 2$, qui équivaut à $^-8$. Ainsi $^-4 \times {}^-2 = 8$.

En observant la régularité suivante :

$$^-5 \times 3 = {}^-15$$
$$^-5 \times 2 = {}^-10 \quad {}^+5$$
$$^-5 \times 1 = {}^-5 \quad {}^+5$$
$$^-5 \times 0 = 0 \quad {}^+5$$
$$^-5 \times {-1} = ? \quad {}^+5$$

je dois conclure que le produit de $^-5$ et $^-1$ ne peut être que $^+5$.

Colin Maclaurin
1698-1746

Leonhard Euler
1707-1783

Émilie
1994-

a) Forme une équipe avec deux autres élèves. Chaque membre de l'équipe doit s'associer à une ou un spécialiste différent. Essayez de comprendre le raisonnement de la personne choisie.

b) À tour de rôle, présentez ensuite le raisonnement analysé aux autres membres de l'équipe. Assurez-vous que chaque personne comprenne les trois raisonnements.

c) De quel signe est le produit
  1) de deux nombres positifs ?
  2) d'un nombre négatif et d'un nombre positif ?
  3) de deux nombres négatifs ?

d) En procédant par opération inverse, déduis la règle des signes dans le cas de divisions impliquant des nombres positifs et négatifs. Comme en **c)**, énonce tous les cas.

Je vérifie mes connaissances

1. Effectue les chaînes d'opérations ci-dessous.

  a) $12 + {}^-68 + {}^-45 \times (18 - 43) + 56 \div {}^-5$

  b) $^-378 \div {}^-9 + 79 - 47 + (8 - 21) \times {}^-10$

2. Compose une chaîne d'opérations comprenant au moins une multiplication de nombres négatifs et une division de nombres négatifs. Demande à un ou une camarade de calculer ta chaîne, puis valide sa réponse.

❯ Corrigé, p. 256

Mes outils

La multiplication et la division avec des nombres négatifs

Lorsque l'on multiplie ou divise deux nombres de même signe, le résultat sera positif.

Lorsque l'on multiplie ou divise deux nombres de signes opposés, le résultat sera négatif.

Dans certaines situations, on peut effectuer des multiplications ou des divisions impliquant des nombres négatifs en tenant compte du sens de ces nombres.

Exemples :

$2,5 \times {}^-15,5 = {}^-38,75$ ← Deux fois et demie une profondeur de 15,5 m équivaut à une profondeur de 38,75 m.

${}^-278 \div 5 = {}^-55,60$ ← Une dette de 278 $ partagée également entre cinq personnes équivaut à une dette de 55,60 $ pour chacune.

Exercices d'application

1 Effectue les opérations suivantes.

a) ${}^-24 \times {}^-5$ f) ${}^-40 \div {}^-20$ k) ${}^-1 \times 55 \times {}^-2$

b) ${}^-8 \times 7$ g) $56 \div {}^-4$ l) $45 \div {}^-2 \div 2$

c) $4 \times {}^-3$ h) ${}^-15 \div 5$ m) ${}^-55 \times {}^-97 \div {}^-11$

d) ${}^-18 \times {}^-0,5$ i) $65 \div {}^-2$ n) ${}^-20 \div {}^-4 \times {}^-7$

e) ${}^-9 \times 9$ j) $100 \div {}^-25$ o) ${}^-50 \div 5 \times {}^-3$

2 Effectue les opérations ci-dessous.

a) $21 + {}^-7$ e) ${}^-12 + {}^-3$ i) ${}^-16 + 8$

b) $21 - {}^-7$ f) ${}^-12 - {}^-3$ j) ${}^-16 - 8$

c) $21 \times {}^-7$ g) ${}^-12 \times {}^-3$ k) ${}^-16 \times 8$

d) $21 \div {}^-7$ h) ${}^-12 \div {}^-3$ l) ${}^-16 \div 8$

3 Calcule la valeur de ces expressions.

a) $324 \div (^-9)^2 + {}^-25$ **c)** $^-28 \times 2 \div 2^3 - (7 + 6 \div {}^-3)$

b) $^-7 \times 12 \div (^-6 + {}^-8)$ **d)** $(^-110) \div {}^-5 + (^-3)^2$

4 Dans les équations suivantes, détermine la valeur des nombres entiers manquants.

a) $^-9 \times \blacksquare = {}^-27$ **g)** $^-25 \times \blacksquare = 625$ **m)** $\blacksquare - {}^-8 = 7$

b) $\blacksquare \times {}^-12 = 144$ **h)** $^-15 \times \blacksquare = 75$ **n)** $16 \div \blacksquare = {}^-4$

c) $17 \times \blacksquare = 51$ **i)** $\blacksquare - 32 = {}^-96$ **o)** $\blacksquare \div 3 = {}^-15$

d) $\blacksquare \times {}^-8 = {}^-88$ **j)** $\blacksquare + {}^-4 = 8$ **p)** $\blacksquare \div {}^-4 = 8$

e) $\blacksquare + {}^-7 = 84$ **k)** $\blacksquare \div {}^-3 = {}^-27$ **q)** $^-24 \div \blacksquare = {}^-3$

f) $\blacksquare + 6 = {}^-18$ **l)** $^-10 - \blacksquare = 34$ **r)** $68 \div \blacksquare = {}^-8$

5 Maxime a perdu 9 fois 17 $ et il a gagné 11 fois 13 $. En tout, combien d'argent a-t-il perdu ou gagné?

6 Le tableau ci-contre donne les températures minimales qui ont été enregistrées dans une ville pour quatre mois de l'année.

Calcule la moyenne de ces quatre températures.

MOIS	TEMPÉRATURE MINIMALE (°C)
Janvier	$^-19$
Février	$^-24$
Mars	$^-5$
Avril	6

7 Vrai ou faux? Explique ta réponse à l'aide d'un exemple.

a) La somme de deux nombres négatifs est un nombre positif.

b) La différence de deux nombres est un nombre négatif si le premier terme de la soustraction est plus petit que le deuxième terme.

c) Le produit d'un nombre positif et d'un nombre négatif est du même signe que le plus grand de ces deux nombres.

d) Le quotient de deux nombres est toujours du même signe que le produit des mêmes nombres.

Situations d'application

REVENUS ($)	DÉPENSES ($)
95,00	67,93
72,00	85,28
36,00	67,93
36,00	67,93
84,00	78,40
72,00	85,28
84,00	67,93
36,00	67,93
36,00	85,28
84,00	67,93
72,00	85,28
36,00	

8 Après avoir présenté un spectacle à l'école, quelques élèves ont fait le bilan des revenus et des dépenses.

a) Exprime à l'aide d'une chaîne d'opérations le calcul à réaliser pour déterminer si cette activité a entraîné un gain ou une perte. Compare ta chaîne avec celle d'un ou d'une autre élève. Vos chaînes sont-elles équivalentes ?

b) Que le résultat de leur spectacle soit un gain ou une perte, les élèves ont décidé de partager le tout également. S'il y a cinq élèves, combien cela représente-t-il pour chaque personne ?

9 Dans chacun des cas ci-dessous, détermine d'abord de quel signe est le nombre manquant, puis trouve ce nombre.

a) $^-4,2 \times \blacksquare = {}^-29,4$ **d)** $^-16 \div 1,5 = \blacksquare$

b) $\blacksquare \times {}^-37 = 222$ **e)** $^-3,2 \div \blacksquare = 1,6$

c) $^-0,5 \times 7,2 = \blacksquare$ **f)** $\blacksquare \div {}^-0,7 = 9$

10 Afin de passer à un niveau supérieur dans un jeu d'aventure pour ordinateur, on doit passer au travers d'un labyrinthe et en sortir avec un nombre positif de points.

Durant le parcours, on peut trouver des amulettes (gain de 32 points) et des scorpions (perte de 28 points). De plus, lorsque l'on rencontre une troupe de trolls, on doit partager nos points avec les membres de la troupe de trolls de manière à ce que tous aient le même nombre de points.

En parcourant le labyrinthe, Paulo a trouvé 24 amulettes et 36 scorpions. Puis il a rencontré une troupe de 4 trolls juste avant de sortir du labyrinthe.

a) Exprime, à l'aide d'une chaîne d'opérations, comment calculer son pointage pour ce parcours.

b) Paulo peut-il passer a un niveau supérieur du jeu ?

c) Trouve un nombre d'amulettes, de scorpions et de trolls que l'on peut rencontrer lors d'un parcours afin de sortir du labyrinthe avec un pointage

1) positif ; **2)** négatif ; **3)** nul.

En **c)**, valide tes réponses auprès d'une autre personne.

11 Voici quatre nombres : ⁻24, ⁻22, 15 et 17.

a) En multipliant ces nombres deux à deux, on peut obtenir six produits différents. Quels sont ces produits ?

b) Classe ces produits du plus petit au plus grand.

12 Durant le mois d'avril, Théophile a noté quotidiennement la température maximale. Voici le tableau de données qu'il a réalisé.

TEMPÉRATURE QUOTIDIENNE MAXIMALE	
TEMPÉRATURES ENREGISTRÉES (°C)	NOMBRE DE JOURS
⁻7	7
⁻5	6
⁻3	6
⁻2	3
1	3
4	2
6	1
7	1
10	1

a) Quel a été le plus grand écart entre les températures maximales au cours de ce mois ?

b) Quelle a été la moyenne des températures maximales ?

13 À la fin du mois, Bianca reçoit un avis de sa banque lui indiquant que son compte est à découvert de 17,83 $. Selon son relevé mensuel, il y a eu quatre dépôts de 126,78 $, sept retraits de 20 $, trois retraits de 40 $, un dépôt de 33,45 $ et deux retraits de 48,23 $. Combien d'argent Bianca avait-elle dans son compte au début du mois ?

14 Au cours d'une journée d'hiver, la température extérieure est passée de ⁻24,5 °C à ⁻7,3 °C entre midi et 16 h. En supposant que la température a augmenté régulièrement, détermine la température extérieure à 13 h, à 14 h et à 15 h.

Une **verge** est une unité de mesure de longueur qui était utilisée autrefois au Canada. Elle équivaut à un peu moins de un mètre. Cette mesure est encore utilisée au football canadien et américain.

15 Jason et Louis-Philippe se sont récemment joints à l'équipe de football de leur école. Pendant la dernière partie, leur entraîneur a noté le nombre de verges franchies ou perdues chaque fois que l'un ou l'autre tenait le ballon.

JASON	LOUIS-PHILIPPE
Perte de 6	Perte de 3
Gain de 3	Gain de 8
Perte de 8	Gain de 9
Gain de 16	Perte de 4
Perte de 6	Perte de 12
Perte de 8	Perte de 1
	Gain de 17
	Perte de 6

Calcule la moyenne de chacun des joueurs et interprète cette moyenne dans le contexte.

16 Jusqu'à présent, la profondeur maximale atteinte par un être humain en apnée se situe autour de $^-170$ m. Le cachalot, qui est une baleine, peut atteindre des profondeurs extraordinaires. On a, par exemple, trouvé un cachalot pris dans des câbles téléphoniques à environ $^-2975$ m. Ce cachalot se trouvait à une profondeur combien de fois plus grande que le record atteint en apnée par un être humain ?

17 Pour chacune des chaînes d'opérations ci-dessous, détermine d'abord le signe du résultat final ($-$ ou $+$). Effectue ensuite les calculs.

a) $\dfrac{^-15 + 8 \times {}^-2 - 17}{^-12 \times {}^-6}$

c) $\dfrac{25 - 14 - 18 - 5}{^-5 \times 14} \times \dfrac{^-1 + 9}{^-2 \times {}^-2}$

b) $9 \times {}^-15 + \dfrac{9 - {}^-12}{42 \times {}^-2}$

d) $\dfrac{7 \times {}^-8 + {}^-4}{25 + {}^-10} \div \dfrac{15 - 3 \times 4}{3 \times {}^-8 \div 6}$

18 Voici différentes opérations que l'on peut faire avec deux nombres.

Les additionner.

Les multiplier entre eux.

Soustraire le plus petit du plus grand.

Diviser le plus grand par le plus petit.

Soustraire le plus grand du plus petit.

Diviser le plus petit par le plus grand.

Pour chacune des paires de nombres ci-dessous, détermine laquelle de ces opérations donne le résultat le plus petit.

a) $^-4$ et $^-5$ **b)** 4 et $^-5$ **c)** $^-1$ et 2   **d)** $^-0,5$ et 2

19 Au Canada, on a longtemps utilisé les degrés Fahrenheit pour mesurer la température. Aujourd'hui, on se sert plutôt des degrés Celsius. Pour convertir des degrés Celsius en degrés Fahrenheit, on peut utiliser l'expression $1,8n + 32$, où n représente un nombre de degrés Celsius.

a) Reproduis le tableau ci-dessous, puis remplis-le.

TEMPÉRATURE (°C)	5	0	$^-5$	$^-10$	$^-15$	$^-20$	$^-25$	$^-30$	$^-35$
TEMPÉRATURE (°F)									

b) Observe la variation des données. À ton avis, existe-t-il une température exprimée en degrés Celsius qui s'exprimerait par le même nombre en degrés Fahrenheit ? Si oui, quel est ce nombre ? Sinon, explique pourquoi.

20 Dans une exponentiation, la base est multipliée un certain nombre de fois selon ce qu'indique l'exposant. Mais que se passe-t-il si cette base est un nombre négatif ? Observe les deux exemples ci-dessous.

$(^-2)^2 = {^-2} \times {^-2} = 4$

$(^-2)^3 = {^-2} \times {^-2} \times {^-2} = {^-8}$

a) Quel est le résultat de $(^-2)^4$, $(^-2)^5$ et $(^-2)^6$?

b) Qu'en est-il de $(^-3)^2$, $(^-3)^3$, $(^-3)^4$, $(^-3)^5$ et $(^-3)^6$?

c) Énonce une règle décrivant comment déterminer à l'avance le signe du résultat d'une exponentiation dont la base est un nombre négatif.

Ta règle est-elle clairement énoncée ? Quelqu'un qui voudrait l'utiliser pourrait-il l'appliquer facilement ?

Es-tu maintenant capable de résoudre entièrement la situation-problème Une question pour chaque réponse, aux pages 218 et 219 ?

Une page d'histoire

Je m'appelle Jean Bernoulli, troisième de ce nom. Je suis mathématicien et je fais des recherches en probabilité. J'aimerais vous présenter quelques membres de mon illustre famille.

D'abord, mon grand-oncle Jacques...

Je lance un dé honnête un très grand nombre de fois. Quelle est la probabilité que j'obtienne un six, disons une fois sur cinq en moyenne ?

... et mon grand-père Jean.

Comment puis-je calculer le nombre de possibilités qu'il y a de choisir m objets parmi n objets différents ?

Il y a aussi leur neveu, Nicolas, dit le premier...

Un jeu consiste à lancer une pièce de monnaie jusqu'au moment où l'on obtient le côté face. Si cela arrive au premier lancer, on gagne deux pièces d'or. Si cela arrive seulement au deuxième lancer, on gagne quatre pièces d'or. Au troisième lancer, on en gagne huit, et ainsi de suite. Combien serais-tu prêt à miser à ce jeu ?

La famille Bernoulli

Jean Bernoulli avait aussi ses oncles Daniel et Nicolas (le 2ᵉ), sans oublier son père, Jean (le 2ᵉ), et son frère Jacques (le 2ᵉ), qui étaient tous mathématiciens !

Cette famille suisse des 17ᵉ et 18ᵉ siècles compte pas moins de huit mathématiciens renommés. Certains d'entre eux ont fait des découvertes importantes, en probabilité notamment. Saurais-tu répondre aux questions qu'ils se sont posées ?

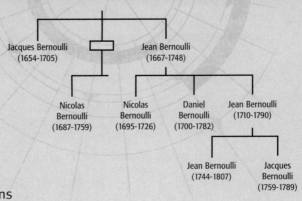

Jacques Bernoulli
(1654-1705)

Jean Bernoulli
(1667-1748)

Nicolas
Bernoulli
(1687-1759)

Nicolas
Bernoulli
(1695-1726)

Daniel
Bernoulli
(1700-1782)

Jean Bernoulli
(1710-1790)

Jean Bernoulli
(1744-1807)

Jacques
Bernoulli
(1759-1789)

La probabilité d'un événement et le dénombrement

Activité 1   À chacun son univers

Voici trois expériences aléatoires.

Expérience 1

On lance simultanément les trois pièces de monnaie représentées ci-dessous, puis on observe les trois côtés visibles.

Expérience 2

On fait tourner la roue représentée ci-dessous, puis on observe la couleur obtenue.

Expérience 3

On lance un verre jetable dans les airs et on le laisse tomber sur le sol. Lorsqu'il s'immobilise, on observe sa position.

a) Pour chacune de ces expériences, décris l'univers des possibles.

b) Dans chaque cas, quelle est, selon toi, la probabilité de chaque résultat composant l'univers des possibles ? Compare tes réponses avec celles d'un ou d'une camarade. Expliquez comment vous avez trouvé ces probabilités.

c) Toujours en équipe, calculez la somme des probabilités de tous les résultats composant l'univers des possibles de chaque expérience. Que remarquez-vous ?

> L'univers des possibles, représenté par Ω (oméga), est l'ensemble de tous les résultats qu'il est possible d'obtenir en réalisant une expérience aléatoire. En mathématique, on peut écrire un ensemble en listant, entre accolades, ses éléments séparés par des virgules. Par exemple, lorsqu'on lance deux pièces de monnaie, l'univers des possibles est : $\Omega = \{PP, PF, FP, FF\}$.

✓ Je vérifie mes connaissances

Décris l'univers des possibles de chacune des expériences aléatoires suivantes. De plus, indique si les résultats qu'il contient sont tous également probables.

a) On lance un dé à six faces et l'on observe la face obtenue.

b) Un sac contient deux jetons rouges et trois jetons noirs. On tire au hasard un premier jeton et, sans le remettre dans le sac, on en tire un deuxième. Puis on observe les couleurs obtenues.

❯ Corrigé, p. 256

Activité 2 — En d'autres mots

Revenons sur l'expérience 1 (les trois pièces de monnaie) de l'activité précédente.

Le tableau ci-dessous présente des événements concernant cette expérience.

Un événement est un ensemble de résultats possibles. Tous les sous-ensembles que l'on peut former à partir des résultats de l'univers des possibles (Ω) sont des événements.

ÉVÉNEMENT EXPRIMÉ EN MOTS	ÉVÉNEMENT EXPRIMÉ À L'AIDE DU LANGAGE ENSEMBLISTE
1) Obtenir exactement deux côtés piles. 2) N'obtenir que des côtés face. 3) N'obtenir aucun côté pile. 4) Obtenir plus de côtés pile que de côtés face. 5) Obtenir un seul côté face. 6) Obtenir au moins un côté pile. 7) Obtenir le même nombre de côtés pile que de côtés face. 8) Obtenir trois côtés face.	A = {PPP, PPF, PFP, FPP} B = { } C = {PPF, PFP, FPP} D = {PPP, PPF, PFP, PFF, FPP, FPF, FFP} E = {FFF}

a) Associe chaque événement exprimé en mots à un événement exprimé sous forme d'ensemble.

La probabilité d'un événement est la somme des probabilités des résultats qui le constituent.

b) Quelle est la probabilité de l'événement « obtenir au moins un côté pile » ? Compare ta façon de calculer cette probabilité avec celle d'un ou d'une camarade. Avez-vous procédé de la même façon ?

Je vérifie mes connaissances

Dans un sac, on a déposé les 11 lettres du mot PROBABILITÉ. Puis on tire une lettre au hasard.

a) Quelle est la probabilité de tirer une voyelle ?

b) Calcule P({B, L, P, R, T}). Décris en mots cet événement.

c) Additionne les deux probabilités obtenues en **a)** et **b)**. À ton avis, que signifie cette somme dans la situation ?

d) Quelle est la probabilité de tirer une lettre du mot BARIL ?

❯ Corrigé, p. 256

Activité 3   Tour à tour

1er temps

Réponds à la question posée dans chacune des situations ci-dessous.
Note bien tous les cas possibles.

Situation 1	Situation 2	Situation 3
En choisissant des cubes parmi les suivants, combien de tours différentes de deux cubes de hauteur peux-tu former ?	En choisissant des cubes parmi les suivants, combien de tours différentes de deux cubes de hauteur peux-tu former ?	En choisissant des cubes parmi les suivants, combien de tours différentes de trois cubes de hauteur peux-tu former ?

2e temps

Fais équipe avec un ou une camarade pour accomplir les tâches suivantes.

a) Ensemble, validez les réponses que vous avez trouvées au 1er temps.

b) Pour chacune des situations, si l'on regroupait les tours qui sont composées de cubes des mêmes couleurs, combien de tours y aurait-il dans chaque groupe ? Combien de groupes seraient formés ?

c) En tenant compte des réponses obtenues en **a)** et **b)**, répondez aux trois questions suivantes.

  1) Dans un ensemble de trois cubes de différentes couleurs, combien de paires de cubes différentes peut-on choisir ?

  2) Dans un ensemble de quatre cubes de différentes couleurs, combien de paires de cubes différentes peut-on choisir ?

  3) Dans un ensemble de quatre cubes de couleurs différentes, combien de trios de cubes différents peut-on choisir ?

Je vérifie mes connaissances

Avec un groupe de cinq élèves, combien peut-on former

a) de dyades différentes ?

b) de trios différents ?

c) de quatuors différents ?

As-tu utilisé une représentation pour appuyer ton raisonnement ?

❯ Corrigé, p. 256

Mes outils

La probabilité d'un événement et le dénombrement

L'univers des résultats possibles

Si l'on énumère tous les résultats possibles d'une expérience aléatoire, on constitue un ensemble appelé l'univers des possibles et noté Ω (oméga).

Exemple : Lorsque l'on observe la couleur d'une bille tirée au hasard du sac représenté ci-contre, l'univers des possibles est
Ω = {mauve, rouge, jaune}

La somme des probabilités des résultats constituant l'univers des résultats possibles est 1. En effet,

P ({mauve}) + P ({rouge}) + P ({jaune}) = $\frac{1}{6}$ + $\frac{1}{3}$ + $\frac{1}{2}$ = 1.

La probabilité d'un événement

Un événement est un sous-ensemble constitué de résultats de l'univers des résultats possibles (Ω). La probabilité d'un événement correspond à la somme des probabilités des résultats qui le constituent.

Exemple : La probabilité de tirer du sac illustré ci-dessus une bille qui n'est pas mauve est :
P ({rouge, jaune}) = P ({rouge}) + P ({jaune})
= $\frac{1}{3}$ + $\frac{1}{2}$ = $\frac{5}{6}$

Dans le cas où l'univers des résultats possibles (Ω) est constitué de résultats équiprobables, alors la probabilité d'un événement peut s'évaluer de la façon suivante :

$$\frac{\text{Nombre de résultats favorables à la réalisation de l'événement}}{\text{Nombre de résultats possibles dans l'expérience}}$$

Exemple : Quelle est la probabilité d'obtenir un nombre pair en lançant un dé à six faces ?

Dans cette expérience, Ω = {1, 2, 3, 4, 5, 6} et tous ces résultats sont équiprobables.

Ainsi, P({2, 4, 6}) = $\frac{3}{6}$ ou $\frac{1}{2}$, car il y a trois résultats pairs sur six résultats possibles.

Pour calculer la probabilité d'un événement, il faut parfois avoir recours à un raisonnement élaboré afin de bien dénombrer les résultats possibles.

Exemple : Combien de façons de choisir trois personnes parmi six y a-t-il ?

1) Si l'on tient compte de l'ordre dans lequel elles sont choisies, il y a 120 façons de choisir 3 personnes parmi 6 (soit 6 × 5 × 4).

2) Si l'ordre n'importe pas, toutes les permutations possibles d'un même trio représentent une seule possibilité. Puisqu'il y a 6 permutations possibles d'un même trio (3 × 2 × 1), le nombre de façons de choisir 3 personnes dans ce cas est égal à 20, soit le nombre obtenu avec ordre (120) divisé par 6.

Exercices d'application

1 Dans un jeu de société, on situe l'action dans un manoir où un meurtre a eu lieu. Les joueurs et joueuses enquêtent. Ils doivent trouver le meurtrier, l'arme du crime et le lieu où le crime a été perpétré. Il y a 6 suspects, 6 armes potentielles et 9 pièces dans le manoir. Combien y a-t-il de solutions possibles à l'énigme ?

2 Angèle veut repeindre les murs de sa chambre en utilisant seulement des couleurs parmi les 7 couleurs de l'arc-en-ciel. Combien de choix de couleurs peut-elle faire, si elle veut utiliser

a) deux couleurs différentes ?

b) trois couleurs différentes ?

c) quatre couleurs différentes ?

3 On tire au hasard une lettre du mot PERSPECTIVES. Décris en mots un événement dont la probabilité est

a) $\frac{1}{4}$; **b)** $\frac{2}{3}$; **c)** $\frac{1}{12}$.

4 Dans une boîte, on place des petits cubes identiques, sauf en ce qui a trait à la couleur. Il y a un cube rouge, un mauve et un blanc. On tire deux cubes au hasard et on observe la couleur de chacun.

a) Décris l'univers des possibles si le premier cube pigé est remis dans la boîte avant le deuxième tirage.

b) Décris l'univers des possibles si le premier cube pigé n'est pas remis dans la boîte avant le deuxième tirage.

5 Pour chaque expérience aléatoire, **1)** définis l'ensemble Ω de tous les résultats possibles et **2)** représente l'événement **A** à l'aide d'un ensemble.

a) On choisit au hasard une lettre parmi les voyelles de l'alphabet. On s'intéresse à l'événement **A** : la voyelle choisie fait partie du mot SCIENTIFIQUE.

b) On choisit au hasard un nombre parmi les chiffres impairs. On s'intéresse à l'événement **A** : le chiffre impair choisi est dans le nombre 2507.

c) On compte le nombre de côtés face obtenus en lançant trois pièces de monnaie. On s'intéresse à l'événement **A** : les trois pièces de monnaie tombent sur pile.

La probabilité d'un événement et le dénombrement

Situations d'application

6 Dans une urne, on a mis 24 billes toutes de la même grosseur. Parmi ces billes, 10 sont rouges, 4 sont jaunes et les autres, bleues. On tire une bille et on observe sa couleur.

a) Représente par un ensemble les événements suivants.

A : La bille n'est pas bleue.
B : La bille n'est ni rouge ni jaune.
C : La bille n'est pas verte.

b) Quelle est la probabilité de chacun des événements **A, B** et **C** ?

Le dénombrement au moyen d'un diagramme en arbre peut t'aider à trouver les cas possibles.

7 Une « machine à sous » fonctionne selon le principe suivant : en actionnant une manette, deux roues se mettent à tourner et s'arrêtent au hasard sur un nombre. L'illustration ci-dessous représente les bandes qui se trouvent sur chacune des roues d'une « machine à sous ».

a) Décris par un ensemble les événements suivants.

A : Les deux chiffres forment un multiple de 10.
B : Les deux chiffres forment un multiple de 5.
C : Les deux chiffres forment un nombre pair.

1	2
2	0
3	5
4	2
5	0
6	2
7	5

b) Calcule P ({22, 55}).

c) Calcule P ({25, 50, 75}).

d) Calcule la probabilité que les deux chiffres forment un nombre premier.

e) Calcule la probabilité que les deux chiffres forment un nombre impair.

f) Calcule la probabilité que les deux chiffres forment un nombre plus petit ou égal à 70.

g) Calcule la probabilité que les deux chiffres forment un nombre plus grand ou égal à 25.

8 Réjean a deux dés réguliers à six faces. Il effectue l'expérience aléatoire qui consiste à calculer la somme des nombres obtenus lorsqu'il lance ces deux dés.

a) Décris l'univers des possibles.

b) Donne la probabilité de chacun des résultats.

c) Calcule les probabilités suivantes.

1) P({2, 3, 4}) **2)** P({7, 8, 9}) **3)** la probabilité d'obtenir une somme paire.

9 Il existe des dés ayant d'autres formes que celle d'un cube. Par exemple, un dé peut avoir la forme d'un dodécaèdre régulier, où les faces isométriques sont numérotées de 1 à 12. Après avoir lancé ce dé, on observe le numéro obtenu.

a) Décris à l'aide d'un ensemble l'univers des possibles.

b) Décris à l'aide d'un ensemble les événements suivants.

Événement **A** : Obtenir un multiple de 2.
Événement **B** : Obtenir un nombre premier.
Événement **C** : Ne pas obtenir un nombre carré.

c) Décris en mots et par un ensemble deux autres exemples d'événements qu'il est possible d'obtenir.

d) Décris en mots un événement impossible et un événement certain.

e) Combien d'événements élémentaires y a-t-il ?

> Tout événement impossible correspond à { } (ensemble vide) et sa probabilité est 0. Tout événement certain de se réaliser correspond à Ω (oméga) et sa probabilité est 1. Un événement élémentaire est un événement ne comportant qu'un seul résultat.

10 On tire au hasard une carte d'un jeu ordinaire.

a) À l'aide d'un ensemble, décris les événements suivants.

1) Obtenir une carte portant le numéro 8.
2) Obtenir une figure de couleur noire.
3) Obtenir un as de couleur rouge.
4) Obtenir une carte de pique affichant un numéro pair.

b) Quelle est la probabilité de chacun des événements décrits en **a)** ?

c) Décris en mots un événement dont la probabilité est de $\frac{9}{13}$.

> Les 52 cartes d'un jeu ordinaire sont réparties également en quatre catégories : cœur et carreau (cartes en rouge), trèfle et pique (cartes en noir). Chaque catégorie comprend des cartes numérotées de 2 à 10, un as et trois figures (valet, dame et roi).

11 Léonardo place au hasard, dans les cases ci-dessous, les trois cartons illustrés.

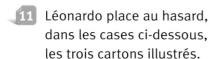

 × =

Quelle est la probabilité que l'énoncé mathématique formé soit exact ?

12 On lance trois bâtonnets à café dont les faces sont représentées ci-contre. On observe ensuite le trio de couleurs obtenu.

a) Décris l'univers des possibles.

b) Quelle est la probabilité de ne pas voir la couleur verte ?

c) Quelle est la probabilité qu'exactement deux bâtonnets montrent la couleur verte ?

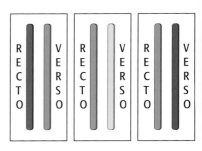

13 Hugo manipule des dés bien particuliers. Leur forme est celle d'un tétraèdre régulier (pyramide composée de quatre triangles équilatéraux isométriques). Les faces de chacun des dés sont numérotées de 1 à 4. Après avoir lancé les dés, Hugo observe le nombre obtenu sur chacune des bases. Voici le début de sa description de l'univers des possibles :
$\Omega = \{(1, 1), (1, 2), (1, 3), (1, 4), (2, 1), (2, 2), ...\}$.

a) Selon toi, que représente chacun des couples dans sa description ? Complète cette description.

b) À ton avis, pourquoi Hugo n'a-t-il pas commencé sa description de la façon suivante : $\Omega = \{11, 12, 13, 14, 21, 22, ...\}$?

c) Quel sous-ensemble de l'univers des possibles décrit en **a)** correspond à l'événement « obtenir une somme de 5 » ? Est-ce la somme la plus probable ? Explique ta réponse.

Un couple est formé de deux composantes. On le note à l'aide de parenthèses. L'ordre dans lequel apparaissent les composantes est important.

Exemple : (1, 2) est un couple différent du couple (2, 1).

14 La photographie ci-dessous montre quelques pièces d'un jeu de dominos « double-six », dont les cases contiennent de zéro à six points. Dans un jeu complet, il y a une seule pièce pour chacune des combinaisons possibles.

On tire au hasard une pièce de ce jeu.

a) Combien d'éléments y a-t-il dans l'univers des possibles ?

b) Quelle est la probabilité que la pièce affiche deux nombres impairs de points ?

c) Quelle est la probabilité que la pièce affiche un nombre total de six points ?

15 Les figures ci-dessous représentent le contenu d'une boîte de laquelle
on tire une bille au hasard.

A

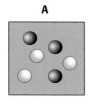

B

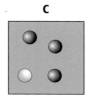

C

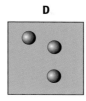

D

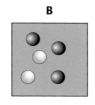

a) Dans chaque cas, trouve P({blanc}) et P({noir}).

b) Dans chaque cas, quelle est la somme des deux
probabilités trouvées ?

c) Existe-t-il une probabilité plus petite d'obtenir
une bille blanche que celle qui correspond
à la boîte **D** ? Explique ta réponse.

d) Si la boîte **D** contenait 10 fois plus de billes
noires, la probabilité d'obtenir une bille noire
augmenterait-elle ? Explique pourquoi.

16 Dans une classe de 32 élèves, on doit élire un
comité de classe comprenant quatre postes, soit
la présidence, la vice-présidence, le secrétariat
et la trésorerie.

a) Combien de comités différents pourrait-on former ?

b) Il est décidé d'élire quatre personnes et de les
laisser se répartir les différents postes. Combien
de quatuors différents pourrait-on élire ?

17 Dans un sac, Jean met des jetons verts et des jetons jaunes.
Puis il tire un jeton au hasard.

a) Est-ce que P({vert}) $= \frac{1}{2}$? Explique ta réponse.

b) Si P({jaune}) $= \frac{1}{2}$, est-ce que P({vert}) $= \frac{1}{2}$? Explique ta réponse.

c) Si P({vert}) = 15 %, donne deux répartitions possibles des jetons dans
le sac. Quel est le plus petit nombre de jetons que peut alors contenir
le sac ? Indique le nombre de jetons de chaque couleur dans cette situation.

18 Pour choisir une couleur, on fait tourner la roue illustrée ci-dessous.

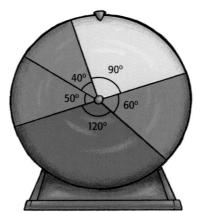

a) Quelle est la probabilité associée à chacune des couleurs?

b) Si l'on fait tourner la roue 450 fois, combien de fois approximativement la roue se sera-t-elle arrêtée sur la couleur bleue?

19 On place quatre billes bleues dans un boulier. Il faut ajouter un certain nombre de billes d'une autre couleur afin de pouvoir décrire un événement qui a une probabilité de 25 % de se réaliser.

a) Que suggères-tu?

b) Décris cet événement.

20 Un code postal canadien est composé de trois chiffres et de trois lettres. Il n'y a aucune restriction quant à l'utilisation des chiffres. Cependant, on ne peut trouver les lettres D, F, I, O, Q et U à la 3e ou à la 5e position du code postal. De plus, la première position du code ne peut être occupée par les lettres W ou Z.

Si l'on choisissait au hasard un code postal canadien, quelle serait la probabilité que l'on obtienne le tien?

21 Dans un sac, on place deux jetons blancs et un noir. On tire un premier jeton, on note sa couleur et on tire un deuxième jeton. Si la personne ayant tiré les jetons en obtient deux de la même couleur, elle gagne un prix.

Montre qu'il est plus probable de gagner à ce jeu si l'on remet dans le sac le jeton obtenu au premier tirage.

22 Des amis décident de jouer au hockey. Chaque équipe comptera six joueurs : un gardien de but, deux défenseurs et trois attaquants.

a) Combien de répartitions différentes des six joueurs peut-on réaliser pour combler les six positions ?

b) Les membres d'une équipe, Arthur, Bernard, Carl, Dylan, Émile et Félix, discutent de leur position de jeu. Pour déterminer les attaquants, ils placent leurs noms dans un récipient, puis en tirent trois au hasard.

Quelle est la probabilité que Carl, Dylan et Félix soient attaquants ?

23 Les cartons ci-dessous sont mêlés. On en tire deux en même temps. Quelle est la probabilité que la somme des deux nombres soit paire ?

24 Une compagnie place un petit cadeau dans ses boîtes de céréales. Elle offre quatre cadeaux différents qu'elle place au hasard dans les boîtes. Ta petite sœur aimerait bien les avoir tous les quatre. Quelle est la probabilité d'obtenir tous les cadeaux possibles après l'achat de quatre boîtes de céréales ?

> Es-tu maintenant capable de résoudre entièrement la situation-problème La surprise est dans l'œuf, aux pages 220 et 221 ?

Rencontre avec Brahmagupta

Au 7ᵉ siècle en Inde, Brahmagupta effectue des calculs sur le mouvement des planètes avec des quantités négatives.

Ces quantités sont comme des dettes dans d'autres calculs que j'ai effectués...

Ce qui est étonnant, c'est que même si ces quantités s'apparentent à des dettes, lorsque je les multiplie, je dois nécessairement obtenir une quantité qui est comme un gain. Sinon, mes calculs ne correspondent plus à la réalité.

Mes observations sur le mouvement des planètes confirment l'exactitude de mes calculs...

Je vais rédiger certaines règles pour résumer ce que j'ai découvert.

Le produit ou le quotient de deux dettes est un gain.

Le produit ou le quotient d'un gain et d'une dette est une dette.

Dans son ouvrage sur l'astronomie, Brahmagupta a rédigé des règles de calculs sur les nombres négatifs. Il a été l'un des tout premiers mathématiciens à énoncer une règle des signes. Puisque les nombres négatifs ne seront acceptés par le monde des mathématiques qu'environ 1000 ans plus tard, il s'est montré très avant-gardiste.

« Le produit ou le quotient de deux dettes est un gain », a affirmé Brahmagupta. Que signifie pour toi une telle règle ? Quel sens lui donnes-tu ?

Les mathématiques et moi

Suivre les règles

La compréhension de certaines règles peut aider à s'approprier et à résoudre
un problème. Voici quelques règles que l'on peut trouver en mathématiques.

- Diviser par une fraction, c'est multiplier par son inverse.

- La somme de nombres négatifs est un nombre négatif.

- Pour écrire un nombre fractionnaire sous la forme d'une fraction, on multiplie
  l'entier par le dénominateur et l'on additionne ce produit au numérateur.
  Le nombre obtenu correspond au numérateur de la fraction recherchée et
  le dénominateur de celle-ci est identique à celui de la partie fractionnaire
  de départ.

- Lorsque l'on multiplie ou divise par une puissance de 10, on déplace
  la virgule vers la droite ou vers la gauche d'autant de positions qu'il
  y a de zéros à cette puissance.

- Pour additionner ou soustraire des fractions, on les met
  sur le même dénominateur.

a) Énonce une autre règle que tu as apprise
en mathématiques.

b) Si la formulation de certaines des règles ci-dessus
ne te semble pas claire, reformule-les pour qu'elles
soient plus claires à tes yeux.

c) Montre ces règles à un ou une adulte de ton
entourage. Comment cette personne réagit-elle?
En connaît-elle d'autres?

d) Quels sont les avantages et les inconvénients d'une règle?

En résolvant les situations-problèmes des pages suivantes, prête attention aux solutions où tu auras utilisé
une règle. Comment as-tu fait pour déterminer qu'une règle était nécessaire à la résolution? Comment
t'es-tu remémoré cette règle?

Banque de situations-problèmes

1. Les chaînons manquants

Place les neuf nombres ci-contre dans la chaîne d'opérations trouée de telle sorte que le résultat soit un entier positif.

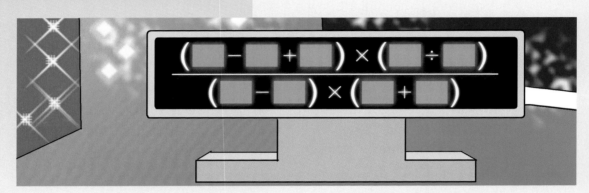

2. Perdre la boule

Tu connais peut-être la loterie où il faut choisir six numéros différents de 1 à 49. Au moment du tirage, on place dans un boulier 49 boules numérotées de 1 à 49, puis on en tire 6 au hasard. Pour gagner le gros lot, il faut avoir choisi une combinaison correspondant aux six numéros tirés.

a) Lorsqu'on procède au tirage, les boules tombent et s'alignent à la sortie du boulier. Combien de combinaisons différentes de 6 numéros est-il possible d'obtenir avec les 49 boules ?

b) Quelle est la probabilité de gagner le gros lot à cette loterie ?

3. Histoire de nœuds

La séquence d'illustrations ci-dessous montre que Sabrina a pris trois ficelles de manière que les extrémités soient toutes vers le bas. Son amie Léa a ensuite noué les extrémités, prises deux à deux au hasard, formant ainsi trois nœuds. Puis Sabrina a laissé tomber le tout. Quelle est la probabilité d'obtenir une corde fermée, comme dans la dernière illustration ?

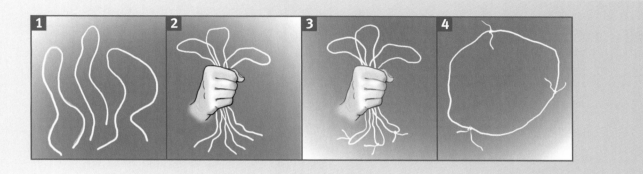

4. J'arrive, mon amour...

Juliette attend impatiemment Roméo. Elle l'appelle chez lui, mais, n'obtenant pas de réponse, présume qu'il est en route.

Elle sait que, pour se rendre chez elle, Roméo parcourra d'abord 5 km en ville à une vitesse de 50 km/h pour accéder à l'autoroute. Il parcourra ensuite 40 km sur l'autoroute à une vitesse de 100 km/h. Il lui restera alors 14 km à franchir sur une route de campagne, à une vitesse de 70 km/h.

Ne pouvant plus attendre, Juliette décide de joindre Roméo dans sa voiture en composant le numéro de son téléphone cellulaire. En supposant que Roméo se dirige bel et bien chez Juliette, quelle est la probabilité que son téléphone sonne alors qu'il parcourt les 14 derniers kilomètres ?

DOMAINE GÉNÉRAL DE FORMATION	PRÉPARATION	SITUATION-PROBLÈME 1	SITUATION-PROBLÈME 2	SITUATION-PROBLÈME 3	RÉALISATION PERSONNELLE	DÉVELOPPEMENT DE STRATÉGIES

RETOUR SUR LES APPRENTISSAGES

Je fais le point

Ta réalisation personnelle

> Analyse l'épreuve que ton équipe a conçue en considérant les critères avec lesquels tu as observé les autres épreuves présentées.

> Quelle a été la réaction des élèves qui ont participé à l'épreuve de ton équipe ?

Eurêka !

> As-tu eu recours à des règles pour comprendre et résoudre certaines des situations-problèmes ?

> Si c'est le cas, comment as-tu fait pour te remémorer les règles ?

Tes connaissances mathématiques

Travail à la chaîne

Associe-toi à un ou une camarade pour échanger des chaînes d'opérations avec des nombres négatifs et qui comportent les quatre opérations de base. Validez vos réponses. Relevez vos erreurs et notez dans votre journal de bord vos forces et vos faiblesses.

De fil en aiguille

Au milieu d'une feuille, écris les mots « probabilité » et « dénombrement », espacés l'un de l'autre. Encercle chacun de ces mots. Ensuite, autour de chacun, écris de façon concise les connaissances mathématiques auxquelles ces mots te font penser. Encercle chacune de tes idées, puis relie les cercles entre eux afin d'exprimer les liens entre ces idées.

Rond-point

Le cirque

L'art du cirque a beaucoup évolué ces dernières années, mais les clowns, les jongleurs et jongleuses, les acrobates et équilibristes de toutes sortes sont toujours là pour nous faire rire et nous émerveiller. En particulier, les performances des acrobates et des équilibristes sont souvent stupéfiantes. Ce sont de véritables athlètes, mais aussi de formidables artistes. Pour pratiquer leur art, ils et elles utilisent différents accessoires, dont quatre sont illustrés sur cette page.

Les bandes de tissus

a) Choisis l'un de ces quatre accessoires. Sur la feuille qu'on te remet, deux séries d'images décomposent deux mouvements qu'il est possible d'exécuter avec l'accessoire choisi. Observe bien ces deux séries d'images. Choisis-en une ou, si tu préfères, invente ton propre mouvement et décris-le en six dessins dans la bande de cases libres.

b) Sur la seconde feuille qu'on te remet, trace un graphique représentant globalement, selon le temps écoulé, la hauteur qu'atteint la tête de l'artiste accomplissant le mouvement que tu as choisi ou décrit en **a)**.

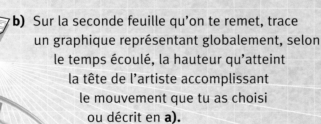

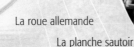

La roue allemande

La planche sautoir

Le trapèze fixe

Quand mathématique rime avec cirque!

En l'observant attentivement, on remarque que le monde du cirque regorge de situations mathématiques. Lis l'information donnée sur les fiches qui suivent, puis, sur les feuilles qu'on te remet, réponds aux questions posées.

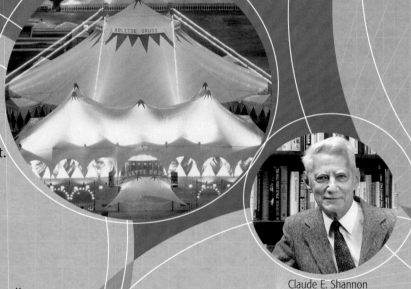

Le grand chapiteau

Le grand chapiteau circulaire du Cirque Mordicus est impressionnant. Une fois assemblé, il a une hauteur maximale de presque 25 m et un diamètre à sa base qui dépasse 50 m, permettant ainsi à plus de 2500 personnes d'apprécier les numéros de cirque les plus loufoques.

Au centre du chapiteau se trouve la traditionnelle piste circulaire de 26 m de diamètre qui est associée au cirque depuis fort longtemps.

Et maintenant, place au spectacle!

Claude E. Shannon
(1916-2001)

La jonglerie

Pour concevoir un robot qui jongle, un mathématicien américain, Claude E. Shannon, a trouvé une équation qui décrit les gestes de la jonglerie. La relation suivante est toujours vraie.

$$D = \frac{LN + P(N - M)}{M}$$

D : la durée du déplacement d'une balle dans les airs.

P : le temps de prise d'une balle dans une main.

L : le temps qu'une main est libre.

N : le nombre de balles avec lesquelles on jongle.

M : le nombre de mains impliquées.

Épatant, non?

Le numéro de clowns

Voici les clowns ! Ils invitent un jeune spectateur à se joindre à eux. Légèrement craintif, le spectateur accepte malgré tout de les suivre. Un des clowns l'arrose par mégarde. Murmure dans la foule. Pour protéger le jeune homme, on lui donne des vêtements de pluie : bottes, imperméable, chapeau... Mais aucun de ces éléments n'est de la même couleur. La foule rit... Les clowns forcent ensuite le jeune homme à grimper à une échelle. Il se retrouve sur une plate-forme à trois mètres du sol. On lui demande de sauter... dans un verre d'eau. La foule rit encore. L'un des clowns monte rejoindre le spectateur et commence à lui indiquer quoi faire avec de grands gestes... Oh ! le clown est tombé !

La roue allemande

La roue allemande a été spécialement conçue pour les acrobates du cirque. L'artiste se tient bras et jambes tendus à l'intérieur de cette roue composée de deux immenses cerceaux reliés entre eux par de petites barres transversales.

En se maintenant à l'intérieur de cette roue géante, l'artiste peut effectuer différents déplacements.

C'est ce qui s'appelle réinventer la roue !

Votre numéro de cirque

Fais équipe avec un ou une camarade ayant choisi le même accessoire de cirque que toi au cours de la préparation.

1er temps

Ensemble, analysez et corrigez vos graphiques.

- Dans les deux cas, vérifiez si les phases du mouvement choisi sont bien représentées graphiquement.

- Si vous aviez choisi le même mouvement, alors représentez graphiquement un autre mouvement pouvant être exécuté avec le même accessoire.

2e temps

Imaginez qu'un numéro est composé de six mouvements comprenant ceux que vous avez représentés graphiquement.

Déterminez au hasard l'ordre des mouvements composant ce numéro.

a) Quelle est la probabilité que vos deux mouvements soient successifs ?

b) Quelle est la probabilité que l'un de vos deux mouvements soit au début du numéro et que l'autre soit à la fin ?

Marie-Josée Lévesque, trapéziste

Cette Québécoise née à Saint-Hilaire parcourt aujourd'hui le monde en présentant ses numéros spectaculaires sur trapèze fixe.

Pour elle, tout a commencé par un rêve, alors qu'elle regardait un spectacle de cirque à la télévision. Puis ça n'a jamais cessé. Elle croit aux désirs et aux passions. Elle croit surtout à tout ce qu'il faut faire pour les atteindre.

CORRIGÉ

Partie 5

Page 15 – Je vérifie mes connaissances
1. Il n'est pas nécessairement possible de répondre à cette question.
2. La question ne sera pas comprise de la même façon par tout le monde. De plus, une personne dont le revenu familial est de 50 000 $ ne pourra répondre à la question.

Page 17 – Je vérifie mes connaissances
Plusieurs réponses possibles. *Exemple :*
> Expliquer ce que veut dire le mot *paralympique*.
> Éviter d'influencer les personnes interrogées avec des photos de personnalités connues.
> Éviter de laisser entrevoir dans la question son propre point de vue.

Page 23 – Je vérifie mes connaissances
Expérimentation semblable à celle de l'activité.

Page 24 – Je vérifie mes connaissances
Plusieurs explications possibles.
a) Non.　　　**b)** Oui.　　　**c)** Non.

Page 25 – Je vérifie mes connaissances
Plusieurs réponses possibles. *Exemple :*
> Si le bottin compte 200 pages, choisir au hasard 5 noms par page ou choisir au hasard 1000 personnes dans le bottin.

Page 49 – Je vérifie mes connaissances
a) Une fois et demie (ou 1,5 fois).
b) 7,5 cm
c) Oui.

Page 50 – Je vérifie mes connaissances
a) Plusieurs réponses possibles. *Exemples :*
> Le rapport de la somme payée par Mathilde à la somme payée par Loïc est de 5 : 3.
> La somme payée par Loïc correspond à 60 % de la somme payée par Mathilde.
> La somme payée par Mathilde est 1 fois et 2/3 celle payée par Loïc.

b) Plusieurs réponses possibles. *Exemples :*
> Mathilde : 50,00 $; Loïc : 30,00 $.
> Mathilde : 125,00 $; Loïc : 75,00 $.

Page 56 – Je vérifie mes connaissances
La table de gauche.

Page 57 – Je vérifie mes connaissances
a) 33 h 20 min　　**b)** 5 040 000 km　　**c)** 30 000 km/h

Page 65 – Je vérifie mes connaissances
Les trapèzes **F** et **M** sont semblables.

Les triangles **A**, **C** et **E** sont semblables.
Les deux quadrilatères **L** et **N** sont semblables.
Les triangles **H**, **J** et **Q** sont semblables.
Les octogones **B** et **P** sont semblables.

Page 66 – Je vérifie mes connaissances

Page 67 – Je vérifie mes connaissances
a) Plusieurs dispositions possibles. *Exemple en rouge.*

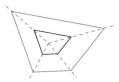

b) Plusieurs dispositions possibles. *Exemple en rouge.*

Page 90 – Je vérifie mes connaissances
a) 45°　　　**b)** Plusieurs réponses possibles.

Page 91 – Je vérifie mes connaissances
a) 144°　　**b)** 150°　　**c)** 156°　　**d)** 162°

Page 98 – Je vérifie mes connaissances
a) Plusieurs réponses possibles. *Exemple :* $10(16 - x)$
b) Plusieurs réponses possibles. *Exemple :* $(10 \times 16) - 10x$ ou $160 - 10x$
c) Plusieurs réponses possibles. *Exemple :*
> Ces deux expressions algébriques sont équivalentes, car toutes les deux représentent correctement la même quantité (soit l'aire totale des jardins), à partir de la même variable (soit la largeur du sentier).

Page 99 – Je vérifie mes connaissances
a) Non.　　　**d)** Oui.　　　**g)** Oui.
b) Non.　　　**e)** Oui.　　　**h)** Non.
c) Oui.　　　**f)** Non.　　　**i)** Oui.

Page 107
$4x - 30$

Page 108
$60x - 60$

Partie 6

Page 139 – Je vérifie mes connaissances
a) 1) 6 : 30
   2) 4 : 45
b) Ils sont égaux.

Page 140 – Je vérifie mes connaissances
L'ensemble de droite donnera le rose le plus foncé.

Page 147 – Je vérifie mes connaissances
A et 1, B et 5, C et 2, D et 3, et E et 4.

Page 148 – Je vérifie mes connaissances
Au début, la croissance est très rapide, puis elle ralentit jusqu'à un certain point où la plante ne grandit plus.

Page 149 – Je vérifie mes connaissances

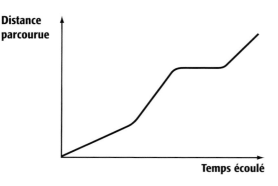

Page 156 – Je vérifie mes connaissances
Plusieurs réponses possibles. *Exemples :*
a) $x = 3,5$ b) $x = 2$ c) $x = 1,5$

Page 157 – Je vérifie mes connaissances
a) $x = 24$ b) $x = 8$ c) $x = 0$ d) $x = 1$

Page 183 – Je vérifie mes connaissances
1. 1038 cm²
2. a) Périmètre : 18 cm
    Aire : 22,5 cm²
  b) Périmètre : 184 cm
    Aire : 2576 cm²

Page 184 – Je vérifie mes connaissances
(En utilisant 3,14 comme approximation de π.)
1. a) 12,56 cm²
  b) 314 m²
  c) 3,7994 km²
2. $A = 19,625$ cm²
3. a) La circonférence double.
  b) L'aire quadruple.

Page 192 – Je vérifie mes connaissances
1. A : Prisme à base triangulaire.
  D : Prisme à base rectangulaire.
2. A : Prisme à base triangulaire.

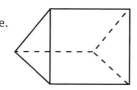

D : Prisme à base rectangulaire.

Page 193 – Je vérifie mes connaissances
a) 386 cm²
b) 1101 cm²

Page 194 – Je vérifie mes connaissances
(En utilisant 3,14 comme approximation de π.)
a) 102,05 cm²
b) 142,87 m²

Page 202 – Je vérifie mes connaissances
a) $5xy$ b) $2xy$ c) $6x^2$ d) $3,6y^2$

Page 203 – Je vérifie mes connaissances
a) 26   b) 36   c) 22   d) 2   e) 1

Page 226 – Je vérifie mes connaissances
1) a) Tout nombre plus grand que 11.
  b) Tout nombre plus petit que 11.
  c) 11
2) a) Tout nombre plus petit que 6 sauf 0.
  b) Tout nombre plus grand que 6.
  c) 6

Page 227 – Je vérifie mes connaissances
1. a) 1057,8
  b) 204
2. Activité de partage et de coopération.

Page 235 – Je vérifie mes connaissances
a) $\Omega = \{1, 2, 3, 4, 5, 6\}$. Tous les résultats sont également probables.
b) $\Omega = \{RR, RN, NR, NN\}$. Tous les résultats ne sont pas également probables.

Page 236 – Je vérifie mes connaissances
a) $P(\{A, E, I, O\}) = \frac{5}{11}$

b) $\frac{6}{11}$: c'est la probabilité de tirer une consonne.
c) La somme est égale à 1. Elle signifie que dans cette expérience on est certain de tirer une voyelle ou une consonne.

d) $\frac{7}{11}$

Page 237 – Je vérifie mes connaissances
a) 10 dyades différentes.
b) 10 trios différents.
c) 5 quatuors différents.

Glossaire

A

Aire

Mesure de la surface d'une figure. On peut décomposer une figure en plusieurs régions et obtenir l'aire de cette figure en réalisant la somme des aires de ces régions. (Voir aussi Unité de mesure.)

Aire latérale d'un solide

Somme des aires des faces d'un solide qui ne sont pas ses bases.

Aire totale d'un solide

Somme des aires de toutes les faces d'un solide. On peut se servir d'un développement du solide pour établir cette somme. (Voir p. 195.)

Angle

Lorsque deux lignes droites sont issues d'un même point, l'écartement entre ces deux lignes détermine un angle. Plus les lignes sont écartées, plus l'angle est grand. Le point de rencontre de ces deux lignes est appelé *sommet de l'angle* et chacune des parties de ligne déterminant l'écartement est appelée *côté de l'angle*. (Voir aussi Unité de mesure.)

Angle aigu

Angle plus petit qu'un angle droit (entre 0° et 90°).

Angle au centre

Angle formé par deux rayons d'un cercle.

Angle de rotation

Angle qui décrit le sens et la grandeur d'une rotation. On utilise souvent un nombre de degrés pour décrire la grandeur d'une rotation.

Angle droit

Angle équivalant à la moitié d'un angle plat, soit 90°.

Angle intérieur d'un polygone

Angle formé par deux côtés consécutifs à l'intérieur d'un polygone.

Angle obtus

Angle plus grand qu'un angle droit, mais plus petit qu'un angle plat (entre 90° et 180°).

Angle plat

Angle formant une ligne droite (180°).

Angle plein

Angle équivalant à deux angles plats (360°).

Angle rentrant

Angle plus grand qu'un angle plat, mais plus petit qu'un angle plein (entre 180° et 360°).

Angles adjacents

Dans un plan, deux angles sont dits adjacents s'ils ont le même sommet et un côté en commun, et se situent de part et d'autre de ce côté commun.

Angles alternes-externes

Lorsque, dans un plan, deux droites sont coupées par une sécante, deux angles sont dits alternes-externes s'ils ne sont pas adjacents et s'ils sont situés de part et d'autre de la sécante à l'extérieur de la région délimitée par les deux droites.

Angles alternes-internes

Lorsque, dans un plan, deux droites sont coupées par une sécante, deux angles sont dits alternes-internes s'ils ne sont pas adjacents et s'ils sont situés de part et d'autre de la sécante à l'intérieur de la région délimitée par les deux droites.

Angles complémentaires

Paire d'angles qui formeraient un angle droit si on les disposait de telle sorte qu'ils soient adjacents.

Angles correspondants

Lorsque, dans un plan, deux droites sont coupées par une sécante, deux angles sont dits correspondants s'ils ne sont pas adjacents, si l'un est interne et l'autre, externe, et s'ils sont situés du même côté de la sécante.

Angles opposés par le sommet

Lorsque, dans un plan, deux droites se coupent, elles déterminent quatre angles plus petits qu'un angle plat. Deux de ces angles sont dits opposés par le sommet s'ils ont pour sommet le point de rencontre des deux droites et n'ont aucun côté en commun.

Angles supplémentaires

Paire d'angles qui formeraient un angle plat si on les disposait de telle sorte qu'ils soient adjacents.

Apex

Nom donné à certains sommets remarquables. Dans un triangle, une pyramide et un cône, l'apex est le sommet opposé à la base.

Apothème

Dans un polygone régulier, segment abaissé perpendiculairement du centre du polygone sur l'un de ses côtés. Le mot *apothème* désigne aussi bien le segment que sa grandeur.

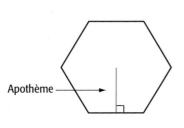

Apothème →

Arc de cercle

Portion du cercle comprise entre deux des points du cercle.

Arête d'un polyèdre

Ligne d'intersection de deux faces d'un polyèdre.

Arrondissement

Arrondir un nombre à une position choisie consiste à remplacer ce nombre par une valeur approchée. *Exemples :* Le nombre 14 est la valeur arrondie à la position des unités de 14,3, car 14 est plus près de 14,3 que ne l'est 15.

Le nombre 3,14 est la valeur arrondie à la position des centièmes de 3,1416, car 3,14 est plus près de 3,1416 que ne l'est 3,15.

Associativité

La propriété d'associativité de l'addition permet d'associer les termes d'une addition de différentes façons sans en changer la somme.

Exemple : $(3 + 4) + 5 = 3 + (4 + 5)$

La propriété d'associativité de la multiplication permet d'associer les facteurs d'une multiplication de différentes façons sans en changer le produit.

Exemple : $(3 \times 4) \times 5 = 3 \times (4 \times 5)$

Axe de symétrie d'une figure géométrique

Droite qui fait en sorte qu'une figure géométrique est invariante par une réflexion ayant cette droite pour axe de réflexion.

Exemple :

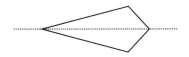

Ce cerf-volant a un seul axe de symétrie.

B

Base d'une figure géométrique

Élément à considérer dans une figure géométrique à des fins de mesure ou de définition.

Dans un parallélogramme ou un triangle, la base peut être n'importe quel côté.

Dans un trapèze, il y a deux bases : ce sont les deux côtés parallèles.

Dans un prisme, il y a deux bases, qui sont des polygones isométriques et parallèles.

Dans une pyramide, la base est un polygone.

Dans un cylindre, il y a deux bases. Chacune est une partie du plan délimitée par une ligne courbe fermée. Les deux bases sont isométriques et parallèles.

Dans un cône, la base est une partie du plan délimitée par une ligne courbe fermée.

C

Caractère de divisibilité

Propriété des nombres naturels qui sont divisibles par un nombre donné. *Exemples :* Un nombre est divisible par

3 si la somme de ses chiffres est divisible par 3 ;

4 si les deux derniers chiffres forment un nombre divisible par 4 ;

6 si le nombre est divisible par 2 et par 3 ;

8 si les trois derniers chiffres forment un nombre divisible par 8 ;

9 si la somme de ses chiffres est divisible par 9 ;

12 si le nombre est divisible par 3 et par 4.

Caractère statistique

Une étude statistique porte sur un ou plusieurs caractères statistiques d'une population.

Exemple : On collecte des données sur la couleur des yeux et la taille des élèves d'une classe. Alors, « la couleur des yeux » et « la taille des élèves » sont les caractères statistiques étudiés.

Un caractère statistique est quantitatif si la donnée qui y correspond est un nombre. *Exemple :* la taille des élèves. Autrement, le caractère statistique est qualitatif. *Exemple :* la couleur des yeux.

Carré

Quadrilatère ayant quatre côtés isométriques et quatre angles droits. L'aire d'un carré est égale au carré de la mesure de son côté ($A = c^2$). L'aire d'un carré peut aussi se calculer comme l'aire d'un parallélogramme ou comme l'aire d'un cerf-volant.

Carré d'un nombre

On obtient le carré d'un nombre en multipliant ce nombre par lui-même.
Exemple : Le carré de 5 est 25, car $5 \times 5 = 25$.

Cercle

Ligne courbe plane fermée dont tous les points sont à égale distance du point intérieur appelé *centre*.

Cercles concentriques

Cercles qui ont le même centre.

Cerf-volant

Quadrilatère convexe ayant deux paires de côtés adjacents isométriques. Voici comment calculer l'aire d'un cerf-volant.

$$A = \frac{D \times d}{2}$$

où A : aire
D : mesure de la grande diagonale
d : mesure de la petite diagonale

Chaîne d'opérations

Écriture mathématique comportant plusieurs opérations. *Exemple :* $10 - (3 \times 1,25 + 2)$ est une chaîne d'opérations.

Chiffre

Caractère utilisé dans l'écriture des nombres. Il existe 10 chiffres dans notre système de numération (de 0 à 9).

Circonférence

Longueur du cercle. On peut exprimer la relation entre cette longueur et le diamètre par l'expression $C = d \times \pi$ où C représente la circonférence, d, le diamètre, et π, la constante pi.

Coefficient numérique d'un terme

Facteur numérique d'un terme donné, excluant la ou les variables.

Commutativité

La propriété de commutativité de l'addition permet de changer l'ordre des termes d'une addition sans en modifier la somme.
Exemple : $3 + 4 = 4 + 3$

La propriété de commutativité de la multiplication - permet de changer l'ordre des facteurs d'une multiplication sans en modifier le produit.
Exemple : $3 \times 4 = 4 \times 3$

Cône

Solide dont la base est une partie du plan délimitée par une ligne courbe fermée et dont la face latérale est courbe. Cette face latérale est comprise entre la base et le sommet, appelé l'apex du cône. Dans un cône droit à base discoïdale, la base est un disque et la face latérale correspond à un secteur circulaire lorsqu'elle est mise à plat.

Conjecture

Une conjecture est une supposition fondée sur les apparences ou des intuitions. Ce n'est pas une certitude. C'est en fait un énoncé mathématique que l'on croit vrai, mais que l'on n'a pas encore démontré.

Contre-exemple

Un contre-exemple est un exemple qui contredit une affirmation.

Corde d'un cercle

Segment droit reliant deux points du cercle. Il est à noter que la plus grande corde d'un cercle est un diamètre.

Côtés adjacents

Dans un polygone, paire de côtés qui ont une seule extrémité en commun.

Couple

Paire ordonnée de deux éléments. On note un couple à l'aide de parenthèses et l'ordre dans lequel apparaissent les éléments est important. *Exemple :* (1,2) est un couple différent du couple (2,1).

Cube

Polyèdre dont les six faces sont carrées et isométriques.

Cube d'un nombre

On obtient le cube d'un nombre en multipliant ce nombre deux fois par lui-même. Le cube de 4 est 64, car $4 \times 4 \times 4 = 64$.

Cylindre

Solide dont les deux bases sont isométriques et parallèles, et dont la face latérale est courbe. Chaque base est une partie du plan délimitée par une ligne courbe fermée. Dans un cylindre droit à bases discoïdales, les deux bases sont des disques et la face latérale correspond à un rectangle lorsqu'elle est mise à plat.

D

Dallage

Recouvrement du plan avec des polygones sans superposition et sans surface libre.

Définition d'une figure géométrique

Ensemble d'attributs qui permet de distinguer un type de figures parmi d'autres.

Deltoïde

Quadrilatère non convexe ayant deux paires de côtés adjacents isométriques.

Dénominateur

Une fraction est composée d'un numérateur et d'un dénominateur. Le dénominateur indique en combien de parties équivalentes le tout a été subdivisé. *Exemple :* Dans la fraction $\frac{3}{4}$, le terme 4 est le dénominateur.

Développement d'un solide

Mise à plat de la surface d'un solide. Dans le développement d'un solide, toutes les faces sont judicieusement reliées entre elles de telle sorte qu'il soit possible de reconstruire le solide à partir de son développement.

Diagonale

Segment de droite qui relie deux sommets non consécutifs d'un polygone.

Dans un parallélogramme, les diagonales se coupent en leur milieu.

Dans un rectangle, les diagonales sont isométriques et elles se coupent en leur milieu.

Dans un cerf-volant, les diagonales sont perpendiculaires.

Dans un losange, les diagonales sont perpendiculaires et elles se coupent en leur milieu.

Dans un carré, les diagonales sont perpendiculaires, elles sont isométriques et elles se coupent en leur milieu.

Diagramme en arbre

Représentation schématique ordonnée des différents cas possibles d'une situation.

Exemple : Lorsqu'on lance trois pièces de monnaie, on peut exprimer les résultats possibles comme ci-dessous.

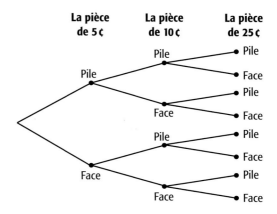

Diagramme statistique

Représentation schématique d'un ensemble de données. Il y a diverses sortes de diagrammes : le diagramme bandes, le diagramme à ligne brisée, le diagramme circulaire, etc. Tous permettent de faire une analyse des données qu'ils représentent.

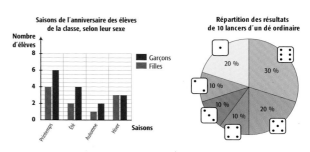

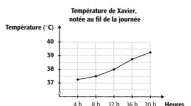

Diamètre

Segment droit reliant deux points du cercle et passant par le centre. Le diamètre peut aussi désigner la longueur de ce segment.

Différence

Résultat de la soustraction de deux nombres.

Dimension

Terme désignant chacune des grandeurs décrivant une figure ou un objet, soit la longueur, la largeur, la profondeur ou la hauteur.

Disque

Région du plan limitée par un cercle. On peut calculer l'aire (A) du disque à l'aide de la relation $A = \pi r^2$ où r désigne le rayon de ce disque.

Distance

Nombre exprimant la longueur du plus court segment joignant un objet à un autre.

Distributivité

La propriété de la distributivité de la multiplication sur l'addition ou sur la soustraction permet de distribuer la multiplication sur l'une ou l'autre de ces opérations.

Exemples : $2 \times (5 + 3) = 2 \times 5 + 2 \times 3$

$2 \times (5 - 3) = 2 \times 5 - 2 \times 3$

La propriété de la distributivité de la division sur l'addition ou sur la soustraction permet de distribuer la division sur l'une ou l'autre de ces opérations.

Exemples : $(6 + 4) \div 2 = 6 \div 2 + 4 \div 2$

$(6 - 4) \div 2 = 6 \div 2 - 4 \div 2$

Dividende

Dans une division, nom donné au nombre qui est divisé par un autre. Dans la division $48 \div 6$, 48 est le dividende.

Diviseur

Dans une division, nom donné au nombre qui en divise un autre. Dans la division $48 \div 6$, 6 est le diviseur. Il arrive souvent que l'on cherche les diviseurs entiers d'un nombre. Dans ce cas, on cherche les diviseurs qui divisent entièrement ce nombre, sans reste. Example : Le nombre 6 est un diviseur de 48, mais le nombre 5 ne l'est pas.

Dodécagone

Polygone à 12 côtés.

Droite

Ligne formée d'une infinité de points alignés dans un plan.

Droite numérique

Droite graduée avec un ensemble de nombres. La droite numérique graduée avec des nombres entiers peut aider à comparer entre eux des nombres.

E

Écart

Nombre d'unités qui séparent deux valeurs. Sur une droite numérique, l'écart entre deux valeurs correspond à la distance qui les sépare.

Échantillon

Petit groupe d'individus ou d'éléments choisis de manière à représenter le plus fidèlement possible la population visée par une étude. Un échantillon est dit représentatif d'une population dans la mesure où il reflète le plus fidèlement possible les caractéristiques de la population visée selon l'objet de l'étude.

Effectif

Nombre de fois qu'une donnée est observée dans une compilation.

Égalité

Énoncé qui utilise le signe = et qui est soit vrai, soit faux.

Élément d'un ensemble

Chacun des objets qui constituent un ensemble.

Éléments homologues

Les éléments homologues de deux figures semblables sont les éléments qui correspondent d'une figure à l'autre.

Ennéagone

Polygone à neuf côtés.

Équation

Relation d'égalité comportant au moins une variable. Les membres d'une équation sont les expressions situées de part et d'autre du signe d'égalité. Résoudre une équation, c'est trouver toutes les valeurs possibles des variables qui peuvent transformer l'équation en une égalité vraie.

Estimation

Valeur approchée d'une grandeur que l'on accepte comme suffisante pour diverses raisons. On acceptera une telle valeur si, par exemple, la valeur exacte n'est pas nécessaire, ou si elle est impossible à trouver, ou encore si l'on souhaite faire une validation de la valeur recherchée.

Événement

Sous-ensemble de résultats possibles d'une expérience aléatoire. Tous les sous-ensembles que l'on peut former à partir des résultats de l'univers des possibles (Ω) sont des événements.

Tout événement impossible correspond à { } (ensemble vide) et sa probabilité est 0. Tout événement certain de se réaliser correspond à Ω (oméga) et sa probabilité est 1. Un événement élémentaire est un événement ne comportant qu'un seul résultat.

Expérience aléatoire

Expérience dont le résultat est déterminé seulement par le hasard.

Exposant

Nombre de fois qu'apparaît un nombre dans une multiplication répétée de ce nombre.

Exemple : $2 \times 2 \times 2 \times 2 \times 2$ peut s'écrire 2^5 et se lit « 2 exposant 5 ». Le nombre 5 est un exposant.

Expression algébrique

Expression pouvant contenir des nombres et une ou des variables qui sont tous liés entre eux par des opérations.

Expression algébrique réduite

Réduire une expression algébrique, c'est trouver une expression algébrique équivalente qui est plus simple. On peut réduire une expression algébrique en additionnant ou en soustrayant les termes semblables.

Expressions algébriques équivalentes

Expressions algébriques composées des mêmes variables et qui ont les mêmes valeurs numériques quelles que soient les valeurs prises par la ou les variables qu'elles contiennent.

Exemple : $x + 4x - 1$ et $(3x + 4) + (2x - 5)$ sont deux expressions algébriques équivalentes.

F

Face d'un solide

Surface plane ou courbe délimitant un solide donné.

Face latérale

Dans un prisme, une pyramide, un cône ou un cylindre, face qui ne joue pas le rôle de base.

Facteur

Chacun des termes qui interviennent dans une multiplication. Par exemple, l'expression $72 = 2 \times 3 \times 3 \times 4$ est une décomposition de 72 en quatre facteurs, soit 2, 3, 3 et 4. Une décomposition de 72 en facteurs premiers est $72 = 2 \times 3 \times 3 \times 2 \times 2$. Elle comprend cinq facteurs qui sont des nombres premiers.

Figure image

Figure obtenue par la transformation d'une figure initiale donnée.

Figure initiale

Figure sur laquelle on applique une transformation géométrique.

Figures semblables

Lorsqu'une figure est un agrandissement, une réduction ou une reproduction d'une autre, on dit que ces figures sont semblables.

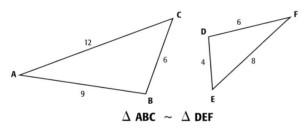

$\triangle$ ABC $\sim$ $\triangle$ DEF

Fraction

Une fraction est une partie d'un tout. Ce tout peut être constitué d'un seul objet ou d'une collection d'objets.

Addition et soustraction : Pour additionner ou soustraire des fractions, on peut utiliser des fractions équivalentes ayant toutes un dénominateur commun. Dès lors, il suffit d'additionner ou de soustraire les numérateurs.

Comparaison : Il existe plusieurs façons de comparer des fractions. Selon la situation et les fractions à comparer, trouver des fractions équivalentes ayant un dénominateur commun n'est pas toujours la plus simple à utiliser.

Division : Pour diviser par une fraction, il faut trouver le nombre de fois que cette fraction est contenue dans le dividende.

Fraction irréductible : Une fraction irréductible est la plus simple façon de décrire la partie d'un tout. Parmi toutes les fractions équivalentes possibles, c'est celle dont le numérateur et le dénominateur sont les plus petits. *Exemple :* parmi les fractions équivalentes $\frac{3}{4}$, $\frac{9}{12}$, $\frac{75}{100}$, et $\frac{651}{868}$, $\frac{3}{4}$ est une fraction irréductible.

Fraction unitaire : Fraction dont le numérateur est égal à 1.

Fractions équivalentes : Des fractions sont équivalentes si elles représentent la même partie d'un tout. *Exemple :* $\frac{3}{4}$, $\frac{9}{12}$, $\frac{75}{100}$, et $\frac{651}{868}$ sont des fractions équivalentes.

Multiplication : Pour multiplier des fractions, on multiplie les numérateurs entre eux et les dénominateurs entre eux.

Fréquence

Rapport d'un effectif au nombre total de données. Une fréquence est généralement exprimée sous la forme d'un pourcentage.

Frise

Selon son sens mathématique, une frise est formée d'un motif qui se répète à l'infini, formant ainsi une bande continue et ordonnée. On peut utiliser des transformations géométriques (translation, rotation, réflexion, etc.) pour produire des frises.

H

Hauteur d'une figure géométrique

Dimension d'une figure géométrique.

Dans un parallélogramme, une hauteur est la distance entre le côté considéré et celui qui lui est parallèle.

Dans un triangle, une hauteur est la distance entre le côté considéré ou son prolongement et le sommet opposé. La hauteur peut désigner aussi le segment reliant perpendiculairement ce sommet et cette base ou son prolongement.

Dans un trapèze, la hauteur est la distance entre les deux bases.

Dans un prisme ou un cylindre, la hauteur est la distance entre les deux plans supportant les bases.

Dans une pyramide ou un cône, la hauteur est la distance entre l'apex et le plan supportant la base.

Hexagone

Polygone à six côtés.

Homothétie

Une homothétie est une transformation géométrique définie par un centre d'homothétie et un rapport d'homothétie. Pour définir précisément une homothétie, il faut indiquer le centre d'homothétie et le rapport d'homothétie.

Exemple : Une homothétie de centre **O** et de rapport $\frac{3}{2}$.

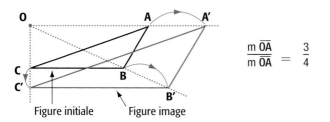

$$\frac{m\,\overline{OA'}}{m\,\overline{OA}} = \frac{3}{4}$$

Figure initiale   Figure image

I

Invariance d'une figure

Une figure géométrique est invariante par une transformation géométrique si son image, par cette transformation, coïncide exactement avec la figure initiale.

Isométriques

Des figures sont isométriques si elles ont exactement la même forme et les mêmes dimensions.

L

Losange

Quadrilatère ayant quatre côtés isométriques. L'aire du losange peut se calculer comme l'aire d'un cerf-volant.

M

Médiatrice

Ensemble de tous les points équidistants de deux points donnés.

La médiatrice d'un segment est une droite perpendiculaire au segment passant par son milieu.

Méthode d'échantillonnage

Façon dont les éléments ou les individus d'un échantillon sont choisis parmi la population visée. Parmi les différentes méthodes d'échantillonnage, il y a la méthode aléatoire et la méthode systématique.

> ***Méthode aléatoire :*** Chaque élément de l'échantillon a la même probabilité d'être choisi que les autres éléments de la population visée.

> ***Méthode systématique :*** À partir de la liste des éléments de la population visée, on choisit des éléments selon un intervalle régulier.

Monôme

Expression algébrique qui ne contient qu'un seul terme. Le degré d'un monôme est le nombre de facteurs qui le composent et qui sont des variables. *Exemple :* 2*a,* 4*xy, ab*² et 5 sont des monômes. Leur degré est respectivement 1, 2, 3 et 0.

Moyenne arithmétique

Valeur représentative d'un ensemble de données. Plus précisément, la moyenne arithmétique est la valeur unique qui pourrait remplacer chacune des données de l'ensemble si l'on voulait conserver la même somme.

Pour calculer la moyenne arithmétique de plusieurs données, on effectue la somme de ces données, puis l'on divise cette somme par le nombre de données.

N

Nombre décimal

Nombre dont l'écriture comporte une partie entière et une partie fractionnaire (ou partie décimale), ces deux parties étant séparée par une virgule. Voici la décomposition du nombre décimal 23,65 :

$$23,65 = (2 \times 10) + (3 \times 1) + (6 \times 1/10) + (5 \times 1/100)$$

Addition et soustraction : Pour additionner ou soustraire des nombres décimaux, il suffit d'additionner ou de soustraire les chiffres occupant la même position dans les nombres.

Division : Pour diviser deux nombres décimaux, on peut calculer le quotient d'une expression équivalente dont le diviseur est un nombre naturel.

Multiplication : Pour multiplier deux nombres décimaux, on peut calculer le produit de deux nombres naturels, puis ajuster ce produit en tenant compte des décimales.

Nombre fractionnaire

Nombre dont l'écriture comporte un entier et une fraction. Par exemple, la quantité deux litres et trois quarts peut s'écrire $2\frac{3}{4}$ litres. On peut aussi exprimer le nombre fractionnaire $2\frac{3}{4}$ par l'expression équivalente $2 + \frac{3}{4}$, ce qui peut être utile pour effectuer certaines opérations.

Nombre premier

Nombre qui possède exactement deux diviseurs : 1 et lui-même. Un nombre qui possède plus de deux diviseurs est appelé *nombre composé.*

Nombres négatifs

Les nombres négatifs permettent d'exprimer des quantités inférieures à zéro. *Exemple :* Une température de ⁻6,5 °C est une température qui est de 6,5 °C inférieure à 0 °C.

Pour comparer des nombres négatifs ou positifs, on peut utiliser la droite numérique.

Notation décimale

Représentation d'une grandeur à l'aide d'un nombre décimal.

Notation exponentielle

Représentation d'une grandeur à l'aide d'un exposant.

Notation fractionnaire

Représentation d'une grandeur à l'aide d'une fraction (avec un numérateur et un dénominateur).

Numérateur

Une fraction est composée d'un numérateur et d'un dénominateur. Le numérateur indique le nombre de parties à considérer dans la subdivision du tout. *Exemple :* Dans la fraction $\frac{3}{4}$. le terme 3 est le numérateur. Le tout a été subdivisé en quatre parties équivalentes et il faut considérer trois de ces quatre parties.

O

Octogone

Polygone à huit côtés.

Opération inverse

Opération qui annule le résultat d'une autre opération. L'addition et la soustraction sont des opérations inverses, ainsi que la multiplication et la division.

Ordre de grandeur

Approximation d'une grandeur qui correspond à la puissance de 10 la plus rapprochée de cette grandeur. *Exemple :* L'ordre de grandeur de la population mondiale est de 10^{10}, soit 10 milliards.

P

Parallélogramme

Quadrilatère ayant deux paires de côtés parallèles. Voici comment calculer l'aire d'un parallélogramme.

$A = b \times h$

où A : aire

b : mesure de la base

h : hauteur

Pentagone

Polygone à cinq côtés.

Périmètre

Longueur du contour d'une figure géométrique.

pi

Le nombre de fois que le diamètre d'un cercle est compris dans la circonférence de ce même cercle est symbolisé par la lettre grecque π, que l'on prononce « pi ». Selon les besoins, les approximations de π les plus fréquemment utilisées sont 3,14 ou 3,1416, ou encore $3\frac{1}{7}$.

Polyèdre

Solide limité de toutes parts par des faces planes ayant la forme de polygones. Dans un polyèdre régulier,
toutes les faces sont des polygones réguliers isométriques.

Polygone

Ligne brisée fermée tracée sur une surface plane. Pour déterminer si un polygone est convexe ou non convexe, on peut prolonger chacun de ses côtés. Si une ligne passe dans sa région intérieure, alors il est non convexe. Sinon, il est convexe.

Polygone régulier

Polygone dont tous les côtés sont isométriques et tous les angles intérieurs sont isométriques. (Pour la construction d'un polygone régulier, voir p. 92, et pour le calcul de l'aire d'un polygone régulier, voir p. 185.)

Population

Ensemble des personnes ou des objets sur lesquels porte une étude statistique. (Voir p. 18.)

Pourcentage

Comme les fractions, les pourcentages peuvent servir à décrire la partie d'un tout. On considère alors que le tout a été subdivisé en 100 parties équivalentes. Pour comparer des pourcentages, il importe de savoir à quel tout chacun d'eux fait référence.

Priorité des opérations

Lorsqu'on effectue les calculs d'une chaîne d'opérations ou que l'on traduit un raisonnement à l'aide d'une telle chaîne, il faut tenir compte de la priorité des opérations. Pour calculer une chaîne d'opérations, on procède selon l'ordre ci-dessous.

1) Effectuer les calculs entre parenthèses.
2) Déterminer la valeur des nombres affectés d'un exposant.
3) Effectuer les multiplications et les divisions dans l'ordre, de gauche à droite.
4) Effectuer les additions et les soustractions dans l'ordre, de gauche à droite.

Prisme

Polyèdre dont les bases sont deux polygones isométriques et parallèles, et dont les faces latérales sont des parallélogrammes. Dans un prisme droit, les faces latérales sont des rectangles.

Probabilité d'un événement

Dans le contexte d'une expérience aléatoire, la probabilité d'un événement est une valeur de 0 à 1 indiquant la possibilité plus ou moins grande que l'événement se réalise. La probabilité d'un événement est la somme des probabilités des résultats qui le constituent. Elle peut s'exprimer à l'aide d'une fraction, d'un nombre décimal ou d'un pourcentage.

Produit

Résultat de la multiplication de deux nombres.

Proportion

Relation d'égalité entre deux rapports ou deux taux.

Propriété d'une figure géométrique

Ce qui est propre à un type de figure géométrique.

Puissance

Si l'on effectue une multiplication répétée d'un nombre par lui-même, le résultat obtenu s'appelle une puissance de ce nombre. *Exemple :* $2 \times 2 \times 2 \times 2 = 16$, alors 16 est une puissance de 2. De la même façon, $10 \times 10 \times 10 = 1000$, alors 1000 est une puissance de 10.

Pyramide

Polyèdre dont la base est un polygone et dont les faces latérales sont des triangles ayant un sommet commun appelé l'apex.

Q

Quadrilatère

Polygone ayant quatre côtés.

Question biaisée

Dans un sondage, une question est dite biaisée si l'information qui en découle ne reflète pas l'opinion de la population visée par le sondage. On dit alors que cette question comporte des sources de biais.

Quotient

Résultat de la division d'un nombre par un autre.

R

Rapport

Comparaison entre deux quantités de même nature. Il y a différentes façons d'exprimer un rapport. (Voir p. 51.)

Rapport de similitude

Rapport des mesures de côtés homologues de figures semblables.

Rapport réduit

Lorsque l'on écrit un rapport en utilisant deux nombres, ce rapport est réduit s'il est formé de nombres naturels qui n'ont aucun diviseur commun sauf 1.

Rayon

Segment droit reliant le centre à un point du cercle. Le rayon peut aussi désigner la longueur de ce segment.

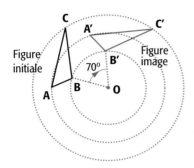

Recensement

Faire un recensement, c'est procéder à une étude sur **tous** les éléments d'une population.

Rectangle

Quadrilatère ayant quatre angles droits. L'aire du rectangle peut se calculer comme celle du parallélogramme, c'est-à-dire en multipliant la mesure de la base par la hauteur ($A = b \times h$).

Réflexion

Transformation géométrique définie par un axe de réflexion.

Rotation

Transformation géométrique définie par son centre, l'angle de rotation et le sens de la rotation.

Exemple: une rotation de 70° autour du point **O** dans le sens des aiguilles d'une montre.

S

Sécante

Droite qui coupe une figure.

Secteur circulaire

Partie du disque comprise entre deux rayons.

Segment de droite

Portion de droite limitée par deux points situés sur cette droite.

Situation de proportionnalité

Dans une situation de proportionnalité, il existe un lien particulier entre deux quantités. Si l'on multiplie ou divise l'une de ces quantités par un nombre donné, l'autre sera multipliée ou divisée par ce même nombre. On dit alors de ces quantités qu'elles sont proportionnelles. Pour résoudre une situation de proportionnalité, on peut avoir recours à diverses stratégies de résolution. (Voir p. 58.)

Solide

Figure à trois dimensions limitée par une surface fermée qui détermine un espace clos. Il est possible de représenter un solide par un dessin. Pour décrire un solide, on peut faire référence à ses faces, à ses arêtes et à ses sommets.

Somme

Résultat de l'addition de deux nombres.

Sommet d'un polyèdre

Point de rencontre d'au moins trois arêtes d'un polyèdre.

Sommet d'un polygone

Point de rencontre de deux côtés adjacents d'un polygone.

Sondage

Recherche d'information portant sur une partie d'une population. (Voir p. 18.)

T

Taux

Comparaison entre deux quantités de nature différente. *Exemple*: La vitesse en km/h est un taux.

Terme d'une expression algébrique

Une des différentes parties d'une expression algébrique qui sont séparées par les symboles d'opération $+$ ou $-$. *Exemple*: L'expression $x + 4x - 1$ contient trois termes: *x*, 4*x* et 1.

Terme d'une opération

Chacun des nombres intervenant dans une opération d'addition ou de soustraction. *Exemple:* Dans la chaîne d'opérations $15 - 4 + 2$, il y a trois termes.

Termes semblables

Termes qui sont identiques ou qui ne diffèrent que par leur coefficient.

Translation

Une translation est un glissement de tous les points d'une figure. C'est une transformation géométrique définie par une direction, un sens et une longueur. Ces renseignements sont fournis par une flèche de translation.

Trapèze

Quadrilatère ayant au moins deux côtés parallèles. Un trapèze isocèle a au moins un axe de symétrie perpendiculaire aux bases. Un trapèze rectangle a au moins un angle droit. Voici comment calculer l'aire d'un trapèze.

$$A = \frac{(B + b) \times h}{2}$$

où A : aire
B : mesure de la grande base
b : mesure de la petite base
h : hauteur

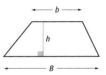

Triangle

Polygone ayant trois côtés.

Dans un triangle isocèle, au moins deux côtés sont isométriques.

Dans un triangle équilatéral, les trois côtés sont isométriques.

Dans un triangle scalène, les trois côtés sont de différentes longueurs.

Dans un triangle rectangle, un des angles intérieurs est droit.

Dans un triangle acutangle, les trois angles intérieurs sont aigus.

Dans un triangle obtusangle, un angle intérieur est obtus.

Voici comment calculer l'aire d'un triangle.

$$A = \frac{b \times h}{2}$$

où A : aire
b : mesure de la base
h : hauteur

U

Unité de mesure

Grandeur servant de référence à la mesure d'autres grandeurs du même type. (Voir Unités de mesure conventionnelles, p. 271.)

Univers des possibles

L'univers des possibles, représenté par Ω (oméga), est l'ensemble de tous les résultats qu'il est possible d'obtenir en réalisant une expérience aléatoire. En mathématiques, on peut écrire un ensemble en listant, entre accolades, ses éléments séparés par des virgules. *Exemple:* Lorsqu'on lance deux pièces de monnaie, l'univers des possibles est: $\Omega = \{PP, PF, FP, FF\}$.

V

Variable

Une variable est symbolisée par une lettre qui représente une valeur parmi diverses valeurs numériques.

Unités de mesure conventionnelles

Longueur

Le mètre (m) est l'unité de base pour mesurer les longueurs.

Un millimètre (mm) équivaut à $\frac{1}{1000}$ de mètre.

Un centimètre (cm) équivaut à $\frac{1}{100}$ de mètre.

Un décimètre (dm) équivaut à $\frac{1}{10}$ de mètre.

Un décamètre (dam) équivaut à 10 mètres.

Un hectomètre (hm) équivaut à 100 mètres.

Un kilomètre (km) équivaut à 1000 mètres.

Aire

Le mètre carré (m²) est l'unité de base pour mesurer les aires.

Un mètre carré est l'aire d'un carré de un mètre de côté.

Un millimètre carré (mm²) équivaut à $\frac{1}{1\,000\,000}$ de mètre carré.

Un centimètre carré (cm²) équivaut à $\frac{1}{10\,000}$ de mètre carré.

Un décimètre carré (dm²) équivaut à $\frac{1}{100}$ de mètre carré.

Un décamètre carré (dam²) équivaut à 100 mètres carrés.

Un hectomètre carré (hm²) équivaut à 10 000 mètres carrés.

Un kilomètre carré (km²) équivaut à 1 000 000 de mètres carrés.

Capacité

Le litre (L) est l'unité de base pour mesurer les capacités.

Un litre est la capacité d'un récipient cubique de un décimètre de côté.

Un millilitre (ml) correspond à $\frac{1}{1000}$ de litre.

Un kilolitre (kl) correspond à 1000 litres.

Masse

Le kilogramme (kg) est l'unité de base pour mesurer les masses.

Un kilogramme équivaut approximativement à la masse d'un litre d'eau pure.

Un gramme (g) équivaut à $\frac{1}{1000}$ de kilogramme.

Une tonne (t) équivaut à 1000 kilogrammes

Angle

Le degré est l'unité de base pour mesurer les angles.

Un degré équivaut à $\frac{1}{360}$ d'un angle plein.

Temps

La seconde (s) est l'unité de base pour mesurer le temps.

Une minute (min) équivaut à 60 secondes.

Une heure (h) équivaut à 60 minutes.

Une journée (d) équivaut à 24 heures.

Une année équivaut approximativement à 365 jours $\frac{1}{4}$.

Index

Sondage, 5, 6, 13
    collecte de données d'un, 18
    maison de, 12
    questions d'un, 15, 16, 18
Source de biais, 16, 18
Soustraction
    d'une différence en algèbre, 109
    d'une somme en algèbre, 109
    dans la priorité des opérations, 204
    distributivité de la division sur la, 109
    distributivité de la multiplication sur la, 109
Stratégies de comparaison
    d'un rapport, 141
    d'un taux, 141
Suanshu, Jiuzhang, 74
Symétrie, axe de, 82, 94

T

Taux, 56, 58, 141
    modification de la valeur du, 141
    modification des quantités sans changer le, 141
    stratégies de comparaison d'un, 141
    unitaire, 141
Terme(s), 100, 109
    coefficient d'un, 100
    dans un monôme, 204
    semblables, 100
Theano, 138
Théorème du reste chinois, 116
Transformation
    à la figure, 83
    géométrique, 67, 68, 83
Triangle
    homothétie d'un, 77
    isocèle, 92

U

Univers des possibles, 235, 236, 238

V

Validation de la solution
    d'une expression algébrique, 158
Verge, 232
Vitesse maximale de chute, 135

Z

Zi, Sun, 116

RÉFÉRENCES ICONOGRAPHIQUES